Thomas Tauchnitz
Krankenkassen – Zwang oder Segen?

Forschung
Politikwissenschaft

Band 41

Thomas Tauchnitz

Krankenkassen – Zwang oder Segen?

Organisationsgeschichte des deutschen Krankenkassenwesens im „langen“ 19. Jahrhundert

Springer Fachmedien Wiesbaden GmbH 1999

Gefördert aus Mitteln der Hans-Böckler-Stiftung

Gedruckt auf säurefreiem und altersbeständigem Papier.

Die Deutsche Bibliothek – CIP-Einheitsaufnahme

Tauchnitz, Thomas:

Krankenkassen – Zwang oder Segen?. Organisationsgeschichte des deutschen Krankenkassenwesens im „langen“ 19. Jahrhundert / Thomas Tauchnitz.

(Reihe Forschung ; Bd. 41)

ISBN 978-3-8100-2537-1 ISBN 978-3-663-10556-5 (eBook)
DOI 10.1007/978-3-663-10556-5

Ursprünglich erschienen bei Leske + Budrich, Opladen 1999

Einbandgestaltung: disegno, Wuppertal

Inhaltsverzeichnis

Vorwort

Mit der vorliegenden Arbeit habe ich versucht, den von Klaus Türk entwikkelten Ansatz einer „Kritik der Politischen Ökonomie der Organisation" zur Analyse der Konstituierungsphase des deutschen Krankenkassenwesens im historisch-gesellschaftlichen Kontext des 19. Jahrhunderts anzuwenden.

Die seit Jahren anhaltende Diskussion über Reformen und Umstrukturierungen des Gesundheitswesens machten für mich dieses Feld zur Operationalisierung und Erprobung des Türk'schen Ansatzes gerade interessant. Auffällig bei gesundheitspolitischen Reformdiskussionen auch von fortschrittlicher Seite ist nämlich gerade die Ausblendung der historischen Entstehungsbedingungen eines weitgehend korporativ strukturierten Netzwerks aus organisierten Anbietern (Ärzteverbände, Apothekerverbände usw.) und Nachfragern (Krankenkassen) medizinischer Versorgungsleistungen. Die vorliegende Arbeit möchte einen kleinen Beitrag gegen die Vernachlässigung der Geschichte der Ausbildung und Etablierung der das Gesundheitswesen dominierenden Organisations- und Ordnungsprinzipien am Beispiel der Krankenkassen leisten und die bis dato weitgehend auf grundsätzlich systemkonforme Konzepte der gesundheitspolitischen Ressourcen(um)verteilung zwischen den Akteuren zentrierten Reformdiskussionen um eine notwendige herrschaftstheoretische Perspektive erweitern.

Eine erste Fassung lag 1998 an der Bergischen Universität-GH Wuppertal der Professur für Organisationssoziologie (Professor Dr. Klaus Türk) als Diplomarbeit vor. Stellvertretend für alle Beteiligten möchte ich an dieser Stelle ganz besonders Margret Winkel und Thomas Lemke danken, ohne deren Kritik und Unterstützung diese Arbeit nicht das geworden wäre, was sie ist. Darüber hinaus geht mein Dank auch an die Hans-Böckler-Stiftung, deren großzügige finanzielle Unterstützung die Veröffentlichung der Arbeit ermöglicht hat.

Wuppertal, im Frühjahr 1999 Thomas Tauchnitz

Karikatur 1: Daumier, H.: Konsultation. Aus: Le Charivari 1839

I. Einleitung

Das Gesundheitswesen in der Bundesrepublik ist seit geraumer Zeit durch verstärkte Reformanstrengungen geprägt. Ausgelöst wurden diese Versuche der Strukturreform durch vielfältige öffentliche Kritik. Von verschiedener Seite wird insbesondere dem System sozialer Sicherung[1] eine permanente Krisenhaftigkeit aufgrund zunehmender Steuerungs- und Finanzierungsprobleme diagnostiziert. Begriffe wie „Kostenexplosion", „Finanznot", „Bürokratisierung", „Ineffizienz", „Anspruchsspirale", „Leistungsmißbrauch", „Übermedikalisierung" und „Enteignung der Gesundheit"[2] bilden den Rahmen einer öffentlich ausgetragenen Anzweiflung bisheriger Strukturen und Errungenschaften.

Während dabei einerseits Strukturen und Inhalte des Systems medizinischer Versorgung unter dem primären Gesichtspunkt der Degradierung des kranken Menschen zu einem den „Anbietern medizinischer Dienstleistungen und Techniken hilflos ausgelieferten Konsumenten"[3] kritisiert werden, stellen andererseits neoliberale Kritiker das gesamte bestehende Sozialversicherungssystem unter dem Vorwand des „Umbaus des Sozialstaates"[4] zum Zwecke der Kostenentlastung der Unternehmer generell in Frage. So ist es

---

1 Ich verwende den Begriff „System" als terminus technicus ohne systemtheoretische Konnotation. Zum Begriff „soziale Sicherung" bzw. „soziale Sicherheit" vgl. Schulte, B.: Politik der Armut. Internationale Perspektiven, S. 402, in: Leibfried, S./Tennstedt, F. (Hrsg.): Politik der Armut und Die Spaltung des Sozialstaats, Frankfurt/Main 1985, S. 383-426

2 Vgl. u.a. Andreas, H.: Problemgeschichte der Gesundheitsökonomie in der Bundesrepublik Deutschland. Die ökonomische Steuerung von Angebot und Nachfrage im Gesundheitswesen von der Kostenexplosion bis zum Gesundheitsstrukturgesetz, Köln 1994; Bohm, St./Jacobs, K./Reschke, P.: Notwendigkeit und Möglichkeiten eines Umbaus der Finanzierung in der gesetzlichen Krankenversicherung, Düsseldorf 1996; Herder-Dornreich, P./Schuller, A. (Hrsg.): Die Anspruchsspirale. Schicksal oder Systemdefekt, Stutgart/Berlin/Köln/Mainz 1983; Illich, I.: Die Nemesis der Medizin. München 1995; Riedmüller, B./ Rodenstein, M. (Hrsg.): Wie sicher ist die soziale Sicherung? Frankfurt/Main 1989

3 Frevert, U.: Krankheit als politisches Problem 1770-1880, Göttingen 1984, S. 11

4 Vgl. Leisner, W.: Umbau des Sozialstaates. Besinnung auf die Grundlagen der Sozialversicherung, Beilage 6 zu Betriebsberater, Heft 13/1996

denn auch nicht verwunderlich, daß es bei der aktuellen „Gesundheitsreform" primär um eine grundlegende Neuordnung des Systems sozialer Sicherung nach Umverteilungs- und nicht etwa nach Emanzipationsgesichtspunkten geht.[5]

Der derzeitige ökonomisch dominierte, von Gesundheitstechnokraten und Interessenverbänden bestimmte „Reform"-Diskurs verdrängt in der Regel die Frage nach den historischen Entstehungsursachen „eines alle Bereiche des menschlichen Lebens erfassenden, straff organisierten Gesundheitssystems"[6]. Will man aber das heutige System sozialer Sicherung mit seinem Netzwerk aus Institutionen, Verwaltungs- und Planungsstrukturen verstehen, so bedarf es dazu meines Erachtens gerade der Kenntnis der historischen Wurzeln dieses Systems der öffentlichen, von Staat und korporativen Akteuren regulierten, „im weitesten Sinn 'politischen' Bearbeitung von Krankheit und Gesundheit"[7] der Individuen.

Auf der Suche nach den Strukturelementen dieses Politisierungsprozesses von Krankheit stößt man unweigerlich auf das System der *Gesetzlichen Krankenversicherung* (GKV) als den größten Teilbereich der Sozialversicherung. Schließlich sind heute ca. 90 % der bundesrepublikanischen Bevölkerung in irgendeiner Weise in das Versicherungssystem der GKV eingebunden und damit gegen Krankheitsrisiken versichert.[8] Mit den Kassenbeiträgen dieser Versicherten werden die Leistungen des Gesundheitswesens finanziert, das heißt erst die materiellen Grundlagen für die umfassende Verwaltung der „Gesundheit" gelegt. Für das aktuelle System der gesetzlichen Krankenversicherung ist hierbei prägend, daß die Versicherten auf bundesweit insgesamt

---

5 Zur Kritik der sog. „Gesundheitsreform" vgl.: Isenberg, Th./Malzahn, J. (Hrsg): Wieviel Gesundheit können Sie sich noch leisten? Frankfurt/Main 1995; o.A.: Immer neue Reformen im sozialen Kassenwesen. Der Sozialstaat kämpft gegen seine Rechtslage, in: Gegenstandpunkt, Heft 4/1996, S. 3-10; Voss, R.: Sozialversicherung als Luxus? In: Marxistische Blätter, Heft 2/1995, S. 63-66; Voss, R.: Woran krankt die Sozialversicherung? In: Marxistische Blätter, Heft 4/1997, S. 66-74; Wismar, M.: Gesundheitswesen im Übergang zum Postfordismus, Frankfurt/Main 1996

6 Frevert 1984, S. 11

7 Frevert 1984, S. 11

8 Dem Mikrozensus von 1996 zufolge splitten sich die in der *GKV* Versicherten wie folgt auf: 30,5 Mio Pflichtversicherte (42,4 %), 22,1 Mio Familienversicherte (30,7 %), 14,7 Mio Rentner (20,4 %) und 4,7 Mio freiwillig Versicherte (6,5 %). Erst in größerem Abstand folgen die *gesetzliche Unfallversicherung* mit 53,8 Mio Versicherten (66 % der Bevölkerung), davon 37 Mio Vollarbeiter und die *gesetzliche Rentenversicherung* mit 44,1 Mio Pflichtmitgliedern und Beitragszahlern (54 % der Gesamtbevölkerung).Vgl. Statistisches Bundesamt (Hrsg.): Statistisches Jahrbuch für die Bundesrepublik Deutschland 1996, Wiesbaden 1996

873 selbständige, öffentlich-rechtlich organisierte Krankenkassen verteilt sind.[9]

Die Tatsache der organisationalen Einbindung des größten Teils der Bevölkerung in die GKV legt nun die Vermutung nahe, daß diese einen massiven Einfluß auf die gesundheitlichen Reproduktionsbedingungen der Masse der Bevölkerung, insbesondere auf die der abhängig Beschäftigten ausübt und damit ein zentrales Strukturelement im Politisierungsprozeß von Krankheit darstellt. Die GKV könnte damit als die grundlegende Voraussetzung eines Entwicklungsprozesses gelten, der „immer mehr Menschen den immer häufiger genutzten Zugang zu medizinischen Expertendiensten gestattete."[10]

Des weiteren kann man davon ausgehen, daß der hohe Einbindungsgrad bei der Masse der Versicherten aufgrund der alltäglichen Praxis ein hohes Maß an Konsens und Akzeptanz (im Sinne von „selfevidence") erzeugt hat.[11] Obwohl die GKV seit ihrer Einführung im Jahre 1883 im Rahmen der sogenannten Bismarck'schen Sozialgesetzgebung also offensichtlich einen entscheidenden Anteil an dem Politisierungsprozeß von Gesundheit und Krankheit durch die Forcierung eines Prozesses der Verrechtlichung, Ökonomisierung und Bürokratisierung der Krankheitsbearbeitung hatte, war sie nach Frevert doch nur ein vorläufiger „Kulminationspunkt einer Kette historischer Entwicklungen, die seit dem späten 18. Jahrhundert auf die Entprivatisierung und 'Vergesellschaftung' von Krankheit und Gesundheit hinsteuerten."[12]

Eine Geschichte der sozialen Sicherung als solche, verstanden als Geschichte der ständigen Sorge um die physische Existenzsicherung des Menschen bei Krankheit, Arbeitsunfähigkeit und Invalidität, kann demzufolge nicht erst im Jahre 1883 beginnen, sondern müßte im Prinzip bereits mit der Entstehung der Menschheit selbst einsetzen. Da ich im weiteren Marx' Auffassung übernehme, daß die Geschichte aller Gesellschaftsformationen als eine Geschichte von Klassenkämpfen[13] begreifbar ist, bildet meines Erachtens gerade die Existenzsorge, das heißt die Sorge um die Sicherung der individuellen Subsistenz, einen festen Bestandteil „des Kampfes der Unterdrückten um ihr Recht zu leben, zu existieren." [14] Peschke zählt sie deshalb zu den

---

9 20 Ortskrankenkassen, 699 Betriebs-KK, 117 IKK, 20 Landwirtschaftliche KK, 1 See-KK, 1 Bundesknappschaft, 8 Ersatzkassen für Arbeiter, 7 für Angestellte. Vgl. Jahrbuch 1996

10 Frevert 1984, S. 11

11 Vgl. Ullrich, C.G.: Solidarität und Sicherheit. Zur sozialen Akzeptanz der Gesetzlichen Krankenversicherung, in: Zeitschrift für Soziologie, Heft 3/1996, S. 171-189

12 Frevert 1984, S. 12

13 Vgl. Marx, K./Engels, F.: Manifest der Kommunistischen Partei, S. 462, in: MEW 4, Berlin 1959, S. 459-493

14 Peschke, P.: Geschichte der deutschen Sozialversicherung. Der Kampf der unterdrückten Klassen um soziale Sicherung, Berlin 1962, S. 17

Haupttriebkräften des Klassenkampfes der unterdrückten Massen. Die gesellschaftlichen Formen, wie die Menschen ihre Subsistenz nun konkret sichern und regulieren, müßten damit in der historischen Entwicklung entsprechend den jeweiligen polit-ökonomischen Herrschafts- und Kräfteverhältnissen entscheidenden Veränderungen unterworfen gewesen sein.

Um das Vorhaben bearbeitbar zu halten, beschränkt sich die vorliegende Arbeit auf die Beleuchtung nur eines, meiner Ansicht nach aber entscheidenden Teilbereichs des Systems sozialer Sicherung, nämlich des Krankenkassenwesens. Hierbei wird anhand eines am interdisziplinären Ansatz der historischen Sozialwissenschaft[15] orientierten Vorgehens versucht, die historische Genese des modernen Kassenwesens im Kontext der gesamtgesellschaftlichen Entwicklungen für den Zeitraum von 1789 bis 1914, dem sogenannten „langen" 19. Jahrhundert, nachzuvollziehen. Dabei konzentriere ich mich aufgrund des verfügbaren Quellenmaterials primär auf die Untersuchung der Gesellen-, Fabrikarbeiter-, Fabrik- und Ortskrankenkassen (als sogenannte „Zwangskassen") sowie der gewerkschaftsnahen „freien" Hilfskassen. Räumlich beschränke ich mich in den meisten Fällen auf das Gebiet des Königreichs Preußen bzw. des Deutschen Reiches (ab 1871).

Die weitgehende zeitliche Eingrenzung auf das sogenannte „lange" 19. Jahrhundert wurde von mir aus mehreren Gründen vorgenommen. Zunächst vollzog sich in diesem Untersuchungszeitraum in Deutschland die Transformation von der feudalen Agrar- zur modernen Industriegesellschaft und damit die endgültige Durchsetzung der kapitalistischen Produktionsweise. Gleichzeitig kam es aber auch zur Etablierung eines Konzepts der umfassenden Medikalisierung der gesamten Bevölkerung sowie zur Entstehung des heute noch gültigen Konzepts der sozialen Versicherung der Arbeitsfähigkeit als Bearbeitungsform des sozialen Problems „Krankheit". Diese historische Parallelität legt den Schluß nahe, daß die Entwicklung, Struktur und Funktionsweise der modernen Organisation des Krankenkassenwesens in unmittelbarem Zusammenhang mit den im „langen" 19. Jahrhundert stattgefundenen gesellschaftlichen Entwicklungen steht.

Meine *Leitthese* ist deshalb, daß die im Untersuchungszeitraum entstandenen modernen Krankenkassen über die Funktion der unmittelbaren Subsistenzsicherung hinaus erstens zu einer Stabilisierung des Lohnarbeitsver-

---

15 Zum Begriff der historischen Sozialwissenschaft vgl. u.a.: Wehler, H.-U.: Deutsche Gesellschaftsgeschichte, 1. Band, München 1987a, S. 29f.; Wallerstein, I.: Die Sozialwissenschaft „kaputt-denken", Weinheim 1995. Vgl. auch Marx: „Wir kennen nur eine einzige Wissenschaft, die Wissenschaft der Geschichte." In Marx, K.: Die deutsche Ideologie, MEW 3, Berlin 1959, S. 18

hältnisses beitrugen und zweitens die weitreichende Funktion von Sozialisationsinstanzen hatten, „in denen zweckrationales, langzeitorientiertes, auf Zukunftssicherung bedachtes Verhalten und Disziplin gelernt wurden.“[16] Gerade diese Erziehungsarbeit der Krankenkassen dürfte maßgeblichen Anteil an der Formung des modernen Lohnarbeiters zu einer „organisationalen Persönlichkeit“ (Türk) gehabt, das heißt zu seiner konsensuellen Einbindung und mentalen Anpassung an die Verhaltensimperative und Verkehrsformen der kapitalistischen Gesellschaftsformation beigetragen haben.

Die Etablierung und Durchsetzung der Organisationsform der gesetzlich regulierten Krankenkasse müßte sich deshalb als mehr oder weniger staatlich reguliertes Begleitphänomen eines Prozesses gewaltförmiger Ablösung von subsistenzwirtschaftlichen Formen gesellschaftlicher Reproduktion und der mit diesen verbundenen Formen traditioneller sozialer Sicherung der Gesellschaftsmitglieder durch die kapitalistische Produktionsweise und den in diesem Rahmen (gewaltsam) modifizierten Mustern der Subsistenzsicherung rekonstruieren lassen. Hierbei werde ich am Beispiel der Kranken(versicherungs)kassen untersuchen, in welcher Art und Weise die neuen Muster der organisationsförmig regulierten Subsistenzsicherung mit der Etablierung einer bürgerlichen Normalität zusammenhingen, die auf dem Prinzip der privaten (individuellen) Reproduktion der Gesellschaftsmitglieder (Arbeit und Familie) basierte, zugleich aber auch auf traditionellen, vorkapitalistischen Formen der Subsistenzsicherung aufbaute, diese zum Teil integrierte, in herrschaftlichem Sinne abänderte und gegebenenfalls deformierte oder zerstörte.

In diesem Zusammenhang versuche ich aufzuzeigen, daß die vor allem von Seiten der organisierten Arbeiterbewegung mehrheitlich als „Sieg der Arbeiterklasse“ (vgl. z.B. Peschke 1962) mystifizierte Einführung der sogenannten Bismarck’schen Sozialversicherungsgesetze, darunter auch das für diese Arbeit wesentliche Krankenversicherungsgesetz von 1883, nicht Beginn oder Geburtsstunde, sondern vielmehr Kulminationspunkt und vorläufiger Abschluß eines für die große Masse des Proletariats zutiefst ambivalenten Prozesses der herrschaftlichen Durchsetzung organisationsförmiger Strukturprinzipien im Bereich der gesellschaftlichen Reproduktionssicherung war. Gerade die Sozialversicherung, einschließlich der hier primär interessierenden Krankenversicherung, führte einerseits unbestritten zu einer zumindest relativen Stabilisierung der Lohnarbeiterexistenz, bildete aber andererseits auch eine Institution zur sozialen Integration und Verhinderung der Emanzipation der arbeitenden Klasse.

16 Frevert 1984, S. 17

Einer solchen Betrachtungsweise entsprechend, läge die eigentliche Innovation der GKV dann nicht in der Krankenversicherung der Lohnarbeiter als solcher – hierfür gab es historische Vorläufer, auf die aufgebaut werden konnte beziehungsweise die lediglich vereinheitlicht werden mußten –, sondern in der massiven personellen Ausdehnung der Versicherungspflicht und der damit stattfindenden Möglichkeit zur Medikalisierung immer größerer Teile der Lohnarbeiterschaft. Neben der Fabrik und dem Militär dürfte damit gerade die moderne Krankenkasse die spezifische, über den Modus der Organisation vorangetriebene herrschafts-funktionale Anpassung des verwertbaren (und damit privilegierten) Teils des Proletariats an die Verhaltensimperative der bürgerlich-kapitalistischen Gesellschaftsformation gefördert haben. Vor diesem Hintergrund habe ich folgende *Leitfragen* für meine Arbeit aufgestellt:

1. Welche gesellschaftlichen Entwicklungen waren für die Durchsetzung des modernen Organisationstyps „Krankenkasse“ im „langen“ 19. Jahrhundert als Instrument sozialer Sicherheit und Medikalisierung verantwortlich?
2. Welche Strukturierungsmuster der modernen Krankenkassenorganisation lassen sich im Untersuchungszeitraum „langes“ 19. Jahrhundert rekonstruieren?
3. Welche Auswirkungen hatte der Prozeß der herrschaftsförmigen Konfiguration (im Sinne von Neustrukturierung und Zerschneidung) von Lebensverhältnissen durch die formale Krankenkassenorganisation auf das Krankheits- und Gesundheitsverhalten der Versicherten und wie konnte Krankheit im „langen“ 19. Jahrhundert überhaupt zu einem „organisationsfähigen Interesse“[17] werden?

Als Bezugstheorie habe ich die Türk'sche „Kritik der politischen Ökonomie der Organisation“[18] gewählt, da dieser zum einen „Organisation“ aus der Perspektive der Gesamtgesellschaft heraus zu erklären versucht, zum anderen weil er sich hierzu speziell mit der kapitalistischen Gesellschaftsformation beschäftigt. Türk lehnt sich dazu an die Marx'sche Kritik der Politischen Ökonomie an. Sein Ansatz basiert allerdings auf der Grundannahme, daß das zentrale Strukturationselement der kapitalistischen Gesellschaftsformation im Modus der modernen, formalen Organisation und nicht beispielsweise im „Markt“ zu finden sei. Formale Organisation (mit den Merkmalen Ordnung,

17 Vgl.: Offe, C.: Politische Herrschaft und Klassenstrukturen. Zur Analyse spätkapitalistischer Gesellschaftssysteme, S. 145f., in: Kress, G./Senghaas, D. (Hrsg): Politikwissenschaft, Frankfurt/Main 1973, S. 135-164

18 Als Basistext vgl.: Türk, K.: Zur Kritik der politischen Ökonomie der Organisation, in: Türk, K.: „Die Organisation der Welt“. Herrschaft durch Organisation in der modernen Gesellschaft, Opladen 1995a, S. 37-92

Gebilde, Vergemeinschaftung) wird von Türk als *die* typische Form von Herrschaft beziehungsweise als *das* historische Phänomen der kapitalistischen Gesellschaftsformation und der abendländischen Moderne gedeutet.

Mit der vorliegenden Arbeit möchte ich nun versuchen, Türks Ansatz auf die Untersuchung der spezifischen Organisationsgeschichte der Krankenkassen im „langen" 19. Jahrhundert unter den obigen drei Leitfragen anzuwenden. Ein solcher Anwendungsversuch bietet sich sowohl aufgrund des von mir gewählten gesellschaftlichen Untersuchungsfeldes „kapitalistische Gesellschaftsformation" als auch aufgrund des Untersuchungszeitraumes „langes 19. Jahrhundert", welches nach Türk gerade das entscheidende historische Milieu für die Entstehung und Etablierung des Modus der Organisation (bzw. der „Organisationsgesellschaft"[19]) bildete, an. Die entscheidenden Aussagen der Türk'schen Theorie werde ich deshalb in Kapitel II. kurz darstellen.

In Kapitel III. werde ich dann auf die gesellschaftlichen Rahmenbedingungen und Entwicklungen eingehen, die die Etablierung der modernen Krankenkassenorganisation im Untersuchungszeitraum erst ermöglichten. Hieran anschließend versuche ich in den Kapiteln IV. bis VI. anhand des Türk'schen Analyseschemas, die für eine Rekonstruktion der Organisation „Krankenkasse" unverzichtbaren Dimensionen „Gebilde", „Ordnung" und „Vergemeinschaftung" anhand des mir zur Verfügung stehenden historisch-empirischen Materials für die Krankenkassen im „langen" 19. Jahrhundert nachzuvollziehen. Methodisch beziehe ich mich primär auf Quellen und Arbeiten aus dem Bereich der historischen Sozialpolitikforschung und Sozialgeschichtsschreibung, die bezüglich der obigen Fragestellungen ausgewertet werden. In Kapitel VII. werde ich schließlich die erzielten Ergebnisse meiner Untersuchung zusammenfassen und auf ihre Aussagekraft hinsichtlich der von mir aufgestellten Thesen und Leitfragen überprüfen.

Während sich Türk mit seinem Ansatz der „Kritik der Politischen Ökonomie der Organisation" primär um die Ausarbeitung einer umfassenden, allgemeinen Geschichte der sich über den Modus der Organisationsbildung vollziehenden Umstrukturierung der Gesellschaft zur „Organisationsgesellschaft" bemüht, ist mein Untersuchungsinteresse also wesentlich anspruchsloser. Ziel dieser Arbeit ist es nämlich lediglich, anhand einer Rekonstruktion der in den gesamtgesellschaftlichen Kontext eingebetteten Entwicklungsgeschichte des spezifischen Organisationstypus' „Krankenkasse" zu versuchen, die für diesen konkreten Typus im Untersuchungszeitraum charakteristischen Strukturprinzipien herauszuarbeiten. Eine Verallgemeinerbarkeit der hierbei gefunde-

---

19 Zum Begriff der Organisationsgesellschaft vgl. u.a.: Bruckmeier, K.: Kritik der Organisationsgesellschaft, Münster 1988; Perrow, Ch.: A society of organizations, in: Theory and Society, Vol. 20, Heft 6/1991, S. 725-762; Türk 1995a, S. 37-92

nen Prinzipien kann deshalb nicht ohne weiteres angenommen werden. Erst der historisch-empirische Vergleich der freigelegten Strukturprinzipien verschiedener Organisationstypen könnte aufgrund der hierbei möglicherweise erkennbaren Parallelen Rückschlüsse auf eine allgemeine Entwicklung und Strukturierung von „Organisation“ und den (rekursiven) Grad, in dem makrogesellschaftliche und organisationale Strukturierung jeweils aufeinander einwirken, zulassen sowie gegebenenfalls eine Verallgemeinerung der Ergebnisse rechtfertigen. Dies kann und will die vorliegende Arbeit allerdings nicht leisten.

Karikatur 2: Daumier, H.: Die Hauptsache: Die Rechnung stimmt.
Aus: Fabre, F.: La Némésis Médicale, Paris 1840

II. Theoretische Grundlagen einer „Kritik der Politischen Ökonomie der Organisation“

Türk rückt bei seinem Ansatz der „Kritik der Politischen Ökonomie der Organisation“ die „historisch spezifische – und damit auch historisch wechselnde – Art und Weise, wie Menschen durch gesellschaftliche Formen ihre Ko-Operation regulieren und konfigurieren“, sowie die Art der Konzepte, die sie zur „Gestaltung und Legitimation ihrer Beziehungen zueinander sowie ihrer Arbeit an der äußeren und ihrer 'inneren Natur' verwenden“[20] in den Mittelpunkt seiner Analyse.

Menschliche Arbeit und Ko-Operation, beides Grundbedingungen für die Selbsterzeugung des Menschen als (soziales) Gattungswesen, werden hierbei als realer, gesellschaftlicher Lebensprozeß verstanden. In diesem Lebensprozeß produzieren und reproduzieren die Menschen durch ihr Handeln konkrete gesellschaftliche Verhältnisse (ausgedrückt z.B. in der Art und Weise der Produktion, den Beziehungen der Menschen in der Produktion und der Art des Austauschs der Produkte). Diese sind damit immer Produkte „realkonkreter menschlicher Tätigkeit, wenn auch häufig gerade nicht bewußt intendiertes Ergebnis.“[21] Die Wirkungen des menschlichen Handelns sind also von diesen vielfach gar nicht unbedingt voraussehbar, sie verschaffen sich gewissermaßen hinter dem Rücken der Menschen Geltung. Die im bzw. durch das Handeln geschaffenen gesellschaftlichen Verhältnisse wirken darüber hinaus konditionierend, strukturierend und restringierend auf die Bedingungen des menschlichen Handelns ein, begrenzen also deren Handlungsspielraum. Damit gilt, daß die Menschen ihre Geschichte[22] (d.h. die gesellschaftlichen Verhältnisse, unter denen sie leben) zwar selbst machen, aber eben nicht „aus freien Stücken, nicht unter selbstgewählten, sondern unter unmit-

20 Beide Zitate aus Türk 1995a, S. 38

21 Türk 1995a, S. 38

22 Für Marx ist die Geschichte „*nichts* als die Tätigkeit des seine Zwecke verfolgenden Menschen“. Vgl. Engels, F./Marx, K: Die heilige Familie oder Kritik der kritischen Kritik, S. 98, in: MEW 2, Berlin 1959, S. 3-223 [kursiv im Original]

telbar vorgefundenen, gegebenen und überlieferten Umständen."[23] Im Mittelpunkt der kritischen Analyse steht deshalb genau die Art und Weise, in der der reale, gesellschaftliche Lebensprozeß „interpunktiert, konfiguriert, strukturiert sowie auf vielfältige Weise zerschnitten und zusammengefügt, ausgebeutet und beherrscht, entmutigt und ermutigt wird."[24]

Die „Kritik der politischen Ökonomie der Organisation" bezieht sich hierbei konkret auf die kritische Analyse der modernen, kapitalistischen Gesellschaftsformation, die sie in Abgrenzung zu anderen historischen Gesellschaftformationen untersucht. Ein solches Unterfangen ist prinzipiell nicht neu. Die überwiegende Zahl der mir bekannten Ansätze von Kapitalismuskritik, die sich als Versuche verstehen, in „die innere Physiologie"[25] bzw. das Wesen des Kapitalismus vorzudringen, betrachtet jedoch gemeinhin den Markt als das dominante, historisch-spezifische Phänomen der modernen, kapitalistischen Gesellschaftsformation. Auch Türk selbst definiert den Markt als eine „spezifische Form der Systemintegration, die sowohl dem ökonomischen Austausch dient als auch der Realisation von ökonomischem Wert."[26] Der Markt wird damit i.d.R. als die zentrale gesellschaftliche Verteilungsinstitution sozial differenzierter Lebenschancen und Klassenlagen bzw. als das „ungleichheitstrukturierende[..] Zentrum der Stratifikationsordnung" angesehen, welches traditionelle, vorkapitalistische „Mechanismen der Zuweisung von Rang, Prestige und Einfluß"[27] verdrängte.

Der Türk'sche Ansatz hebt sich nun gerade von einer solchen Sichtweise ab. Türk verwendet für die Charakterisierung der modernen, kapitalistischen Gesellschaftsformation den Begriff der „Organisationsgesellschaft". Er konstatiert dabei, daß für ihn zwar beide – Markt und Organisation – neuzeitliche Phänomene sind, die „vor allem in Ko-Evolution miteinander sich entfalten und variieren"[28], in einem dialektischen Verhältnis zueinander stehen[29] und über das Wertgesetz miteinander verkoppelt sind, daß er den Modus der Organisation jedoch für das zentrale Phänomen zur Charakterisierung der modernen, kapitalistischen Gesellschaftsformation hält. Organisation wird dabei nicht als politisch neutraler und universaler Modus effizienter Koordination von Kooperation betrachtet, sondern als eine besondere Form der herrschaft-

23 Marx, K.: Der achtzehnte Brumaire des Louis Bonaparte, S. 115, in: MEW 8, Berlin 1960, S. 111-207

24 Türk 1995a, S. 38

25 Marx, K.: Theorien über den Mehrwert, MEW 26.2, Berlin 1967, S. 162

26 Türk, K.: Einführung in die Soziologie der Wirtschaft, Stuttgart 1987, S. 227

27 Wehler, H.-U.: Deutsche Gesellschaftsgeschichte, 3. Band, München 1995, S. 843

28 Türk, K.: Neuere Organisationssoziologie. Ein Studienskript. Hagen 1990, S. 162

29 Vgl. Sohn-Rethel, A.: Die ökonomische Doppelnatur des Spätkapitalismus, Darmstadt; Neuwied 1972

lichen Konfigurierung gesellschaftlicher Praxis, d.h. der Art und Weise, in der Menschen ihre gesellschaftlichen Verhältnisse durch ihr Handeln sozial konstituieren und reproduzieren. Sie wird zur Besonderheit der modernen, kapitalistischen Gesellschaftsformation, in der sie bis heute den dominanten Modus kapitalistischer Fremdaneignung von Arbeitserträgen und Fremdbestimmung von Arbeits- und Lebensbedingungen darstellt und damit als die effizienteste Form der Ausübung von Herrschaft gilt.

Eine Analyse, die dies berücksichtigt, muß sich deshalb zwangsläufig auf die gesamtgesellschaftliche Vermitteltheit von Organisation stützen. Aus diesem Grunde werde ich im folgenden sowohl die Anforderungen an eine gesellschaftstheoretisch fundierte Analyse der Organisationsform als auch die grundlegenden Strukturierungsmerkmale von Organisation in Anlehnung an den Türk'schen Ansatz darlegen. Dies erscheint mir deshalb wichtig, weil im weiteren Verlauf der Arbeit der Organisationstypus „Krankenkasse" ja gerade unter diesen Aspekten beleuchtet werden soll.

1. Elemente einer gesellschaftstheoretischen Analyse der Organisationsform

Jede Analyse von Organisation, die sich auf deren gesellschaftliche Vermitteltheit stützt, begreift Organisation zwangsläufig nicht als isolierte, selbstreflexive Einheit, sondern „als eine spezifische Konstellation, die selbst konstitutiver Bestandteil der Gesellschaft ist, die ihrerseits wiederum zur Reproduktion ersterer beiträgt."[30] Bei der Bestimmung des derart wechselseitigen Verhältnisses von Organisation und Gesellschaft geht es unter obiger Vorbedingung also um die Bestimmung *eines* gesellschaftlichen Verhältnisses „innerhalb eines Gewebes von Verhältnissen."[31] Die Gesamtheit dieser gesellschaftlichen Verhältnisse auf einer bestimmten historischen Stufe ihrer Entwicklung bildet dann die jeweils raum-zeitlich konkrete Gesellschaftsformation. Marx versteht deshalb unter Gesellschaftsformation ein „organisches System", welches historisch zur Totalität wird, indem es alle Elemente der Gesellschaft sich unterordnet und noch fehlende Organe aus der Gesellschaft

---

30 Bruch, M.: Betriebliche Organisationsform und gesellschaftliche Regulierung, S. 182, in: Ortmann, G./Sydow, J./Türk, K. (Hrsg.): Theorien der Organisation. Die Rückkehr der Gesellschaft, Opladen 1997, S. 180-210

31 Bruch 1997, S. 182

schafft.[32] Eine solche Betrachtung der jeweiligen Gesellschaftsformation als historisch-spezifische Totalität bedeutet letztlich, daß eine Theorie, die sich auf ein einzelnes, konkretes gesellschaftliches Phänomen wie das der Organisation richtet, um eine Analyse der Gesellschaftsformation in ihrer historisch-spezifischen Ausprägung gerade deshalb nicht herumkommt, weil die Organisationsform eben selbst sowohl ein konstitutiver Bestandteil der konkreten Gesellschaftsformation ist als auch durch diese erst konstituiert wird.

Geht man nun davon aus, daß organisationale Veränderung damit nur durch gesamtgesellschaftliche Veränderung denkbar ist, so bedarf eine adäquate gesellschaftstheoretische Untersuchung der Organisationsform der fundierten Herausarbeitung des spezifischen Zusammenhangs von organisationaler und gesellschaftlicher Entwicklung. Für Marx vollzieht sich der gesellschaftliche Entwicklungsprozeß (als Prozeß einer qualitativen Umwandlung und Veränderung) über die in den gesellschaftlichen Verhältnissen innewohnenden (dialektischen) Widersprüche. Die innere Triebkraft aller gesellschaftlichen Bewegung und Entwicklung besteht demzufolge im Kampf der Gegensätze. Es gilt somit, die „als allgemeines Bewegungsprinzip bestimmten Widersprüche in ihrer historischen und gesellschaftlichen Konkretisierung zu bestimmen."[33] Wesentlich ist hier, daß sich die Dynamik gesellschaftlicher Veränderung immer aus den historischen konkreten Verhältnissen selbst entwickelt.[34]

Die jeweils analysierte Gesellschaftsformation wird hierbei als *eine* besondere Formation innerhalb eines prinzipiell „nach beiden Seiten hin offenen historischen Prozesses"[35] betrachtet. Damit werden die einzelnen Elemente der historischen Wirklichkeit vom „Schein ihrer überzeitlichen Geltung"[36] befreit, ihre Isolierung und Trennung vom Ganzen der historischen Entwicklung aufgehoben. Sie werden zu konkreten Funktionen im historischen Entwicklungsprozeß. Auf diese Weise kann sich die Analyse auf die „jeweilige gesellschaftliche Ausformung oder Konfiguration der widersprüchlichen Verhältnisse"[37] konzentrieren. Dies erscheint notwendig, um so den „soziopolitischen Charakter der gesellschaftlichen Entwicklung"[38] herauszuarbeiten. Schließlich sind es ja gerade die Menschen selbst, die wie oben bereits ausge-

32 Vgl. Marx, K.: Grundrisse der Kritik der politischen Ökonomie, Berlin 1953, S. 189

33 Bruch 1997, S. 183

34 Vgl. Marx, K.: Das Kapital. Kritik der politischen Ökonomie, 1. Bd., MEW 23, Berlin 1987, S. 512

35 Hauff, J./Heller, A./Hüppauf, B./Köhn, L./Philippi, K.-P.: Methodendiskussion. Arbeitsbuch zur Literaturwissenschaft, Band 2, Frankfurt/Main 1972, S. 102

36 Hauff/Heller/Hüppauf/Köhn/Philippi 1972, S. 102

37 Bruch 1997, S. 184

38 Bruch 1997, S. 184

führt, durch ihr Handeln die gesellschaftlichen Verhältnisse produzieren und reproduzieren. Dies bedeutet dann, daß eine adäquate Analyse stets neben den gesellschaftlichen Strukturen auch die politischen Prozesse, welche ihre Produktion und Reproduktion ermöglichen, einbeziehen muß.

Eine an der historisch-materialistischen Tradition orientierte Organisationstheorie lehnt sich aus diesem Grunde notwendigerweise an die Marx'sche „Kritik der politischen Ökonomie" an. Die politische Ökonomie gilt gemeinhin als die Wissenschaft von den materiellen Grundlagen einer jeweiligen historisch konkreten Gesellschaftsformation. Sie bestimmt also die „Bedingungen und Formen, unter denen die verschiedenen menschlichen Gesellschaften produziert und ausgetauscht, unter denen sie demgemäß jedesmal die Produktion verteilt haben"[39] in ihrer historischen und gesellschaftlichen Formiertheit und ist damit „wesentlich eine *historische* Wissenschaft", die „einen geschichtlichen, das heißt einen stets wechselnden Stoff"[40] behandelt. Für Marx „vollzieht sich die Produktion und Reproduktion des menschlichen Lebens nicht nur grundsätzlich als soziale, sondern stets innerhalb historisch spezifischer Verhältnisse, sogenannter Produktionsverhältnisse."[41] Diese charakterisieren dabei die historisch konkrete Art und Weise der jeweiligen gesellschaftlichen Produktion und Reproduktion. Im „Kapital" bezweckt Marx mit Hilfe dieser theoretischen Grundlagen die Enthüllung des ökonomischen Bewegungsgesetzes der „modernen Gesellschaft"[42], d.h. er erforscht hier den „historischen Prozeß der Entstehung, der Entfaltung und des Niedergangs"[43] der kapitalistischen Gesellschaftsformation.

Der Türk'sche Ansatz der „Kritik der politischen Ökonomie der Organisation" knüpft an die obigen Elemente an und läßt sich damit weitgehend in die Tradition historisch-materialistischer Theorieansätze einreihen. Unter dem Terminus „Politische Ökonomie" faßt Türk zum einen die „formierende Seite menschlicher Sozialität" als des in der jeweiligen „Gestaltung, Strukturierung, Konditionierung menschlicher Gemeinschaft"[44] zum Ausdruck kommenden formalen Lebens- und Aneignungsprozesses (Produktionsverhältnis), welcher sich einerseits in den sozialen Herrschafts- bzw. Klassenverhältnissen (Art der Beziehungen zwischen den unmittelbaren Produzenten und den formalen

39 Engels, F.: Herrn Eugen Dührings Umwälzung der Wissenschaft (Anti-Dühring), S. 139, in: MEW 20, Berlin 1962, S. 1-303

40 Engels MEW 20, S. 136 [kursiv im Original]

41 Bruch 1997, S. 185

42 Marx MEW 23, S. 15

43 Schleifstein, J.: Einführung in das Studium von Marx, Engels und Lenin, Essen 1995, S. 93

44 Türk 1995a, S. 38

Eigentümern der Produktionsmittel), andererseits in der „Form, in der in einer Gesellschaft die Koordination, die 'Wiedervereinigung' arbeitsteilig separat produzierter Güter erfolgt"[45] (Form, die Güter und Austauschende annehmen müssen, um Tauschverhältnise konstituieren zu können, z.B. Wertform, Warenform, Ausbildung von Verkäufer-Käufer-Rollen), niederschlägt. Diese formierende Dimension kommt im Adjektiv „politisch" zum Ausdruck. Zum anderen faßt Türk unter dem Substantiv „Ökonomie" den „real-materiellen Lebens- und Aneignungsprozeß [...], durch den Menschen sich ko-operativ in ihrem sozial- und natural-ökologischen Kontext reproduzieren"[46] (Produktivkräfte). Die jeweilige historisch-gesellschaftliche „Einheit von 'formierender' und 'real-materieller' Dimension"[47], d.h. von formalen und realen Aneignungsverhältnissen bildet dann auf gesamtgesellschaftlicher Ebene die entsprechende „Produktionsweise"[48], d.h. das dominante Strukturprinzip der jeweiligen Gesellschaftsformation aus.

Mit dem Ansatz der „Kritik der politischen Ökonomie der Organisation" wird nun gerade dieser „Doppelaspekt des formierend Politischen und des Real-Ökonomischen" in Form der Untersuchung der „Doppelstruktur von Herrschaft und Ko-operation"[49] beim Versuch der Herausarbeitung der allgemeinen Prinzipien der Organisation in den Mittelpunkt der Analyse gestellt. Türk geht es, wie oben bereits ausgeführt, um die Analyse der modernen, kapitalistischen Gesellschaftsformation unter der Voraussetzung, daß die moderne Organisation das in dieser Formation charakteristische „Produktions*verhältnis*"[50] und damit ein „Schlüsselphänomen der Moderne"[51] ist. In diesem Sinne wird Organisation als *eine* spezifische Nutzungsform lebendiger (kooperativer) Arbeit und somit auch als spezifische Form von Herrschaft verstanden. Sie ist also gerade kein überhistorisches, ubiquitäres Phänomen, sondern „eine historisch emergierende Verkörperung von Herrschaft, die ältere Herrschaftsformen ablöst und eine eigene Geschichte entwickelt."[52]

---

45 Türk 1987, S. 74

46 Türk 1995a, S. 39

47 Türk 1995a, S. 39

48 Vgl. Türk 1987, S. 69ff.

49 Türk 1995a, S. 39

50 Türk, K.: Organisationssoziologische Perspektiven des Bildungssystems, S. 244, in: Türk, K.: „Die Organisation der Welt". Herrschaft durch Organisation in der modernen Welt, Opladen 1995e, S. 217-247 [kursiv im Original]

51 Türk, K.: Organisation und Ko-Operation, S. 93, in: Türk, K.: „Die Organisation der Welt". Herrschaft durch Organisation in der modernen Gesellschaft, Opladen 1995b, S. 93-111

52 Türk 1995a, S. 44

Nach Türk beruht jede Form von Herrschaft generell auf drei basalen Elementen: 1) einer akkumulationsfähigen Basis, 2) einer sie abstützenden legitimatorischen Ideologie, sowie 3) einer diskriminatorischen sozialen Kategorisierung, über die sie sich vollzieht.[53] Der spezifische soziale Herrschaftsmodus der Organisation wird deshalb konkret in dem wechselseitigen historischen Konstitutionszusammenhang von bestimmten Konstruktionen sozialer Gebilde, bestimmten Ideologien sozialer Ordnung und bestimmten Vergemeinschaftungspraxen untersucht. Dies weist gleichzeitig auf die historisch mehrdimensionale, kontextabhängige und z.T. widersprüchliche Konstituiertheit von Organisation hin. Da im weiteren Verlauf der Arbeit die Krankenkassen hinsichtlich dieser Dimensionen untersucht werden sollen, stelle ich sie im folgenden kurz vor.

2. Ordnung, Gebilde und Vergemeinschaftung als soziale Teilmuster von Organisation

Der Topos der *Ordnung* bezieht sich auf die legitimatorische und praktische „Organisiertheit" bzw. Strukturiertheit der Organisation (z.B. Hierarchien, Regel- und Normkomplexe) und die spezifischen Formen ihres Weltbezugs. Dies verweist auf eine „Rationalitäts-, Disziplinierungs- und Normalisierungssemantik bzw. -praxis, die mit dem Begriff der Organisation von Anfang an verbunden ist."[54]

Bedeutsam ist, daß die kulturell-historischen Wurzeln des modernen Konzeptes der „zweckmäßigen Ordnung" im rationalistischen Programm der abendländischen Aufklärung zu finden sind. Dies deutet darauf hin, daß Organisation ein „spezifisches Produkt okzidentaler Kultur, [...] ein Element hiesiger Lebens- und Gesellschaftsform"[55] ist. Die jeweiligen Strukturen der Ordnung sind innerhalb ihres historischen Entwicklungsprozesses hinsichtlich ihrer praktischen Wirksamkeit für die Organisationsmitglieder kontingent. Wesentlich ist, daß Organisationen durch bestimmte Ordnungsvorstellungen selektive Zurechnungen vornehmen können und so eine „herrschafts-funktionale Ein- und Ausschließung"[56] konditionieren. Dies bedeutet, daß sie durch die Internalisierung und Externalisierung von Handlungsbedingungen und

53 Vgl. Türk 1995a, S. 43
54 Türk 1995a, S. 45
55 Türk 1995a, S. 47
56 Türk 1995a, S. 45

-folgen eine spezifische Zurechnungsbasis für Produktivitäts- und Effizienzfiktionen schaffen. Eine solche, bewußt selektive Zurechnung insbesondere von Produktivität auf eine spezielle Organisation gelingt immer nur durch Ausblendung bzw. Auftrennung des jeweiligen Gesamtkontextes. In Kapitel V. werde ich dies bei den Krankenkassen nachweisen.

Jede Ordnung ist an einen sozialen Raum gebunden, auf den sie sich beziehen kann; „jede Aneignung fremder Arbeitserträge bedarf einer stützenden Institution, die anderen Verteilungen von Arbeitserträgen mehr oder minder gewaltsam vorbeugt."[57] Dies findet sich in der *Gebilde*-Dimension. Die jeweiligen Akkumulationschancen steigen hierbei mit der Entbindung des Aneignungsprozesses von „individuellen Partizipations- und Lebensdauern."[58]

Charakteristisch für die Gebilde-Dimension ist die Rechtsfigur der juristischen Person. Diese konstitutiert ein mit eigener Rechtspersönlichkeit ausgestattetes soziales Gebilde, welches über eigene Rechte, Ressourcen, Kapital und Handlungsmacht verfügt, die sie vom Staat und/oder von ihren Mitgliedern zur Erfüllung spezifischer Zwecke verliehen bekommen hat. Deshalb ist sie einerseits wie eine natürliche Person in der Lage, selbständig Rechtsgeschäfte einzugehen, deren Ergebnisse bzw. Folgen ihr selbst voll zugerechnet werden. Andererseits übertrifft sie die einzelne natürliche Person aufgrund ihrer Möglichkeit zur Monopolisierung von Macht, Ressourcen und Kapital an Handlungsmöglichkeiten bei weitem. Diese Charakteristika machen die juristische Person zum „vollgültigen Akteur" (Coleman) der modernen Gesellschaft.

Typisch ist ihre Fähigkeit zur Sicherstellung einer über die Lebensdauer der in ihr über „Zweckkontrakte" (Weber) zusammengeschlossenen natürlichen Personen hinausgehenden Eigentumskontinuität. Auf diese Weise bildet sich ein von den natürlichen Personen unabhängiges Dauereigentum, welches die akkumulationsfähige Basis für immer weitergehende Aneignungsprozesse darstellt. Inhaltlich ist der Begriff der juristischen Person identisch mit dem des modernen korporativen Akteurs von Coleman.[59] Das so konstituierte, universal einsetzbare Gebildekonstrukt (beispielsweise als Aktiengesellschaft, aber eben auch als Krankenkasse) ermöglichte im „langen" 19. Jahrhundert

57 Türk 1995a, S. 53

58 Türk 1995a, S. 53

59 Vgl. Coleman, J.S.: Macht und Gesellschaftsstruktur, Tübingen 1979. An anderer Stelle formuliert Coleman, daß die von ihm untersuchten Sozialgebilde von außen betrachtet als subjektgleich handelnde Akteure, von innen betrachtet eher als Herrschaftsstrukturen zu kennzeichnen seien. Vgl.: Coleman, J.S.: Grundlagen der Sozialtheorie, Bd. 1, München 1995, S. 82

unter dem Deckmantel spezifischer Zweckerfüllung die vollständige gesellschaftliche Dekorporierung (vgl. Kapitel III.2.) sowie die fortschreitende Auftrennung und Ausblendung menschlicher Lebenszusammenhänge (z.B. Familie und Betrieb, Gesundheit und Krankheit) und entsprach damit den Bedürfnissen der sich rasant entwickelnden kapitalistischen Produktionsweise.

Bei den Krankenkassen verkörpert sich die Rechtsfigur der juristischen Person heute in der Körperschaft des öffentlichen Rechts. Typisch für die öffentliche Körperschaft ist generell, daß ihr von der jeweiligen Rechtsordnung (also vom Staat) eine eigene Rechtspersönlichkeit (samt eigener Organisationsjustiz[60]) zugebilligt wird, deren Rechtsfähigkeit und organschaftliche Struktur (Vorstand, Mitgliederversammlung usw.) per Gesetz weitgehend festgelegt werden. Außerdem kann der Körperschaft des öffentlichen Rechts (als öffentlicher Korporation) vom Staat gegebenenfalls die Ausübung hoheitlicher Gewalt übertragen werden.[61]

Im Fall der Krankenkassen werde ich zeigen, daß mit der Etablierung des organisationalen Gebildekonstruktes der Körperschaft des öffentlichen Rechts im „langen" 19. Jahrhundert neben der Abschöpfung, Zurechnung und Konzentration von Versichertenbeiträgen vor allem die Möglichkeiten zur organisationalen Monopolisierung von Macht zur gesellschaftlich verbindlichen Definition von Gesundheit und Krankheit, zur Normierung und Kontrolle von Krankenverhalten sowie zur „Zwangssozialisation"[62] der Unterschichten an eine bürgerliche Normalität und Lebensführung geschaffen wurden. Im sozialen Gebilde „Krankenkasse" materialisierten sich somit die gesundheitspolitischen Ordnungs- und Normalitätsvorstellungen der modernen bürgerlichen Gesellschaft. Erst die Konstruktion solcher realer, gesetzlich definierter sozialer Räume schuf im „langen" 19. Jahrhundert die erforderlichen „Zurechnungspunkte" für die bürgerlichen Gesundheitsnormen sowie die Möglichkeit zur „negatorische[n] Ausgrenzung nichtbürgerlicher Verkehrsverhältnisse."[63] Dies verschaffte den bürgerlichen Ordnungs- und Normalitätsvorstellungen ihre eigentliche Durchsetzungs- und Normierungsmacht gegenüber den „Rechts-Subjekten", basierte also gerade auf der organisationalen (und rechtlichen) Verselbständigung der Krankenkassen als korporative Akteure.

---

60 Vgl. hierzu u.a.: Stollberg, G.: Die gewerkschaftsnahen zentralisierten Hilfskassen im Deutschen Kaiserreich, S. 355, in: Zeitschrift für Sozialreform, Heft 5/6 1983, S. 339-369

61 Vgl.: Bieback, K.-J.: Die öffentliche Körperschaft, Berlin 1976; Endrös, A.: Entstehung und Entwicklung des Begriffs „Körperschaft des öffentlichen Rechts", Wien/Köln/Graz 1985

62 Labisch, A.: Gesundheitskonzepte und Medizin im Prozeß der Zivilisation, S.29, in: Labisch, A./Spree, R. (Hrsg.): Medizinische Deutungsmacht im sozialen Wandel des 19. und frühen 20. Jahrhunderts, Bonn 1989, S. 15-36

63 Lichtblau, K.: Theorie der bürgerlichen Gesellschaft, Gießen 1978, S. 394

Durch die Zuschreibung des Status' eines handlungsfähigen Subjekts auf die Kassen gelang des weiteren neben der Schaffung einer zurechnungsfähigen sozialen Einheit für Akkumulationszwecke vor allem auch die Entlastung von Handlungszurechnungen auf die individuellen Akteure. Auf diese Weise konnte auch eine moderne Krankenkassenorganisation völlig unabhängig vom Bestand ihrer konkreten Mitglieder geführt werden.

Die Verbindung von kompatiblen Ordnungs- und Gebildedimensionen ermöglicht der Organisation die wirkungsvolle Ausblendung (Externalisierung, Desymbolisierung) von übergreifenden Zusammenhängen (z.B. Produktivitätszusammenhängen). Gerade dies bringt dann nach Türk die „Fiktion einer produktiven Einheit“[64] hervor. So wäre beispielsweise Kapitalbildung kaum ohne eine Verbindung derartiger Zurechnungs- und Eigentumskonstrukte (vor allem in Form der juristischen Person) möglich. Gleiches gilt auch für Krankenkassen. Auch diese benötigen einen angebbaren sozialen Ort mit Regeln, Klassifizierungen, Standardisierungen, Einzelfallsubsumtionen und Normalitätsvorstellungen, um so das soziale Problem Krankheit einer konkreten Kasse mit begrenzter Mitgliederzahl und demzufolge beschränkten materiellen Ressourcen zurechenbar, d.h. bearbeitbar zu machen. Insofern konstituiert die Einheit von Ordnungs- und Gebildedimension die „Formalität“[65] (die „formierende Macht“) von Organisation, in der sich neben ihrer inneren Hierarchisierung und Oligopolisierung auch ihre extroverse Herrschaftsförmigkeit verkörpert.[66]

Ohne sozialen Zusammenschluß, der auf einem irgendwie gearteten subjektiven Zusammengehörigkeitsgefühl beruht, mit anderen Worten *Vergemeinschaftung*[67], sind Ordnungs- und Gebildedimension alleine kaum möglich. Vielmehr bedarf es gerade der Vermittlung von Formalität und Vergemeinschaftung, damit sich erstere in letzterer verkörpern kann.[68] Erst die Einheit dieser drei Dimensionen macht die hinreichende Beschreibung von Organisation aus. Die Vergemeinschaftungsdimension dient nun bei Türk als *„terminus technicus* für gruppenhafte Schließungsprozesse“[69], bezieht sich also

64 Türk 1995a, S. 53

65 Vgl. Stolz, H.-J./Türk, K.: Organisation als Verkörperung von Herrschaft, S. 74f., in: Bergische Universität-Gesamthochschule Wuppertal, Fachbereich 1 – Gesellschaftswissenschaften, Professur für Organisationssoziologie, Diskussionspapiere zur Organisationstheorie, Wuppertal 1993, S. 51-77

66 Türk 1995a, S. 60; vgl. auch ders., S. 66

67 Vgl. Weber, M.: Wirtschaft und Gesellschaft, Tübingen 1980, S. 21f.

68 Türk 1995a, S. 66

69 Türk 1995a, S. 68 [kursiv im Original]

primär auf Prozesse personeller Ein- und Ausschließung.[70] Dieses Phänomen der sozialen Abgrenzung von Dazugehörenden und Nicht-Dazugehörenden findet sich bei Weber unter dem Begriff der sozialen Schließung, wobei hierunter der Prozeß der Zugangsbegrenzung einer „Interessentengemeinschaft" zu bestimmten (sozialen oder ökonomischen) Ressourcen auf einen engen Kreis von Auserwählten verstanden wird. Als Zugangsbarrieren bzw. Rechtfertigungsgründe für den Ausschluß von Außenstehenden dienen dabei bestimmte, äußerlich identifizierbare soziale und/oder physische Merkmale (wie z.B. Sprache, Konfession, örtliche oder soziale Herkunft, Wohnsitz, Abstammung).[71] Durch die spezifische Ausprägung der Dimension der Vergemeinschaftung wird also deutlich, in welcher Art und Weise (historische und neue) Formen sozialer Ungleichheit durch die jeweilige Organisation reguliert und (re-)produziert werden. Darüber hinaus wird durch die (selektive) Zurechnung von bestimmten Privilegien an die Organisationsmitglieder und einer damit verbundenen sozialen Identitätsbildung („Wir, die Mitglieder") die Konformität hinsichtlich der inneren Ordnung gefördert.

Im Falle der Krankenkassen wird deutlich werden, wie vielfältig die vorgefundenen Ausschließungskriterien waren (z.B. Berufsstand/Qualifikation, Alter, Geschlecht, Familienstand, Gesundheitszustand). Außerdem läßt sich besonders das im weiteren noch darzustellende Phänomen des langanhaltenden, vehementen Widerstands z.B. der Handwerksgesellen oder der Facharbeiter gegen die Ausweitung der jeweiligen Kassenmitgliedschaft auf sogenannte „berufsfremde" bzw. ungelernte Arbeiter und Tagelöhner durch eben eine solche selektive Zurechnung von Privilegien (in Form von Krankenpflege- oder Krankengeldleistungen) an die Kassenmitglieder erklären.

Da der gesellschaftliche Konstitutionszusammenhang von Organisation nach Türk immer in diesen drei Dimensionen zu denken ist, werde ich im folgenden versuchen, diese in ihrer historischen Entwicklung und Verknüpfung für den Organisationstypus „Krankenkasse" zu rekonstruieren. Anhand des Untersuchungszeitraums des „langen" 19. Jahrhunderts stelle ich deshalb in den Kapiteln IV., V. und VI. die Organisationsgeschichte der Krankenkassen als sozialen Konstruktionsprozeß innerhalb der obigen drei Dimensionen dar. Hierbei wird deutlicht werden, daß dieser dreidimensionale, durchaus widersprüchliche Prozeß auf das engste mit der kapitalistischen Gesellschaftsformation im allgemeinen und der Durchsetzung der kapitalistischen Produktionsweise im besonderen verbunden ist. So gelingt es, die organisationsförmige Krankenkasse als ein „historisch-kulturell besonderes Phäno-

70 Türk 1995a, S. 67

71 Weber 1980, S. 201f.; vgl. auch Parkin, F.: Strategien sozialer Schließung und Klassenbildung, in: Kreckel, R. (Hrsg.): Soziale Ungleichheiten. Göttingen 1983, S. 121-135

men“[72] zu deuten und beispielsweise von den weitgehend assoziativen beziehungsweise korporativen Formen gegenseitiger Hilfe und sozialer Sicherheit vormoderner Gesellschaftsformationen abzugrenzen.

3. Dimensionen organisationaler Herrschaft

Türk betreibt die Analyse der Organisationsform wie oben dargelegt immer unter der Bedingung, daß diese eine spezifische, unterscheidbare „moderne Herrschaftsform“ darstellt.[73] Organisationen setzen für Türk „Bedingungen für und von Ko-operation [...], die sie überdies durch Aneignung von Mehrprodukten“[74] nutzen. Da Organisationen einen sie selbst weit übergreifenden selektiven, partikularistischen Ko-operationszusammenhang herausbilden, müssen sie im Kontext der Organisationsgesellschaft einerseits in Beziehung zu anderen Organisationen, andererseits zu den (noch) nicht-organisierten gesellschaftlichen Teilbereichen gesetzt werden. Diese Selektivität bildet sowohl innerhalb des unmittelbaren organisationalen Kontextes als auch auf gesamtgesellschaftlicher Ebene „Figuren und Kognitionen von Abschließung, Trennung und Desymbolisierung“[75] heraus.

Die organisational erzeugten Muster sozialer Trennung sind historisch weitgehend kontingent. Sie führen zu den oben angesprochenen differenzierten Lebenschancen und Mustern sozialer Ungleichheit. Türk betont deshalb, daß Organisationen gegenüber ihren Kontexten offen sind und sich in einer „Widersprüchlichkeit von kognizistischer Abgeschlossenheit bzw. restringierter Praxis und faktischer Offenheit“[76] konstituieren. Diese Widersprüchlichkeit ist auch für die Entwicklungsgeschichte der Krankenkassen charakteristisch. Die Kassen mußten nämlich gerade während des „langen“ 19. Jahrhunderts vielfältige Anpassungsleistungen an politische, ökonomische und sozio-kulturelle kontextuelle Veränderungen erbringen. Andererseits läßt sich die Geschichte der Krankenkassen im Untersuchungszeitraum auch als permanenter, wenn auch historisch wandelbarer Prozeß der Ausschließung bestimmter Personengruppen von der Krankenversicherung rekonstruieren.

---

72 Türk 1995a, S. 44
73 Türk 1995b, S. 93
74 Türk 1995a, S. 87f.
75 Türk 1995a, S. 88
76 Türk 1995a, S. 88

Türk betont, daß Organisationen nur durch das orientierte Handeln der beteiligten Subjekte (re-)produziert werden. Organisationale Herrschaft dürfte demzufolge kein Phänomen darstellen, welches den Subjekten nur von außen und quasi zeitlos widerfährt. Im Sinne einer „dialectic of control" (Giddens) sind Organisationen also vielmehr immer auf das „Mittun" der subsumierten Subjekte angewiesen. Für Türk verkörpert sich organisationale Herrschaft deshalb gerade „im ko-orientierten Handeln" der involvierten Subjekte selbst. Diese sind also nicht nur bloße Herrschaftsobjekte, sondern immer auch „als Subjekte in den Reproduktionsprozeß organisationaler Herrschaft involviert."[77] Es kommt somit auf die Inkorporierung organisationaler Prinzipien *in* die Subjekte an, die dann als kompetente Akteure durch orientiertes Handeln eben diese Prinzipien und damit Organisation materiell (re-)produzieren. In einer solchen Betrachtungsweise greift der „klassische" Weber'sche Begriff von Herrschaft als „Chance, für einen Befehl bestimmten Inhalts bei angebbaren Personen Gehorsam zu finden"[78] zu kurz. Organisation wird bei Türk ja gerade nicht als ein Medium der Anwendung ansonsten überhistorischer, ubiquitärer Herrschaft betrachtet. Typisch ist am Türk'schen Organisationsbegriff vielmehr, daß in Organisation selbst eine historisch-spezifische Form von Herrschaft verkörpert wird, die mit der Organisationsform und der kapitalistischen Gesellschaftsformation untrennbar verbunden ist. Ihr Charakteristikum ist es, daß sie jede andere, herrschaftsnonkonforme Weise der Produktion und Reproduktion sozialer Verhältnisse, d.h. konkret die „freie Assoziation"[79] ko-operierender Subjekte, systematisch verhindert, restringiert oder zerstört und so das „Zustandekommen einer i.w.S. gebrauchswertorientierten [...] Gestaltung"[80] sozialer Verhältnisse blockiert. Gerade diese *„dialektische Einheit"* der *Verhinderung* und Restringierung alternativer Kooperationsformen und der *Ermöglichung* von herrschaftskonformer, kommunikativ regulierter Kooperation zeichnet das Phänomen der Organisation und ihren spezifisch *hegemonialen* Charakter aus.

Organisationen sind nun nicht nur, wie oben bereits dargestellt, dreidimensional sozial konstruiert, sondern konfigurieren und strukturieren darüber hinaus auch *dreistellige soziale Relationen.* Ihre Mächtigkeit beruht nicht auf akkumulierten Kooperationserträgen assoziierter Subjekte, sondern auf der extro-

---

77 Türk 1995a, S. 90

78 Weber 1980, S. 28

79 „Freie Assoziation" wird von mir als normativer, idealtypischer Begriff i.S.v. Marx (z.B. MEW 4) interpretiert und von dem historisch-deskriptiv bestimmbaren Begriff der „Assoziation" unterschieden, wie er vor allem von Türk (1995c) angewandt wird.

80 Stolz/Türk 1993, S. 52

versen Kontrolle Dritter. Im Verlauf der Arbeit wird sich zeigen, daß sich die Mächtigkeit der untersuchten Krankenkassen primär aus der Instrumentalisierung der Kassenbürokratie (und der Kassenärzte) zur Herrschaft über die Körper und das Gesundheitsverhalten der Kassenmitglieder (und weitgehend auch ihrer Familien) ergab.

Allgemein ist also charakteristisch für Organisationen, daß es sich sowohl um extern als auch um intern herrschaftlich ausgerichtete Sozialbeziehungen handelt. Interne organisationale Herrschaft zielt auf die der Formalstruktur der Organisation unmittelbar, d.h. reell *subsumierten* Subjekte. Sie richtet sich dabei zum einen auf die Zurichtung und Disziplinierung der Organisationsmitglieder über „die 'Selbstformierung' von 'Organisationskulturen'„ („disziplinäre“ Dimension), zum anderen auf die Aneignung und „Nutzung organisierter lebendiger Arbeit durch Dritte“[81] („introverse“ Dimension). Externe organisationale Herrschaft richtet sich hingegen auf die Aneignung und Unterdrückung der Organisation nur mittelbar unterworfener, d.h. formell subsumierter Subjekte („extroverse“ Dimension). Diese nicht unter die Formalstruktur der Organisation subsumierten Gruppen bzw. Bereiche können als „*Peripherie* des organisierten Komplexes“[82] bezeichnet werden. Im Prozeß der Organisationsbildung werden also systematische Ausgrenzungen oder Marginalisierungen bestimmter gesellschaftlicher Personengruppen und sozialer Teilbereiche vollzogen, d.h. Zentrums-Peripherie-Differenzierungen konstruiert.

Die externe Herrschaftsdimension drückt sich dabei einerseits in der organisierten „Nutzung organisational konditionierter gesellschaftlicher Verhältnisse“, andererseits in der „Restringierung von Lebenschancen vermittels organisational konstituierter makrogesellschaftlicher Verhältnisse“[83] aus. Es geht um „Unterwerfung, Bearbeitung, Regulierung und Kontrolle Dritter“[84] und damit um die herrschaftsförmige Auftrennung, Restringierung, Desymbolisierung und Deformierung von Lebenszusammenhängen und alternativen Kooperationsformen durch organisationales, konfigurierendes Handeln. Im folgenden versuche ich nun, dies an der Entwicklungsgeschichte der Krankenkassen zu rekonstruieren.

---

81 Türk 1995a, S. 41

82 Türk 1995a, S. 91 [kursiv im Original]

83 Türk 1995a, S. 41f.

84 Türk, K.: MERCURIUS oder Eine Allegorie des Handels als eine Allegorie der Organisation, S. 119, in: Türk, K.: „Die Organisation der Welt“. Herrschaft durch Organisation in der modernen Gesellschaft, Opladen 1995c, S. 113-154

III. Gesellschaftliche Voraussetzungen für die Etablierung und Durchsetzung der modernen Krankenkassenorganisation

Aufgrund der oben dargestellten theoretischen Konzeption werde ich in diesem Kapitel die historischen Wurzeln und die entsprechenden gesellschaftlichen Rahmenbedingungen skizzieren, die schließlich zur Entstehung und Durchsetzung der Organisationsform der Krankenkasse im „langen“ 19. Jahrhundert geführt haben.

1. Historische Vorläufer der modernen Krankenkassen

Es erscheint mir unumgänglich, zunächst einen globalen historischen Überblick über die meines Erachtens wichtigsten vormodernen Formen sozialer Sicherung zu geben, um so die Besonderheiten dieses Entwicklungsprozesses herausstellen zu können. Hierbei läßt sich grundsätzlich feststellen, daß Formen kollektiver sozialer Sicherung im Krankheitsfall schon weit vor dem „langen“ 19. Jahrhundert bestanden haben.

Spuren sozialer und gegenseitiger Hilfe lassen sich generell bis in die archaischen Urgesellschaften zurückverfolgen. Gegenseitige Hilfe war hier in Form von festeingewurzelten Grundsätzen und Bräuchen, deren Mißachtung schwere Sanktionen bis hin zum Ausschluß aus der Gemeinschaft zur Folge haben konnte, als ungeschriebenes, natürliches Gesetz verankert. Die Sicherung des Lebensunterhaltes der Kranken, Schwachen, Invaliden, Alten und Hinterbliebenen erfolgte durch das gesamte Kollektiv der Gens (Gentilgenossenschaft), des Familienverbandes oder des Stammes, d.h. in der Regel auf Basis von Verwandtschafts- oder Wohngemeinschaftsbeziehungen.[85]

---

85 Vgl.: Engels, F.: Der Ursprung der Familie, des Privateigentums und des Staates, in: MEW 21, Berlin 1962, S. 25-173; Luhmann, N.: Formen des Helfens im Wandel gesellschaftlicher Bedingungen, in: Otto, H.-U./Schneider, S. (Hrsg.): Gesellschaftliche Perspektiven der Sozialarbeit, 1. Halbband, Neuwied/Berlin 1973, S. 21-43; Peschke 1962, S. 20f.

Historisch bemerkenswert ist auch, daß sich bereits ab 400 Jahre v.u.Z. erste Elemente sozialer Selbsthilfe der freien Bürger in den Stadtstaaten Griechenlands und vor allem in der Römischen Republik in Form von freiwilligen, privaten Unterstützungskassen zur Sicherung des Einkommensausfalls bei Krankheiten und Vereinen gegenseitiger Hilfe („collegia tenuiorum" bzw. „Krankenhilfsvereine") auf Grundlage der Solidarität durchsetzten. Nach dem Umlageprinzip erhielten erkrankte Mitglieder neben Natural- auch Geldleistungen gewährt. Darüber hinaus finden sich hier erstmals Zugangsbeschränkungen aus Risikogründen in Form von Eintrittsaltershöchstgrenzen. Interessant ist des weiteren, daß im 2. Jhd. u.Z. die bis dahin massiv angewachsenen römischen Sterbekassen- („collegia funeratica") und Krankenkassenvereine („collegia tenuiorum") durch Kaiser Marcus Aurelius (161-180 u.Z.) den Charakter von Anstalten des öffentlichen Rechts, d.h. den Status von juristischen Personen erhielten. Hierbei ist allerdings zu berücksichtigen, daß das römische Recht die Rechtsform der juristischen Person nicht als Willenssubjekt, wie später das bürgerliche Recht, sondern nur als Rechtsobjekt kannte. Damit erhielten die Kassenvereine zwar (Rechenschafts-)Pflichten gegenüber dem römischen Staat auferlegt, blieben ansonsten aber juristisch handlungsunfähig. Bei der Verleihung des Status' öffentlich-rechtlicher Anstalten handelte es sich also weniger um einen Akt staatlicher Anerkennung und Unterstützung als vielmehr um die obrigkeitliche Bevormundung und verschärfte Kontrolle durch den Staat sowohl hinsichtlich der Vereinsfinanzen als auch des politischen Verhaltens.[86]

Mit dem Übergang zum Feudalismus verloren diese Formen sozialer Sicherheit ihre Grundlage. Lediglich die kirchliche Wohlfahrt („caritas") wurde in begrenztem Umfang für Arme, Kranke und Sieche beibehalten.[87] Einrichtungen gegenseitiger sozialer Hilfe entstanden in Deutschland dann, von den Zunftbüchsen des 12. Jahrhunderts einmal abgesehen, erst wieder in der entwickelten Feudalordnung (Hochmittelalter) mit der Ausbildung von Lohnarbeitsverhältnissen, „in denen die bis dahin gegebene Garantie der Reproduktion der abhängigen Arbeitskraft bei Krankheit und Not in der Sozialform des 'ganzen Hauses' als organisatorischer Einheit von Produktion, Konsumtion

86 Vgl. Herder-Dornreich, P.: Ökonomische Theorie des Gesundheitswesens, Baden-Baden 1994, S. 33-41; Lyskowski, I. von: Die collegia tenuiorum der Römer, Diss., Berlin 1988; Peschke 1962, S. 23-28; Pfeffer, M.: Solidargemeinschaften schon im Altertum, in: Sozialer Fortschritt, Heft 5/6 1968, S. 127-128.

87 Vgl. Schirbel, E.: Geschichte der sozialen Krankenversorgung vom Altertum bis zur Gegenwart, Bd.1, Berlin 1930, S. 34f.

und generativer Reproduktion"[88] allmählich entfiel. Solche berufsständisch geprägten Selbsthilfeeinrichtungen wurden vor allem im sogenannten „langen" 16. Jahrhundert[89] von Gesellen und Bergknappen ins Leben gerufen, die sich untereinander solidarisch gegen die Folgen von Arbeitsunfall und Krankheit absicherten, gegenüber nicht zum jeweiligen Berufsstand gehörenden Arbeitern und Familienmitgliedern aber konsequent abschlossen. Diese „Bruderbüchsen" und „Bruderladen" dienten in der Regel gleichzeitig als Unterstützungsfonds für Arbeitskämpfe. Mit ihnen entstanden die Verbände der Handwerksgesellen sowie die Bruderschaften der Bergknappen als kooperative Zusammenschlüsse. Diente die Bruderbüchse der gegenseitigen Hilfe, so diente die Bruderschaft der Vereinigung zum Schutz der Arbeitsbedingungen. Für alle Angehörigen des Berufsstandes in der jeweiligen Stadt bzw. dem Gewerk bestand die Pflichtmitgliedschaft. Die Bruderschaften umfaßten damit genau wie die Zünfte immer den ganzen Menschen. Nach außen gegenüber anderen Berufsständen fest abgeschlossen, wirkten sie nach innen massiv disziplinierend auf den gesamten Lebensvollzug und das „Seelenheil" der Mitglieder ein. Eine funktionale Differenzierung gab es nicht.

Im 16. Jahrhundert entstanden in einer der Keimstätten des Kapitalismus, dem Bergbau, aufgrund des allmählichen Wandlungsprozesses der Berknappen zu unselbständigen Lohnarbeitern und des besonderen Unfallrisikos sehr früh höhere Formen der Knappschaftsvereine, nämlich die betriebliche Bergarbeitervereinigung sowie die Knappschaftskasse als Einrichtung für die soziale Sicherung der Bergarbeiter. „Soziale gegenseitige Sicherung wurde eine Sache der Arbeiter. Sie war unmittelbar mit der Arbeit gegen Lohn, ihrer einzigen Einkommensquelle, verbunden. Das Kollektiv trat für jedes Mitglied ein. Das Risiko der Arbeit und der Wechselfälle des Lebens für den einzelnen wurde also auf eine Gruppe verteilt. Dabei flossen noch lange Zeit soziale Sicherung und materielle Interessenvertretung innerhalb des Arbeitsverhältnisses ineinander."[90] Genau dies war nun allerdings auch der Grund, warum die (reichs- bzw. landesherrlichen) Bergämter im Falle der Knappschaftskassen sowie die Stadträte und Zunftmeister im Falle der Handwerksgesellenkassen die Kontrolle sowohl über die Finanzmittel dieser genossenschaftlichen, be-

---

88 Rodenstein, M.: Arbeiterselbsthilfe, Arbeiterselbstverwaltung und staatliche Krankenversicherungspolitik in Deutschland, S. 115, in: Guldimann, T. u.a.: Sozialpolitik als soziale Kontrolle, Frankfurt/Main 1978, S. 113-180

89 Das sog. „lange" 16. Jahrhundert (ca. 1450-1650) wird zumeist als Entstehungsepoche des kapitalistischen Weltsystems beschrieben. Vgl. Wallerstein, I.: Das moderne Weltsystem – Die Anfänge kapitalistischer Landwirtschaft und die europäische Weltökonomie im 16. Jahrhundert. Frankfurt/Main 1986, S. 97ff.; Wallerstein, I.: Der historische Kapitalismus, Berlin; Hamburg 1989; vgl. auch: Marx MEW 23, S. 743

90 Peschke 1962, S. 61f.

rufsständisch geprägten Selbsthilfevereine als auch über ihre politischen Aktionen anstrebten. Vor allem über die Genehmigungspflicht der Vereinsstatuten wurde hierbei versucht, die Krankengelder von den jeweiligen Kampfkassen der Bergarbeiter und der Gesellen abzutrennen und damit ihre Vereinigungen politisch zu schwächen. Die innere Struktur und Verwaltung der Kassen blieb hingegen in den meisten Fällen den Gesellen und Bergarbeitern selbst überlassen.

Die oben dargestellten Unterstützungskassen entstanden unter spezifischen gesellschaftlichen Bedingungen bzw. als Reaktion auf diese aus der Notwendigkeit der gegenseitigen Hilfe und Versorgung im Krankheitsfall, d.h. zur Subsistenzsicherung. Entsprechend des prägenden Merkmals der kollektiven Vereinigung zur gegenseitigen Hilfe können sie meines Erachtens als Assoziationen[91] bezeichnet werden. Merkmal einer Assoziation ist im Gegensatz zur Organisation, daß es sich hierbei um eine Vergemeinschaftungsform handelt, „die die *Intragruppen-Beziehungen* zwischen den assoziierten, u.U. sogar unvertretbaren, Subjekten“[92] regelt. Es handelt sich bei der Assoziation also um eine selbstreferentielle Vereinigung von Menschen, „die durch bestimmte Ziele bzw. zur Realisierung festgelegter Zwecke untereinander verbunden ist“[93], d.h. um eine primär zweistellige Relation. Ziel der Assoziation ist die Ressourcenzusammenlegung der assoziierten Subjekte zur kollektiven Regelung gemeinsamer Belange, wie zum Beispiel der Krankenversorgung, und nicht wie bei der Organisation die Ressourcenzusammenlegung zwecks externer Ressourcenausbeutung.[94]

Ab dem 16. Jahrhundert wurden sowohl die Unterstützungskassen der Gesellen als auch die der Bergarbeiter zunehmend reglementiert und polizeilich überwacht, die Knappschaftskassen schließlich der Verwaltung der Bergämter unterstellt. Damit setzte ein langsamer, konflikthafter Wandlungsprozeß von der Assoziation zur Organisation ein. Peschke sieht in diesem Prozeß eine weitgehende „Enteignung der Lohnarbeiter von den ihnen gehö-

91 Zum hier verwandten Assoziationsbegriff vgl. FN 79

92 Türk 1995c, S. 118 [kursiv im Original]

93 Buhr, M./Klaus, G. (Hrsg.): Philosophisches Wörterbuch, Bd. 1, Leipzig 1971, S. 114

94 Die Bezeichnung „Assoziation“ greift meines Erachtens auch bei den römischen Krankenkassen, obwohl diese durch ihre Institutionalisierung als Anstalten des öffentlichen Rechts und der so erfolgten Unterordnung unter den Staat organisationsförmige Elemente erhielten. Der Staat mischte sich partiell in die Regelung der Intragruppen-Beziehungen der assoziierten Subjekte ein. Was den Kassen jedoch zur Typologisierung als Organisationen fehlte, war die extroverse Ausrichtung auf die Kontrolle und Subsumtion Dritter. Sie wurden als Rechtsobjekte zwar staatlich kontrolliert, konnten sich aber aufgrund ihrer juristischen Handlungsunfähigkeit nicht gegen Dritte richten. Sie waren deshalb auch nicht fremdreferentiell.

renden Knappschaftskassen und Bruderladen, um die Widerstandskraft der Arbeiter zu brechen.“[95] Vor allem im Bergbau mischten sich nun Bergämter und Bergwerksbesitzer offen in die innere Verwaltung und Struktur der Knappschaftskassen ein. Mit der 1539 erfolgten Einführung der ersten Knappschaftsordnung wurden die Kassen einerseits zur öffentlichen Angelegenheit und so reichs- bzw. landesherrlichen Reglementierungen ausgesetzt, andererseits existierte damit die erste offizielle deutsche Pflichtversicherung. Der staatlich angeordnete Pflichtbeitrag beider Teile, d.h. des Bergarbeiters und des Berg- bzw. Hüttenunternehmers, erschien hier erstmals in einer Rechtsverordnung. Die Beitragszahlung wurde für die Arbeiter (Büchsenpfennig) zum absoluten Zwang durch unmittelbaren Lohnabzug. Damit einher liefen Reglementierungen der Unterstützungsleistungen, also erste Unterbrechungen des Reziprozitätsprinzips.

Im Verlauf des 17. und 18 Jahrhunderts, der Blütezeit des Absolutismus, wurden auch die Gesellenverbände zerschlagen, ihre Bruderladen unter Polizeiaufsicht gestellt. Charakteristisch für den absolutistischen Staat ist die administrative Zentralisierung aller Kräfte und Ressourcen im Prozeß der inneren und äußeren Staatsbildung zur Steigerung seiner militärischen und finanziellen Macht. Insbesondere Bürokratie und Militär wirkten seit Ende des 17. Jahrhunderts „auf eine allmähliche Auflösung territorialständischer Partikularismen und ihre Absorption in einem zentral gesteuerten, von oben nach unten durchgegliederten und nach rationalen Verfahrensregeln handelnden Staatswesen hin.“[96] Auf diese Weise konnte der Staat Rechtssicherheit, Privilegien und Schutz gewähren. Der so entstandene „Anstaltsstaat“ (Weber) zeichnete sich durch bürokratische Eingriffe in fast alle Lebensbereiche aus. Typisch waren vor allem die merkantilistische Wirtschaftspolitik sowie eine gezielte Förderung der außerhalb der Zunftordnung stehenden Manufakturen und Verlage, was zu einer Durchlöcherung der ständischen Strukturen und zu einer (indirekten) Förderung der kapitalistischen Produktionsweise führte. Darüber hinaus setzte nun das Interesse des Staates an den gesundheitlichen Verhältnissen der Untertanen und damit der Prozeß der Politisierung von Gesundheit und Krankheit ein. „Gesundheit wurde zu einer Bedingung staatlicher Machtvollkommenheit, die auf die physische Reproduktion der Bevölkerung gerichteten administrativen Maßnahmen zu einem wichtigen Teil des inneren Staatsbildungsprozesses.“[97] Ab diesem Zeitpunkt gab es nur noch staatlich verordnete bzw. zugelassene gewerbliche Unterstüt-

95 Peschke 1962, S. 62
96 Frevert 1984, S. 23
97 Frevert 1984, S. 23

zungs- sowie Knappschaftskassen.[98] Die Selbstverwaltung der Kassen wurde allmählich abgeschafft (in Preußen endgültig mit dem Allgemeinen Landrecht von 1794), die Knappschaftskassen der direkten Leitung der Bergämter (Erlaß von Statuten und Vorschriften, Ernennung der Knappschaftsältesten) unterstellt. Auf diese Weise wurden beispielsweise die Bergarbeiter „in den von ihnen gegründeten Knappschaftskassen Objekte der Bergherren," ihre Knappenvereine verloren „den Hauptinhalt ihrer Tätigkeit, die gegenseitige soziale Hilfe und Solidarität."[99] Aus der ehemaligen Vereinigung zur gegenseitigen Hilfe bei Unfall und Krankheit wurde langsam aber sicher ein Instrument zur Verwaltung, Kontrolle, Subsumtion und Sozialdisziplinierung der Bergarbeiter. Ähnlich verlief der Prozeß auch im Bereich der Unterstützungskassen der Gesellenverbände. Mit der Unterordnung unter den feudal-absolutistischen Staat ging das traditionelle Recht zur Ausübung von Zwang von den Gesellenkassen auf den Staat über. Sie entwickelten sich zu staatlich beaufsichtigten Zwangsanstalten, deren Hauptaufgabe in der finanzielle Entlastung der Städte von ihrer Fürsorgepflicht bestand.[100]

2. Der Prozeß der Dekorporierung der feudalen Ständegesellschaft

Das Ende des 18. Jahrhunderts markiert den Beginn einer Reihe gravierender gesellschaftlicher Veränderungen. Hierzu gehörten vor allem die langsame Auflösung der ständischen Berufs- und Lebensordnung sowie die Zersetzung der traditionellen Wirtschafts- und Sozialverfassung aufgrund der durch den Liberalismus forcierten sprunghaften Durchsetzung kapitalistischer Produktionsverhältnisse, der Dominanz von Lohnarbeitsverhältnissen und der massiven Zunahme ständisch kaum noch eingebundener pauperisierter Unterschichten.[101] Gleichzeitig setzten die Infragestellung tradierter Denkweisen

98 Für die Knappschaftskassen vgl. die Berggesetzgebung Friedrich des Großen von 1766-1769 mit exakten Instruktionen zu Errichtung, Führung und Mindestleistungen der Kassen sowie über die Zuschußpflicht der Unternehmer.

99 Peschke 1962, S. 53f.

100 Vgl. Fröhlich, S.: Die soziale Sicherung bei Zünften und Gesellenverbänden, Berlin 1976

101 Vgl. Conze, W.: Vom „Pöbel" zum „Proletariat", S. 335ff., in: Vierteljahrschrift für Sozial- und Wirtschaftsgeschichte, 41. Bd., 1954, S. 333-364; Conze, W.: Das Spannungsfeld von Staat und Gesellschaft im Vormärz, S. 254f., in: Conze, W. (Hrsg.): Staat und Gesellschaft im deutschen Vormärz 1815-1848, Stuttgart 1962, S. 207-269

und Lebensführung durch die Aufklärung, die Ersetzung traditionaler durch rationale Herrschaft sowie die aus der Herausbildung von unpersönlichem Anstaltsstaat und „bürgerlicher Öffentlichkeit“[102] folgende Ausdifferenzierung von Staat und Gesellschaft (Trennung zwischen öffentlicher Gewalt und den ihr unterworfenen Privatpersonen) ein. All dies bildete das komplexe historische Milieu, das die Entstehung und Ausbreitung der Organisationsform ermöglichte. Erst durch diesen Prozeß der „Dekorporierung“[103] der Gesellschaft, d.h. der allmählichen Lockerung und Auflösung einer zuvor in sich geschlossenen gesellschaftlichen Ordnung und der „Aufspaltung alter Lebenseinheiten“[104], wurde der Weg zur Konstituierung des neuartigen gesellschaftlichen Phänomens der Organisation eröffnet.

Im Verlauf der bis weit ins 19. Jahrhundert andauernden Veränderungen beschleunigte sich dieser Prozeß, wodurch die traditionelle Ständeordnung zunehmend ihren Status als dominierendes gesellschaftliches Gliederungsprinzip verlor. Durch die gesellschaftliche Dekorporierung wurden die traditionellen Ungleichheitsmuster zwar aufgelöst, aber auch neue, auf einem Klassendualismus beruhende Abgrenzungs- und Zugehörigkeitsmuster konstituiert. Der Begriff der Klasse wurde zur bestimmenden Kategorie der dekorporierten Gesellschaft; letztere entwickelte sich zur antagonistischen Klassengesellschaft. Dies wird zum einen in der Konstituierung der durch ihre ökonomischen Verfügungsrechte privilegierten Produktionsmittelbesitzer (Bankiers, Großverleger, Manufaktur- und Fabrikbesitzer) – der Bourgeoisie – zur (herrschenden) Klasse deutlich, welche ihren ökonomischen und sozialen Raum jenseits der traditionellen Zunftordnung hatte. Zu den Repräsentanten des traditionellen Bürgertums der ständischen Gesellschaft, den Handwerkern und Kaufleuten, gesellten sich die neuen, permanent anwachsenden sozialen Gruppen des städtischen Bürgertums, „dessen soziale Basis sich – nicht zuletzt als Folge staatlicher Wirtschafts- und Verwaltungspolitik – deutlich verbreitert hatte.“[105] Die Unternehmerschaft bildete damit den wichtigsten Teil des an Zahl und Bedeutung rasch wachsenden „neuen Bürgertums“[106]. Zum anderen schuf die Durchsetzung der kapitalistischen Produktionsweise zwangsläufig auch die große und hochgradig ausdifferenzierte soziale Gruppe der vom privaten Produktionsmitteleigentum ausgeschlossenen Arbeitskraft-

102 Vgl. Habermas, J.: Strukturwandel der Öffentlichkeit. Untersuchungen zu einer Kategorie der bürgerlichen Gesellschaft. In: Wehler, H.-U. (Hrsg.): Moderne deutsche Sozialgeschichte, Köln 1976, S. 197-221; sowie Frevert 1984, S. 28ff.

103 Vgl. Conze 1962, S. 248ff.

104 Conze 1962, S. 249

105 Frevert 1984, S. 29

106 Frevert 1984, S. 29

besitzer. Die sich entwickelnde „arbeitende Klasse“[107] – das Proletariat – bildete zunächst eine „Klasse an sich“ (Marx). Mit der Auflösung der ständischen, korporativen Bindungen, dem Aufbrechen der Geschlossenheit des sozialen Lebens, dem Klassengegensatz zwischen Kapital und Lohnarbeit sowie der Massenverarmung bei gleichzeitigem Bevölkerungswachstum setzte eine „Epoche beginnender sozialer Bewegung“[108], sozialer Unruhen und Klassenkonflikte ein. Die über Jahrhunderte relativ stabile, homogene Ordnung der Ständegesellschaft wich der heterogenen, instabilen, krisengeschüttelten und aufgrund der ungelösten sozialen Frage revolutionsgefährdeten sozialen Ordnung der modernen Klassengesellschaft.

Neben Dekorporierung und Klassenbildung bezeichnet Conze das „Problem der Entsittlichung“[109] als kennzeichnend für die ab Ende des 18. Jahrhunderts einsetzende gesellschaftliche Entwicklung. Der Begriff wird von Conze in Anlehnung an Hegel benutzt.[110] Vergleichbar ist er meines Erachtens mit Webers These von der Rationalisierung und Entzauberung der okzidentalen Gesellschaft. Unter Entsittlichung versteht Hegel die Lockerung bzw. Auflösung des traditionellen Systems der Sittlichkeit (fest geordnete Werte, ethische Normen) eines Volkes und damit das Auseinanderdriften der bis dahin unangefochtenen Identität von objektiver sittlicher Ordnung und subjektivem Willen. Mit der Aufklärung verlor das Handeln in der Sitte seine Allgemeinverbindlichkeit und wurde nicht mehr länger als „zweite Natur“[111] des Menschen betrachtet. Sittliche Vorstellungen blieben zwar auch weiterhin wirksam, verloren für die entfesselten Subjekte jedoch zunehmend den Status unreflektierter Selbstverständlichkeit[112] und „totaler Verbindlichkeit“[113]. Dieser Prozeß erfaßte alle gesellschaftlichen Bereiche und Schichten. Deshalb wurde er auch als „Folge der staatlich-gesellschaftlichen Strukturkrise“[114] und der daraus resultierenden Erosion traditioneller sozialer Bindungen aufgefaßt.

Erst mit Auflösung der das gesamte soziale Leben ordnenden und reglementierenden Ständegesellschaft und der damit einhergehenden gesellschaft-

---

107 Marx, K.: Das Elend der Philosophie, S. 182, in: MEW 4, Berlin 1959, S. 63-182

108 Conze 1962, S. 251

109 Conze 1962, S. 258

110 Vgl.: Hegel, G.W.F.: Grundlinien der Philosophie des Rechts oder Naturrecht und Staatswissenschaft im Grundrisse, Berlin 1981, S. 188ff. (§§ 142ff.). Zur Kritik vgl. Marx, K.: Aus der Kritik der Hegelschen Rechtsphilosophie, in: MEW 1, Berlin 1961, S. 201-336 und S. 378-391

111 Hegel 1981, S. 194 (§ 151)

112 Hegel benutzt hierfür den Begriff „Gewohnheit“, vgl. Hegel 1981, S. 194 (§ 151)

113 Conze 1962, S. 258

114 Conze 1962, S. 259

lichen Individualisierung und Diversifizierung von Lebenslagen wurde es möglich, neue entsittlichte Lebensinhalte in eine Organisationsordnung und -normalität einzubringen. Conze spricht hierbei vom engen „Zusammenhang von Emanzipation und Organisation“[115]. Durch die Emanzipation der Individuen von ihren ständischen Fesseln und tradierten Sitten entstand eine „durch keinen Kitt verbundenen Masse schutz- und rechtloser Individuen“[116], auf die das bröckelnde traditionelle personal-korporative Herrschaftssystem keinen unmittelbaren Zugriff mehr hatte. Für die Herrschenden ergab sich damit das Problem der Ausbildung neuer Zugriffsformen auf die Subjekte, während die Masse der entfesselten Subjekte notwendigerweise nach der Bildung neuer Vergemeinschaftungsformen zur Regulierung ihrer Ko-operation suchten. In diesem widersprüchlichen Prozeß bildete sich der universelle Modus der Organisation als mögliche Problemlösung heraus. Die Organisation wurde nicht nur zum „Garanten für Loyalität auf der Basis der Mitgliedschaft“[117], sondern bot aufgrund der ihr immanenten Selektivität die Möglichkeit zur Partialinklusion der Subjekte, d.h. zur Berücksichtigung persönlicher Präferenzen. Darüber hinaus ermöglichte die Konstituierung eigenständiger organisationaler Gebilde in Form von korporativen Akteuren die Definition spezifischer sozialer Orte, denen Zwecke, Macht, Erfolg, Produktivität und Personengruppen zugeschrieben werden konnten.

Durch die massive Verbreitung des „Gedanke[ns] der Organisation“[118] über die Verinnerlichung ihrer Prinzipien durch die Individuen wurde es möglich, alle gesellschaftlichen Lebensbereiche zu durchdringen und durch Konstruktion von personellen, inhaltlichen und funktionalen Zentrums-Peripheriemustern neu zu ordnen. Dies geschah über die Ausbildung von an allen erdenklichen Zwecksetzungen des menschlichen Lebens orientierbaren spezifischen Mitgliedschaftsrollen. Eine solche Segmentierung des individuellen Daseins in organisationale Rollen ermöglichte den Subjekten Rollentrennung und -distanz und den Organisationen die Ausblendung der meisten Weltbezüge sowie die Externalisierung organisationaler Handlungsfolgen, d.h. die Unterbrechung von Reziprozität und Rückkopplung. Die organisational forcierte „bewußtseinsmäßige Atomisierung der Beziehungen der Menschen zueinander“[119] bildete die Voraussetzung für die endgültigen Durchset-

---

115 Conze 1962, S. 260

116 Graf Hermann zu Dohna, zitiert nach Conze 1962, S. 264

117 Grünberg, H.: Organisation statt Gesellschaft? S. 222, in: Gesellschaft. Beiträge zur Marx'schen Theorie, Band 3, Frankfurt/Main 1975, S. 198-235

118 Naumann, zitiert nach: Ritter, G.A./Kocka, J. (Hrsg.): Deutsche Sozialgeschichte, Band II: 1870-1914, München 1974, S.32. Conze nennt dies „Assoziationsgeist“, meint aber meines Erachtens eher „Organisationsgeist“. Vgl. Conze, 1962, S. 260

119 Kofler, L.: Zur Geschichte der bürgerlichen Gesellschaft, Band 2, Berlin 1992, S. 218

zung des Kapitalismus, verhinderte aber auch die wirksame Solidarisierung und Emanzipation der mehr oder weniger organisational gefesselten Subjekte.

In der dekorporierten Gesellschaft wirkten jedoch Reste der ständischen Ordnung sowie zünftige Traditionen und Werte nach. Dies muß bei der Analyse der zahlreichen Widersprüche, die sich z.B. in der Entwicklungsgeschichte der Krankenkassen zeigen, berücksichtigt werden. Bei der Untersuchung dieses Organisationstyps im „langen" 19. Jahrhundert ist deshalb zu beachten, daß auch die Fabrikarbeiterkassen keinen grundsätzlich neuen Modus von Ko-Operation darstellten. Die ersten Versuche der Arbeiter, unter dem Koalitionsverbot des 19. Jahrhunderts Selbsthilfevereinigungen und Interessenvertretungen zu bilden, hatten primär die ihnen bereits bekannten Formen der Kranken- und Sterbekassen der Gesellen und Bergleute. Die Arbeiter knüpften damit also sowohl an traditionelle berufsständische Formen der Krankenhilfe als auch an den bürgerlichen Verein[120] an. Zu bedenken ist jedoch, daß die Entstehung und massenhafte Ausbreitung der modernen Krankenkassenorganisation grundsätzlich erst durch den obigen Dekorporierungsprozeß ausgelöst wurde.

3. Der Gesundheitsdiskurs des aufstrebenden Bürgertums

Im Prozeß der Neudefinition von Gesundheit und Krankheit in der dekorporierten Gesellschaft spielte das aufstrebende „neue Bürgertum" eine maßgebliche Rolle. Im Bemühen seiner Abgrenzung gegen Adel und Unterschichten schuf es sich „einen Binnenraum moralisch-rationaler Diskurse, die gleichermaßen praktische Lebenshilfe und soziale Selbstverortung vermittelten"[121] und nach außen eine „neue bürgerliche Lebensauffassung" propagierten. Zu diesen, den „Geist des Kapitalismus" (Weber) verkörpernden Lebensauffassungen gehörten Arbeit und Bildung, die im bürgerlichen Normensystem die obersten Plätze einnahmen. Durch Arbeit unterschied sich die Bourgeoisie vom unproduktiven Adel, durch Bildung grenzte sie sich „von den unwis-

120 Vereine spielten eine wichtige Rolle bei der Ausbildung der bürgerlichen Gesellschaft und Öffentlichkeit (z.B. in Form von Lese- und Aufklärungsgesellschaften oder politischen Diskussionszirkeln usw.). Hieran orientierte sich auch das Proletariat. Vgl. Gall, L.: Von der ständischen zur bürgerlichen Gesellschaft, München 1993, S. 67ff.

121 Frevert 1984, S. 30

senden und irrationalen Vorstellungen verhafteten Bauern und Unterschichten ab."[122] Über Arbeit und Bildung bestimmte das „neue Bürgertum" seinen Platz in der modernen Gesellschaft, sie prägten auch sein „Selbstbewußtsein als das eigentlich wertvolle Fundament des Staates."[123]

Mit geradezu missionarischem Eifer bemühte sich die bürgerliche Aufklärungsbewegung seit dem 18. Jahrhundert um die gesellschaftliche Durchsetzung der von ihr propagierten rationalen Lebensführung. Zu deren normativen Orientierungen gehörten vor allem Vernunft, Sitte, Rechtschaffenheit, Sparsamkeit, Disziplin, Arbeitsmoral und Gesundheit. Hieraus folgte ein neues Verhältnis der Menschen zu ihrem Körper. „Der Körper wurde von einem Exempel gottgefälliger Natur zu einem Exempel moralischer Lebensführung." Er wurde „zur natürlichen Erscheinung der Moral"[124], die durch bürgerliche Erziehung von Kindheit an systematisch entwickelt werden sollte. Im Vordergrund der aufklärerischen Bemühungen stand die „Vermittlung zweckrationaler, ökonomisch kalkulierender Verhaltensweisen"[125], die für die Durchsetzung des abendländischen Kapitalismus unverzichtbar waren. Parallel zu den sozialdisziplinierenden staatlichen Einflüssen wirkte der bürgerliche Normendiskurs also „von unten" auf eine Integration aller Klassen in die neue „bürgerliche Gesellschaft" hin.

Im bürgerlichen Normendiskurs nahm Gesundheit einen zentralen Stellenwert ein. Sie wurde als „Grundtatsache und Grunderfordernis der Gesellschaft"[126], als Menschenrecht, anerkannt und gleichzeitig zur gesellschaftlich verbindlichen Lebensweise und Verhaltensrichtlinie verallgemeinert. Gesundheit war in der bürgerlichen Auffassung gleichermaßen „Voraussetzung und Folge eines rechtschaffenen, unverfälschten und geordneten Lebens, Bedingung des individuellen Glücks und Ergebnis einer vernünftigen Lebensführung."[127] Es entstand eine Gesellschaft, die die Verantwortlichkeit für eine den bürgerlichen Normalitätsvorstellungen entsprechende „Gesundheit" zur individuellen Pflicht erklärte und gleichzeitig Kranke systematisch marginalisierte. Krankheit, ob körperlicher oder geistiger Art, paßte nicht in die bürgerliche Lebenswelt, bildete ein Relikt ständischer, vernunftwidriger Verhältnisse und wurde deshalb in Hospitäler und Irrenhäuser gesperrt. „Der Kranke als Sinnträger einer ständischen Gesellschaft [...hatte; d.Verf.] in der bürgerli-

---

122 Frevert 1984, S. 31

123 Frevert 1984, S. 31

124 Labisch, A.: Homo Hygienicus. Gesundheit und Medizin in der Neuzeit. Frankfurt/Main; New York 1992a, S. 98

125 Frevert 1984, S. 31

126 Labisch, A.: Gesundheit und Medizin in der Neuzeit – zum Wesen ärztlichen Handelns in der Moderne –, S. 379, in: Zeitschrift für Sozialreform, Heft 7/1992b, S. 373-386

127 Frevert 1984, S. 31

chen Arbeitswelt keinen Platz."[128] Wer durch Arbeit nicht reich, sondern krank wurde, hatte vernunftwidrig gelebt und gehörte deshalb zum verwerflichen Bodensatz einer Gesellschaft, die jedem formal dieselbe Chance bot. Ziel des bürgerlichen Gesundheitskultes war eine von Krankheit befreite, auf vernünftigen Verhaltensregeln basierende moralische Gesellschaft. „Gesundheit wurde zum Codewort für eine auf größtmögliche Effizienz, Disziplin und Rationalität bedachte Lebenspraxis, der alle abweichenden Verhaltensweisen rigoros zum Opfer fielen."[129] Mit der bürgerlichen „Disziplinargesellschaft" (Foucault) setzte die „Medikalisierung" und „Hygienisierung" des menschlichen Körpers ein, welche gegen Ende des 19. Jahrhunderts in der Ausformung des „homo hygienicus" (Labisch), dem Individuum, „das vor allen anderen Werten Gesundheit als oberstes Lebensziel ansieht und sein Leben daher [...] den Prinzipien einer aus medizinisch-wissenschaftlichen Lehren deduzierten Lebensführung unterordnet"[130], kulminierte.

Für das aufstrebende Bürgertum selbst war Gesundheit eine Kapitalanlage, denn nur der moralisch und körperlich Gesunde hatte die Möglichkeit, eine adäquate gesellschaftliche Stellung durch Leistung zu erwerben. Damit wurde Gesundheit „zu einer genuin bürgerlichen Tugend, in der Rationalismus, Individualitätsdenken und säkulare Begründungsschemata eine enge Verbindung eingingen."[131] Gesundheit bildete das Instrument, mit dem sich das Bürgertum vom Proletariat belehrend absetzte, mit dem es dieses aber gleichzeitig auch im öffentlichen Auftrag zu arbeitsamen, genügsamen und fleißigen Untertanen zu erziehen versuchte. Als Transmissionsriemen bot sich der Modus der Organisation an, vor allem in Form der Krankenkasse (vgl. Kapitel V.1.). Bemerkenswert ist, daß die als „Gesundheit" in die Gesellschaft vermittels Organisation einsickernden bürgerlichen Normalitätsvorstellungen es ermöglichten, von repressiven Disziplinierungsformen zu „stimulierenden, Handlungschancen eröffnenden Alternativen überzugehen."[132] Eine derartige organisationale Bearbeitung des Lebensrisikos „Krankheit" erlaubte neben der sinnhaften Orientierung auch die rationale Verhaltensregulierung (im Sinne einer „Veredelung") des Proletariats.

128 Labisch 1992a, S. 103
129 Frevert 1984, S. 33
130 Labisch 1989, S. 23
131 Frevert 1984, S. 35
132 Labisch 1992a, S. 111

IV. Die Entwicklung der Krankenkassen zu korporativen Akteuren: Die Gebildedimension

Im folgenden möchte ich mich mit der Entstehung des Gebildes „Krankenkasse“ näher beschäftigen. Wie bereits in Kapitel II.2. ausgeführt, verkörpert sich die organisationale Gebildedimension primär in Form der juristischen Person, in unserem Falle insbesondere als Körperschaft des öffentlichen Rechts, das heißt in einer durch den modernen Staat kodifizierten Rechtsform, die bewußt von der Rechtssphäre der natürlichen Person getrennt wird.

1. Zur Rolle des modernen Staates bei der Ausbildung der Körperschaft des öffentlichen Rechts

Der moderne Staat[133] vollzog in der Gesetzgebung ab Ende des 18. Jahrhunderts zunehmend die politischen, gesellschaftlichen und ökonomischen Ent-

133 Der *moderne Staat* wird von Hirsch als der „verobjektivierte Ausdruck eines sozialen Verhältnisses, eine verselbständigte Gestalt der Beziehungen zwischen den Individuen, Gruppen, Klassen und Klassen'fraktionen'“ der bürgerlichen Gesellschaft betrachtet (1992, S. 211). Im modernen Staat spiegeln sich das jeweilige Kompromißgleichgewicht innerhalb der herrschenden Klasse sowie die repressiv-ideologischen Beziehungen zwischen herschender und beherrschter Klasse wider. Die Trennung von modernem Staat und bürgerlcher Gesellschaft ist somit keine absolute. Beide befinden sich vielmehr in einem komplexen und konflikthaften Vermittlungszusammenhang von Staatsinterventionen und gesellschaftlichen Einflüssen. Der moderne Staat kann seine spezifische Formbestimmtheit nur solange erhalten, wie er den ökonomischen Reproduktionsprozeß als Kapitalverwertungsprozeß sichern kann. Gleichzeitig setzt die Aufrechterhaltung des ökonomischen Reproduktionsprozesses die Existenz des Staates voraus. Der moderne Staat ist deshalb seiner Form nach eine verselbständigte, auf den Akkumulationsprozeß des Kapitals bezogene und von dessen Widersprüchen geprägte „Institutionalisierung der physischen Zwangsgewalt“ (Hirsch 1992, S. 211). Die politische Macht bleibt damit das „Kind der ökonomischen Macht“ (Marx). Auch der moderne Staat ist also Klassenstaat, wird aber gleichzeitig zum entscheidenden Ort für die Vermittlung der für die bürgerliche Gesellschaft überlebens-

wicklungen nach. Auch wenn sich beispielsweise im Preußischen Allgemeinen Landrecht von 1794 noch viele ständisch-korporativen Elemente wiederfinden lassen, so wurde doch insgesamt der weitreichenden gesellschaftlichen Dekorporierung sowie der zunehmenden Durchsetzung der kapitalistischen Produktionsweise Rechnung getragen. Die staatliche Gesetzgebung der kommenden Jahrzehnte hatte damit maßgeblichen Einfluß auf die Etablierung und Ausgestaltung organisationaler Gebildekonstrukte. Im Falle der Entstehung und Ausformung der Rechtsfigur der Körperschaft des öffentlichen Rechts wird die zentrale staatliche Rolle allerdings nicht nur in der Vorgabe des entsprechenden gesetzlichen Rahmens, sondern auch in der negativen Sanktionierung und polizeilichen Unterdrückung aller Ansätze von alternativen Gebildekonstrukten und Ko-Operationsformen deutlich.

Nach Bieback (1976) entstand die Körperschaft des öffentlichen Rechts in der ersten Hälfte des 19. Jahrhunderts als Folge der sich im gesellschaftlichen Dekorporierungsprozeß vollziehenden Trennung von Staat und Gesellschaft. Sie wurde zunächst auf Gemeinden, kaufmännische Korporationen, Universitäten und Kirchen angewandt, bildete also keine speziell für die Krankenkassen geschaffene Rechtsform. Diese bekamen den Status einer juristischen Person erst zwischen 1845 (Preußische Gewerbeordnung) und 1854 (§ 4 Gesetz betreffend die Gewerblichen Unterstützungskassen; vgl. Tabelle 6 im Anhang) verliehen.

Die Verleihung des Status' einer öffentlichen Körperschaft verschaffte den Kassenmitgliedern den gerichtlich durchsetzbaren Rechtsanspruch sowohl auf die Kassenleistungen als auch auf die Beitragsentrichtung der Arbeitgeber und führte damit zur Versachlichung und Verrechtlichung der Beziehungen zwischen Mitgliedern und Kasse sowie Arbeitgebern. Bieback bemerkt allerdings auch, daß der Begriff der öffentlichen Körperschaft bereits im Absolutismus benutzt wurde, daß sich Inhalt und Gegenstand jedoch mit

---

wichtigen Klassenkompromisse bzw. zur „ideologisch-materiellen Integration der beherrschten Klassen" (Hirsch 1992, S. 212). Deshalb ist er notwendigerweise ein Interventionsstaat, ohne deshalb aber wieder mit der Gesellschaft zu verschmelzen. Er sichert die bürgerliche Klassengesellschaft als „Einheit von Zwang und Konsens" (Gramsci). Gegen Ende des 19. Jahrhundert hat er sich zum Staat der Gesellschaft bzw. zum „Sozial-Staat" (Lemke) entwickelt. Seine Interventions- und Rechtsetzungsmacht hängt aber weiter von der jeweiligen gesellschaftlichen Klassenkampfkonstellation ab. Vgl. Hirsch, J.: Kapitalismus ohne Alternative? Hamburg 1990; Hirsch, J.: Regulation, Staat und Hegemonie, in: Demirovic, A./Krebs, H.-P./Sablowski, T. (Hrsg.): Hegemonie und Staat, Münster 1992, S. 203-231; Hirsch, J.: Der nationale Wettbewerbsstaat, Berlin 1995; Kebir, S.: Gramsci's Zivilgesellschaft, Hamburg 1991; Priester, K.: Studien zur Staatstheorie des italienischen Marxismus: Gramsci und Della Volpe, Frankfurt/Main; New York 1981 der Herausbildung der modernen bürgerlichen Gesellschaft veränderten. Während der Begriff zunächst zur Umschreibung von vollständig in den absolutistischen Staat integrierten, „rechtlich aber z.T. verselbständigten Organisationen“[134], später zur Bezeichnung ihrer privatrechtlichen Rechtsfähigkeit benutzt wurde, diente er ab dem 19. Jahrhundert zur Charakterisierung eines von der unmittelbaren staatlichen Bindung befreiten, rechtlich selbständigen und intermediär, das heißt zwischen Staat und Gesellschaft als Bindeglied angeordneten Gebildes. So waren bereits im Preußischen Allgemeinen Landrecht von 1794 öffentliche Körperschaften dadurch gekennzeichnet, daß ihre Verwaltungsbeamten als „mittelbare Staatsbeamte“ (§ 69 II 10 ALR) erschienen.[135] Auf diese Weise übernahmen auch die Gebilde der Krankenkassen die Struktur der Staatsbürokratie mit ihren vom Militär entlehnten Merkmalen der auf Befehl und Gehorsam aufgebauten strengen Über- und Unterordnungsverhältnisse einer bürokratischen Kassenverwaltung, der Einstellung von hauptamtlichen Kassenbeamten, der Aktenmäßigkeit, der Unpersönlichkeit der Stelle und einer weitgehenden Arbeitsteilung. Ziel der öffentlichen Körperschaft ist die Verwaltung der als Staatsbürger definierten Untertanen. Diese Ausrichtung auf Dritte verdeutlicht ihre extroverse Orientierung und offenbart damit den organisationalen Charakter.

Die Körperschaft des öffentlichen Rechts wird von Bieback als „Mittel der staatlichen Reformpolitik“ bezeichnet, die „zur Mobilisierung der Kräfte der bürgerlichen Gesellschaft wie zur Integration dieser Kräfte“[136] in den monarchistischen Staat diente. Die juristischen Personen, die in ihren wesentlichen Grundzügen im Vormärz durch die Staatsbürokratie nach den Bedürfnissen des Bürgertums konstituiert wurden, bildeten eine „abgestufte Reihe, die von den Beteiligungen der bürgerlichen Schichten an Staatsangelegenheiten in den Organen der Gesetzgebung, über die Ansätze von Selbständigkeit in den Kirchen, über die Selbstverwaltung der Gemeinden, Universitäten und kaufmännischen Korporationen, bis hin zu den staatlich gebundenen Zünften, Wirtschaftsgesellschaften und bürgerlichen Vereinen“[137] reichte.

Der Prozeß der Bildung solcher korporativer Akteure verlief nach Bieback in zwei gegenläufigen Tendenzen. Einerseits kam es zur Ausgliederung und Verselbständigung staatlicher Verwaltungsbereiche in die dafür geschaffenen, relativ autonomen öffentlichen Körperschaften, in denen sich bürgerliche Freiheit und Selbstbestimmung verwirklichen konnten (Gemeinden, Kirchen, Universitäten). Andererseits gab es einen gegenläufigen Prozeß, „durch

134 Bieback 1976, S. 61
135 Vgl. Endrös 1985, S. 157
136 Bieback 1976, S. 107
137 Bieback 1976, S. 71

den die vor-mals freien bzw. (durch die Gewerbefreiheit) befreiten und rein individualistisch aufgesplitterten Bereiche privatwirtschaftlicher Tätigkeit überhaupt erst eine Organisation zur Wahrnehmung gemeinsamer Interessen erhielten, die zugleich – bei Bewahrung ihrer Eigenständigkeit – staatlich gebunden wurde (kaufmännische Korporationen, spätere Handelskammern). So wurden staatliche Bereiche 'vergesellschaftet', andrerseits individuell-private Bereiche sowohl 'vergesellschaftet' wie auch 'verstaatlicht'."[138]

Über die Beteiligung der Bürger innerhalb dieses begrenzten und kontrollierbaren organisationalen Rahmens gelang es, dem monarchistischen Staat eine neue Legitimation zu verschaffen und gleichzeitig den bürgerlichen Interessen Entfaltungsmöglichkeiten zu geben, „ohne daß die Vorherrschaft des überkommenen monarchistischen Staates gefährdet wurde."[139] Das so konstruierte „Organisationsregime"[140] entsprach weitgehend den Bedürfnissen des aufstrebenden „neuen Bürgertums" nach politischer Teilhabe und Sicherung seiner gesellschaftlichen Basis – Freiheit und Eigentum – und bildete damit die eigentliche Grundlage seiner konsensuellen Einbindung in den Staat. Die erfolgreiche organisationale Integration des im Vormärz noch revolutionär gestimmten Bürgertums erklärt, warum im Verlauf des 19. Jahrhunderts dieselbe Strategie auch zur Integration des produktiven Teils des Proletariats verwandt wurde.

Die Körperschaft des öffentlichen Rechts kann damit meines Erachtens als ein zur Erfüllung bestimmter Zwecke geschaffenes juristisches Konstrukt des modernen Staates charakterisiert werden, welches in der Folgezeit durch die beteiligten Akteure modifiziert wurde. Die Körperschaft des öffentlichen Rechts war somit keine naturhaft vorgegebene Ordnungseinheit. Durch ihre zweckrationale Ausrichtung, ihre Partikularität, Selektivität, Exklusivität, Kontinuität und Berechenbarkeit trug sie vielmehr schon im Keim alle wesentlichen Merkmale der formalen Organisation in sich. Wichtige Charakteristika bildeten darüber hinaus ihre Rechtsfähigkeit, die Ausbildung eigener Organe und Organwalter (Vorstände), auf deren Bestellung die Mitglieder zumindest einen gewissen Einfluß hatten, die Definition eigener Aufgaben sowie eigene materielle Mittel (Vermögen, Beiträge), welche die Körperschaft relativ unabhängig verwalten konnte. Parallel entwickelte sich die Aufsicht der staatlichen Behörden zum adäquaten Kontroll- und Interventionsmittel.

---

138 Bieback 1976, S. 108

139 Bieback 1976, S. 107

140 Vgl. Türk, K.: Organisation als Institution der kapitalistischen Gesellschaftsformation, S. 169, in: Ortmann, G./Sydow, J./Türk, K. (Hrsg.): Theorien der Organisation. Die Rückkehr der Gesellschaft, Opladen 1997, S. 124-176

Diese kulminierte zum Beispiel. im Bereich der Sozialversicherung mit Inkrafttreten der Reichsversicherungsordnung 1911 in einem hierarchischen Netz aus Versicherungs- und Oberversicherungsämtern, an deren Spitze das Reichsversicherungsamt als oberste Überwachungs- und Revisionsinstanz stand.[141] Hieran wird der gravierende Unterschied „zur alten ständischen Korporation als einer den Mitgliedern von Geburt oder Beruf vorgegebenen umfassenden, geistigen, sozialen, sittlichen und rechtlichen Ordnung“[142] deutlich.

2. Staatliche Kassenpolitik als Organisationspolitik

Die Geschichte der Entwicklung der kapitalistischen Produktionsweise wird, wie oben bereits geschildert, von der Ausbildung des Proletariats und einer infolge der fortschreitenden Zerstörung traditioneller Arbeits- und Subsistenzformen rasant anwachsenden Pauperisierung der Massen begleitet.[143] Die doppelt freien Lohnarbeiter mußten ihr Einkommen in der Regel so gut wie vollständig zur Sicherung des Existenzminimums aufwenden. Dadurch konnten sie keine Rücklagen für Notfälle wie Krankheit, Unfall, Invalidität oder Arbeitslosigkeit anlegen; kollektive Unterstützungseinrichtungen existierten für die Masse der Tagelöhner, Fabrik- und Heimarbeiter nicht. Die kleinen, selbstverwalteten berufs-, branchen- und ortsmäßig beschränkten Hilfs- und Unterstützungskassen der relativ privilegierten Handwerksgesellen, welche diese primär zur Absicherung von Lohnausfällen errichtet hatten, waren dem Industrieproletariat mit seinen niedrigen Löhnen, häufig wechselnden Beschäftigungen und pathogenen Ernährungsstörungen aus „Berufsgründen“, aber auch weil es normalerweise „den (ver)sichernden Notpfennig als Beitrag kaum aufbringen“[144] konnte, verschlossen.

Somit standen die Fabrikarbeiter und ihre Familien den Reproduktionsrisiken der Arbeitskraft zumeist hilflos gegenüber, ihr plötzlicher Eintritt

141 Zum Reichsversicherungsamt vgl.: Bödiker, T.: Reichsversicherungsamt, in: Zeitschrift für Sozialreform, Heft 9/1984, S. 527-539; allgemeiner: Bogs, W.: Krankenversicherung (II), S. 284f., in: Handwörterbuch der Sozialwissenschaften (HDSW), 6. Band, Göttingen; Stuttgart; Tübingen 1959, S. 276-296

142 Bieback 1976, S. 72

143 Vgl. Lenhardt, G./Offe, C.: Staatstheorie und Sozialpolitik, S. 102, in: Ferber, C.v./ Kaufmann, F.-X. (Hrsg.): Soziologie und Sozialpolitik, Opladen 1977, S. 98-127; Polanyi, K.: The Great Transformation. Politische und ökonomische Ursprünge von Gesellschaft und Wirtschaftssystem. Frankfurt/Main 1995, S. 120

144 Tennstedt, F.: Sozialgeschichte der Sozialpolitik in Deutschland, Göttingen 1981, S. 35

konnte für die ganze Arbeiterfamilie rasch existenzbedrohende Dimensionen annehmen. Die Folge waren erste Arbeitervereinigungen, Arbeiterstreiks, Hungerrevolten und Maschinenstürmereien. Diese nährten schon im Vormärz bei Teilen der Bourgeoisie die Furcht vor dem „Gespenst des Pauperismus" und ließen das Proletariat für viele bürgerliche Zeitgenossen als unkalkulierbare und unsteuerbare Masse erscheinen, von der eine große Gefahr für die bürgerliche Gesellschaft im allgemeinen und das Privateigentum im besonderen auszugehen schien.

Exemplarisch für die bürgerliche Diskussion über den durchaus erkannten Zusammenhang von Lohnarbeit und Massenarmut und die Frage nach der „Heilung" dieses „'krankhaften Zustandes', in dem sich die ärmeren Bevölkerungsschichten per definitionem befanden,"[145] beschrieb Hegel 1818 die unübersehbaren Folgen der sich etablierenden kapitalistischen Produktionsverhältnisse als das „Herabsinken einer grossen Masse unter das Maß einer gewissen Subsistenzweise, die [...] zum Verluste des Gefühls des Rechts, der Rechtlichkeit und der Ehre, durch eigene Tätigkeit und Arbeit zu bestehen" führe und einerseits „die Erzeugung des Pöbels", andererseits „unverhältnismäßige Reichtümer in wenige[n] Händen"[146] konzentriert hervorbringe. Angesichts der Überforderung der traditionellen Unterstützungseinrichtungen, vor allem der kommunalen Armenfürsorge, kam Hegel bei der Frage nach den zur Verfügung stehenden Mitteln zur Regulierung der sozialen Frage zu dem Schluß, daß trotz des „*Übermaße[s] des Reichtums* die bürgerliche Gesellschaft *nicht reich genug*" sei, um „dem Übermaße der Armut und der Erzeugung des Pöbels"[147] entgegensteuern zu können. Zur Überwindung empfahl er sowohl „polizeiliche Vorsorge", als auch die staatlich beaufsichtigte genossenschaftliche „Korporation" als Instrument kollektiver Selbsthilfe.

Während noch gegen Ende des 18. und zu Anfang des 19. Jahrhunderts eine ganze Reihe intellektueller Zeitgenossen den Staat aufforderten, die drohende Pauperisierung und Proletarisierung der Unterschichten durch eine alle mittellosen Bevölkerungsgruppen umfassende öffentliche Gesundheitspflege, das heißt durch eine für alle Bedürftigen gleichermaßen wirksame Sozialpolitik „von oben" abzuwehren, wurden solche paternalistischen Versorgungskonzepte von der Staatsbürokratie schon wenige Jahre später – im Vormärz – unter dem Eindruck der sich entfaltenden kapitalistischen Produktionsverhältnisse verworfen, da sie „der liberalen Orientierung, die sowohl der preußischen Gewerbepolitik als auch der erstarkenden Wirtschaftsbour-

---

145 Frevert 1984, S. 141
146 Hegel 1981, S. 268 (§ 244)
147 Hegel 1981, S. 270 (§245) [kursiv im Original]

geoisie eigen war, und die allzu weitgehende Eingriffe marktfremder Kräfte in die Ökonomie rigoros ausschloß"[148], widersprachen.

In dem Maße, in dem sich die Pauperismusdiskussion in eine Diskussion über die erstarkende Arbeiterbewegung wandelte, die man spätestens ab den 1840er Jahren als eigentlichen „Krankheitsstoff der bürgerlichen Gesellschaft"[149] ausmachte, schritt auch eine „Dekomposition der Armut" (Lemke), d.h. die Reorganisation des Armutsproblems um den Pol der Arbeit voran. Dies erlaubte die Trennung zwischen „guten" und „schlechten" Armen bzw. zwischen „gutem" Proletariat und „schlechtem" Lumpenproletariat, unverschuldeter und selbstverschuldeter Armut, sowie zwischen Arbeitstauglichen und Untauglichen. Hinzu kam, daß Liberale die Auffassung vertraten, daß jedes Individuum allein die Freiheit und Verantwortung für die Sicherung der Reproduktion seiner Arbeitskraft besitze. Da weder die Unternehmerschaft noch die Kommunen oder der Staat unter solchen Voraussetzungen die Verantwortung und die Kosten für die Wiederherstellung der vor allem durch Krankheit geschwächten Arbeitskraft tragen mußten, wurden die Arbeiter statt dessen zur „Selbsthilfe" und „Vorsorge" angehalten, d.h. sie sollten sich gemäß der liberalen Ideologie eigenverantwortlich um ihre physische Reproduktion kümmern. Der erkrankte Arbeiter war dementsprechend auch selbst für den Verlust seiner Gesundheit verantwortlich und hatte konsequenterweise allein für die Finanzierung seiner Genesung zu sorgen.

Liberale Sozialreformer (z.B. Harkort) propagierten den Selbsthilfegedanken sowie den „Gedanke[n] der *Assoziation*"[150] bzw. die „korporative Organisation"[151] zur gegenseitigen Hilfe. Einen staatlich garantierten Rechtsanspruch auf Unterstützung lehnten sie hingegen einhellig ab. Neben der Errichtung von Sparkassen, mit denen die Arbeiter zum Sparen, d.h. zur Eigentumsbildung erzogen werden sollten, spielte vor allem die Errichtung von Unterstützungskassen zum Schutz vor Krankheit und Invalidität eine wichtige Rolle. In der Folgezeit wurden deshalb nach dem Muster der Gesellenkassen lokale Selbsthilfevereinigungen für qualifizierte Fabrikarbeiter gegründet, die aufgrund ihrer höheren Entlohnung einen Kassenbeitrag entbehren konnten. „Die kollektive Krankenversicherung der Arbeiter in Form gemeinsamer Kassen wurde [...] in der zweiten Hälfte des 19. Jahrhunderts immer mehr zum bevorzugten Modell, das die Folgeprobleme einer nach Ansicht vieler Zeitgenossen zunehmenden Erkrankungshäufigkeit und -dauer handarbeiten-

148 Frevert 1984, S. 149

149 Kalisch zitiert nach: Frevert 1984, S. 149

150 Ritter, G.: Arbeiter, Arbeiterbewegung und soziale Ideen in Deutschland, München 1996, S. 24 [kursiv im Original]

151 Mehring, F.: Geschichte der deutschen Sozialdemokratie, Band 2, Berlin 1960, S. 586

der Unterschichten zu lösen versprach."[152] Allen Krankenkassengebilden war demnach gemeinsam, daß sie auf die Verbesserung der individuellen Reproduktionsbedingungen des benötigten und deshalb privilegierten Teils des Proletariats abzielten.

Gleichzeitig wurde die Entwicklung des Krankenkassenwesens jedoch „minutiös beobachtet und durch Gesetze, Verordnungen, Kontrollen gesteuert."[153] Die massive administrative Beaufsichtigung und vereinsrechtliche Reglementierung resultierte daraus, daß die sich seit dem Vormärz verbreitenden lokalen Selbsthilfe- bzw. Unterstützungskassenvereine der Fabrikarbeiter „völlig neue ordnende und zusammenführende Kräfte"[154] darstellten, „deren Grundtendenz in Richtung auf Selbstverwaltung und Interessenbewußtheit, auf demokratisch-partizipatorische Verhaltensformen und Verfahrensweisen zielte."[155] Erstere bildeten insbesondere während des bis 1869 geltenden Koalitionsverbotes wichtige „soziale und politische Kommunikationszentren"[156] und damit Keimformen der gewerkschaftlichen und politischen Vereinigung der Arbeiter, hatten also solidaritäts- und klassenbildenden Charakter. Die entstandenen Arbeiterunterstützungskassen zielten von Anfang an sowohl auf die Verbesserung der physischen Reproduktionsbedingungen der Fabrikarbeiter als auch auf die „Stärkung der Klassenidentität als Voraussetzung für die Anerkennung als politisch gleichberechtigter Teil der bürgerlichen Gesellschaft"[157]. Die Arbeiterbewegung forderte also dieselben Partizipationsmöglichkeiten ein, die das Bürgertum bereits über die Körperschaften des öffentlichen Rechts gewährt bekommen hatte.

Staatsapparat und Fabrikherren reagierten auf die Arbeiterforderungen zunächst mit massivem Druck, sahen sie doch gerade hierin die wesentlichen Keimzellen von schlagkräftigen politischen Interessenvertretungen der Arbeiter. Vom Gründungstag an unterlagen die Unterstützungskassen der Arbeiter deshalb vielfältigen administrativen Repressionen und Kontrollen. Die Vertreter der Staatsbürokratie versuchten die Kassen zunächst zu unterbinden, gleichzeitig wurden die aufkommenden Forderungen nach einer zentralen, einheitlichen staatlichen Sozialversicherung (vgl. z.B. die Forderung Nr. 16

---

152 Frevert 1984, S. 149

153 Frevert 1984, S. 149

154 Nipperdey zitiert nach: Tenfelde, K.: Sozialgeschichte der Bergarbeiter an der Ruhr im 19. Jahrhundert, Bonn 1981, S. 347

155 Tenfelde 1981, S. 347

156 Frevert, U.: Arbeiterkrankheit und Arbeiterkrankenkassen im Industrialisierungsprozeß Preußens (1840-1870), S. 299, in: Conze, W./Engelhardt, U. (Hrsg.): Arbeiterexistenz im 19. Jahrhundert, Stuttgart 1981, S. 293-319

157 Rodenstein 1978, S. 134

des Bundes der Kommunisten von 1848, in MEW 5, S. 4) mit liberalen Begründungen strikt abgelehnt. Mit Anwachsen der Selbsthilfevereine und der Gewerkschaften sowie der Herausbildung der ersten Arbeiterparteien als Folge der immer brennender werdenden sozialen Frage wuchs auch bei Teilen der Staatsbürokratie und der Großbourgeoisie (Groß- und Schwerindustrie) die Erkenntnis, daß die Arbeitervereinigungen und ihre Hilfskassen trotz zahlreicher Verbote nicht mehr zerschlagen werden konnten. Die damit verspürte Bedrohung der bürgerlichen Gesellschaft führte zur Kursänderung der staatlichen Sozialpolitik, die einerseits durch offene Repression (z.B. in Verbindung mit dem Bundesvereinsgesetz von 1854 oder dem Sozialistengesetz von 1878), andererseits durch begrenztes sozialpolitisches Entgegenkommen gekennzeichnet werden kann.

Gegen das unter kapitalistischen Verwertungsgesichtspunkten überschüssige Lumpenproletariat, welches nach bürgerlicher Auffassung aufgrund seiner „Arbeitsunwilligkeit", seines Anspruchsdenkens und seiner unsittlichen Lebensführung an seinem Elend selbst schuld sei, ging der Staat weiterhin mit seinem gesamten Repressionsapparat (Polizei, verschärfte Armengesetzgebung, Bettelverbote usw.) vor. Anders sah die Strategie der maßgeblichen Teile der Staatsbürokratie und der Unternehmerschaft jedoch hinsichtlich der für den kapitalistischen Produktionsprozeß benötigten Teile des Proletariats, vor allem den qualifiziert(er)en Fabrikarbeitern aus. Konnte die sich formierende Arbeiterbewegung nicht zerschlagen werden, so mußten zumindest die wichtigsten Teile mit dem in der Vergangenheit bewährten Instrument der wechselseitigen Versicherung gegen Reproduktionsrisiken organisational in die bürgerliche Gesellschaft integriert, ihre physische Reproduktionsfähigkeit gesichert, damit ihre permanente Verfügbarkeit für den Produktionsprozeß sichergestellt und gleichzeitig ein wesentlicher Teil der sich formierenden arbeitenden Klasse politisch neutralisiert werden.[158] Hier mischten sich bei den Vertretern der Großbourgeoisie „fürsorgerische mit stark disziplinierenden Momenten"[159].

Mit dieser Einsicht begann das zunehmende Interesse der Behörden an den „staatsfreien" Hilfskassen der Arbeiter. Das in den nächsten Jahren erfolgte staatliche Eingreifen stieß allerdings zunächst „auf massiven Widerstand solcher Gruppen, die über ältere Konzepte der Krankenfürsorge ver-

---

158 Die Vertreter dieser Linie innerhalb des Staatsapparates mußten sich gegen liberale Vertreter der Klein- u. Mittelbourgeoisie durchsetzen, die aus „Wettbewerbsgründen" keine staatliche Kontrolle und Verrechtlichung der gesundheitlichen Reproduktionsbedingungen der Arbeitskraft akzeptieren wollten.

159 Ullmann, H.-P.: Industrielle Interessen und die Entstehung der deutschen Sozialversicherung 1880-1889, S. 610, in: Historische Zeitschrift, Bd. 229, 1979, S. 574-610

fügten."[160] Während das eine Konzept im genossenschaftlichen Prinzip der gegenseitigen Unterstützung im Notfall wurzelte, beruhte das andere Konzept auf der paternalistischen Sozialpolitik frühindustrieller Unternehmer, die sich über Fabrikkassen einen Stamm möglichst qualifizierter Arbeiter für ihr Unternehmen sichern wollten und staatliche Einmischung und rechtliche Normierung ihrer Leistungen oder Zwangsbeiträge kategorisch ablehnten. „Beide Konzepte ließen sich nicht ohne Widerstand in den umfassenden Entwurf einer Krankenversicherung einordnen."[161]

Zwischen 1845 und 1854 setzte der Preußische Staat trotzdem einen ersten „gesetzlichen Rahmen für Unterstützungskassen der Handwerksgesellen und Fabrikarbeiter"[162] durch. Hierbei wurde beispielsweise 1849 eine Verordnung zur Gewerbeordnung erlassen, in der der Staat im Prinzip seine Verantwortung für die soziale Hilfe festlegte. Während bis 1849 die Kassengründungen auf Initiative von Handwerksgesellen und zum Teil auch schon von Fabrikarbeitern, von Fabrikherren oder Kommunen zurückgingen, stellte die Verordnung von 1849 die organisatorische und rechtliche Grundlage für die Errichtung staatlich reglementierter Kassen dar, zu deren Finanzierung auch die Fabrikherren zwangsweise herangezogen werden konnten. Die sogenannten Zwangskassen knüpften vor allem an die traditionellen Gesellenladen und die Knappschaftskassen an. Ihnen gleichgestellt wurden die von einigen Großunternehmen gegründeten Fabrikkassen.[163] „Sie waren die Vorläufer der Allgemeinen Ortskrankenkassen und der Betriebskrankenkassen, der Hauptformen der Krankenversicherung im kapitalistischen Deutschland."[164]

Mit der 1849er Verordnung wurden die wesentlichen Charakteristika der modernen Krankenversicherung festgeschrieben, die bis heute die Kassenorganisation prägen. Diese sind: zwangsweise vom Lohn abgezogene Arbeiterbeiträge, Beitragszwang für Gewerbe- und Fabrikbesitzer, Festlegung eines Verhältnisses von Arbeiter- und Unternehmerbeiträgen (hier 2 : 1), Beitragseinziehung durch die Kassen auf dem Verwaltungsweg, Organisation der Kassen als Anstalten des öffentlichen Rechts sowie eine gewisse Selbstverwal-

---

160 Reininghaus, W.: Das erste staatlich beaufsichtigte System von Krankenkassen: Preußen 1845-1869. Das Beispiel der Regierungsbezirke Arnsberg und Minden, S. 271, in: Zeitschrift für Sozialreform, Heft 5/6 1983, S. 271-296

161 Reininghaus 1983, S. 271

162 Reininghaus 1983, S. 271

163 Fabrikkrankenkassen bestanden in vielen Großbetrieben als freiwillige, betriebliche Einrichtungen. Der Fabrikherr hatte über die Beitrags- und Leistungsfestsetzung direkten Einfluß auf die Reproduktionsbedingungen seiner Arbeiter und band diese so an den Betrieb. Die akkumulierten Mitgliederbeiträge wurden i.d.R. zur Rücklagenbildung des Unternehmens genutzt. In den Kapiteln V.4. u. VI.1.2 wird auf die Fabrikkassen näher eingegangen.

164 Vgl. u.a. Peschke 1962, S. 116

tung der Beteiligten (Versicherte, Arbeitgeber) in der Versicherung unter staatlicher (bzw. kommunaler) Aufsicht. Mit diesem Schritt begann im Bereich der Arbeiterkassen ein Wandlungsprozeß von den ursprünglichen Assoziationen zur kollektiven Selbsthilfe zu staatlich beaufsichtigten Organisationen. Hinzu kam die Beibehaltung der großen, teilweise auf berufsständischen Zuordnungen beruhenden Zersplitterung in Unterstützungskassen für Fabrikarbeiter, Gesellenkassen mit überwiegendem Zunft- bzw. Innungscharakter, die Knappschaftskassen, die auf die Großbetriebe beschränkten Fabrikkassen und die gemeindlichen Armenkassen. 1853 wurde die Kassengründung ohne vorherige behördliche Genehmigung unter Strafe gestellt. 1869 erfolgte die Aufhebung des Koalitionsverbotes. Die Vertreter der staatlichen Behörden erkannte endgültig an, daß die Arbeiterbewegung nicht mehr zerschlagen werden konnte. Ab jetzt beschränkten sie ihre Bemühungen deshalb auf die Trennung der Unterstützungskassen von den politischen Organisationen sowie auf ihre Kontrolle und organisationale Integration. Gleichzeitig mischten sich die Behörden massiv in die innere Organisationsstruktur und -verfassung der Kassen ein, während sie parallel alles unternahmen, um eine umfassende, staatliche soziale Versicherung für alle abhängig Beschäftigten zu verhindern.

Die erstarkte Arbeiterbewegung, ihre politische(n) Parteie(n) und mit ihr die Gewerkschaften und freien gewerkschaftlichen Hilfskassen bzw. Selbsthilfevereine auf Genossenschaftsbasis standen der wachsenden Einmischung staatlicher Stellen und deren Bemühen um eine staatlich kontrollierte und sanktionierte soziale Hilfe für die individuelle Sicherung der Arbeiter sehr lange ablehnend gegenüber. „Staatshilfe für die individuelle Sicherung des Arbeiters sollte aus Gründen der ideologischen Beeinflussung nicht in Anspruch genommen, vielmehr sollte die individuelle soziale Sicherung als Arbeiterselbsthilfe organisiert werden und als Werbung für die Gewerkschaften der Solidaritätsbildung in der Arbeiterklasse zugute kommen.“[165] So fordert zum Beispiel das Gothaer Programm der SAPD von 1875 noch die volle Selbstverwaltung für alle Arbeiterhilfs- und Unterstützungskassen.

Die Arbeiterbewegung stand auch den sogenannten Bismarck'schen Sozialgesetzen[166] (Krankenversicherungsgesetz von 1883, Unfallversicherungs-

---

165 Rodenstein 1978, S. 138

166 Für *Baron* handelte es sich bei der Bismarck'schen Sozialversicherungsgesetzgebung um keinen „Sieg der Arbeiterklasse“, sondern um einen Sieg der konservativen Teile der Bismarckregierung und der Großbourgeoisie in ihrem Kampf gegen den Liberalismus und für eine Stärkung des autoritär-konservativen Staates. Bezweckt wurde v.a. eine Schutzzollpolitik, die zur Stärkung der Konkurrenzfähigkeit der deutschen Exportproduktion dienen sollte, von der wiederum die beherrschende Stellung des grundbesitzenden Adels und der Großbourgeoisie abhing. Der Anschluß an die Entwicklung der westlichen Industriemächte

gesetz von 1884, Invaliden- und Altersversicherungsgesetze von 1889) zunächst noch ablehnend gegenüber. Das auf Kompensation statt auf Prävention ausgerichtete Krankenversicherungsgesetz machte das Prinzip des Zwangssparens für die meisten Arbeitergruppen obligatorisch. Zugleich wurde der Rechtsanspruch auf Kassenleistungen verallgemeinert. Alle Zwangskassen erhielten nunmehr einheitlich den Status von Körperschaften des öffentlichen Rechts. Eine zentrale Krankenkasse wurde allerdings nicht eingerichtet, sondern vielmehr an die bestehenden dezentralen, lokalen Kassen auf berufsmäßiger Grundlage angeknüpft.

Waren diese Organisationen auf die soziale Integration der versicherten und damit privilegierten Teile der arbeitenden Klasse gerichtet, so fanden sie zunächst nicht die erhoffte Akzeptanz bei der Masse der Arbeiter und Fabrikherren. Die Kassengesetzgebung bescherte vielmehr den, in ihren Strukturen an den übrigen Kassentypen orientierten, „freien" (gewerkschaftsnahen) Hilfskassen als Alternativen zur Zwangsversicherung verstärkten Mitgliederzulauf. Die auf Kontrolle und Zähmung der Arbeiterklasse sowie auf Beitragsentlastung der Arbeitgeber gerichtete staatliche Sozialpolitik hatte damit durch ihre Gesetzgebung den Arbeitern neue Möglichkeiten zur Ausbildung von (organisationalen) Gegenmachtpositionen, die außerhalb ihrer Kontrolle lagen, verschafft. Die preußische Regierung reagierte hierauf allerdings mit weitreichenden gesetzlichen und administrativen Reglementierungen der Hilfskassen und erzwang die Übernahme des Sachleistungsprinzips der gesetzlichen Krankenversicherung. Mit der Krankenversicherungsnovelle von 1892 blieb den „freien" Hilfskassen schließlich nur noch die Kapitulation und Umwandlung in reine Zuschußkassen übrig. Ein Mitgliedschaft in einer Zuschußkasse befreite allerdings nicht mehr von der Versicherungspflicht in einer Zwangskasse, wodurch die Hilfskassen ihre ursprüngliche Funktion einbüßten. „Dieses Gesetz bildete den Schlußpunkt der staatlichen sozialpoli-

---

war für diese Kreise zur Bedingung ihrer Herrschaft geworden. Ab 1883 versuchte man dieser Herausforderung durch eine „überlegene Arbeitskraftökonomie in Gestalt des Zwangsversicherungssystems zu begegnen" (S. 14). Vgl.: Baron, R.: Weder Zuckerbrot noch Peitsche. Historische Konstitutionsbedingungen des Sozialstaats in Deutschland. In: Gesellschaft. Beiträge zur Marxschen Theorie Bd. 12, Frankfurt/Main 1979, S. 13-55.

Krätke weist darauf hin, daß die Sozialversicherung auch den Boden für die Lohnsteuer bereitete. Dank der durch sie eingetretenen Stabilisierung der Lebenslagen der Lohnarbeiter wurde die Einkommensteuer auch für gewöhnliche Lohnempfänger möglich. Die Arbeiter bezahlten also nicht nur ihre soziale Sicherheit selbst, sie wurden auch zu vollwertigen Steuerzahlern erzogen. Vgl.: Krätke, M.: Steuergewalt, Versicherungszwang und ökonomisches Gesetz, in: PROKLA Heft 82/1991, S. 112-143 tischen Maßnahmen, die auf die Kontrolle der Selbsthilfeorganisationen als autonomer Vergesellschaftungsformen der Arbeiter gerichtet war."[167]

Mangels bestehender Alternativen war die organisierte Arbeiterbewegung damit praktisch zur Anerkennung des Systems der gesetzlichen Zwangskassen und im folgenden der gesamten gesetzlichen Sozialversicherung gezwungen. Mit dieser Anerkennung erfolgte auch eine fast reibungslose Unterordnung unter die Spielregeln der staatlich regulierten Organisationen der Sozialversicherung, die bis heute angehalten hat. Seit dieser Zeit gab es keine nennenswerten Versuche der Arbeiterbewegung mehr, alternative Formen der kollektiven Selbsthilfe jenseits der GKV aufzubauen. Gewerkschaften und Parteien beschränkten sich lediglich auf das Einwirken auf die bestehenden Organisationen oder hofften, über politische Einflußnahme auf den Staatsapparat zu Reformen in ihrem Sinne zu gelangen. Das organisationale Grundprinzip wurde jedoch von der Masse der arbeitenden Klasse nicht (mehr) in Frage gestellt.

Als Beispiel sei auf den schon 1892 unternommenen Versuch der Sozialdemokratie und der von ihr beeinflußten Gewerkschaften hingewiesen, die Verwaltung der Ortskrankenkassen (d.h. der Zwangskassen mit der größten Mitgliederzahl) unter ihren Einfluß zu bekommen, um diese zur Durchsetzung sozialdemokratischer Forderungen für die gesundheitlichen Bedingungen der Reproduktion der Arbeitskraft zu nutzen. Als sie jedoch nach fast zehnjähriger Arbeit die Kontrolle über die Ortskrankenkassen endlich erreicht hatten, stellte sich heraus, daß die sozialdemokratischen Kassenbeamten zu besonders eifrigen und effizienten Disziplinierungsagenten gegenüber den Versicherten geworden waren, welche die Spielregeln der Kassenorganisation (d.h. die wirtschaftliche Verwaltung und Disziplinierung der Versicherten) perfekt beherrschten und ein ausgeprägtes Eigeninteresse am Erhalt ihrer Einflußsphären in den Kassen entwickelten.[168] Es verwundert so kaum, daß die sozialdemokratische Kassenbürokraten, die sogenannten „Kassenspezialisten", zu einer der entscheidenden Stützen des Revisionismus wurden.

Mit Erlaß der Reichsversicherungsordnung von 1911 entstand schließlich ein einheitliches, kodifiziertes Sozialversicherungsrecht mit einer Vielzahl von genauen Bestimmungen für die gesetzliche Zulassung, Verfassung und Verwaltung von Krankenkassen. Der Staat hatte damit endgültig eine Schlüs-

---

167 Rodenstein 1978, S. 148

168 Der sozialdemokratisch beherrschte Zentralverband der Ortskrankenkassen forderte z.B. 1904 eine „Abstufung der Beiträge und Unterstützung nach Klassen, denen die Versicherten nach ihrem wirklichen Einkommen zugeteilt werden". Zitiert nach Rodenstein 1978, S. 154. Möller bezeichnete die Krankenkassen auch als „'*Unteroffizierschulen der Sozialdemokratie*'." Zitiert nach Peschke 1962, S. 320 [kursiv im Original]

selstellung bei der Disziplinierung und Kontrolle der gesundheitlichen Bedingungen der Reproduktion der Arbeitskraft eingenommen, die er – von gewissen rechtlichen, organisatorischen und ideologischen Veränderungen im Laufe der Zeit einmal abgesehen – bis heute verteidigt hat. Der Aufbau von Alternativen in der kollektiven Krankenversorgung zum gesetzlichen System der Zwangskrankenversicherung unter staatlicher Regie wurde damit immer schwieriger, war aber auch bei der Masse der organisierten Arbeiterbewegung ebenso wie bei ihren Organisationen (Gewerkschaften, SPD) kein Thema mehr.

3. Quantitative und sozial-qualitative Bedeutung der Krankenkassen

Betrachtet man die quantitative Entwicklung der Krankenkassenorganisation, so ist festzustellen, daß ihre massenhafte Durchsetzung und Verbreitung parallel zum Prozeß zunehmender Industrialisierung und Proletarisierung verlief, aber erst mit Erlaß des Krankenversicherungsgesetzes von 1883, d.h. mit Erweiterung des traditionellen regionalen Versorgungs- zu einem überregionalen allgemeinen Versicherungszwang, explosionsartig einsetzte.

Dieses Organisationsprinzip als Grundlage der staatlichen „Arbeiterversicherungspolitik“[169], die sich genau wie die Gewerkschaften, Konsumgenossenschaften und die sozialdemokratischen Arbeitervereine primär auf die Berg-, Hütten- und Fabrikarbeiter konzentrierte, also auf eine gehobene, privilegierte Minderheit des Proletariats, die mit festem Arbeitsplatz und relativ hohem Lohn im Vergleich zur Masse der Lohnarbeiter bereits einen gewissen Grad an materieller Sicherheit erreicht hatte, war im Grunde nichts Neues. Nach Herder-Dornreich stellte sie vielmehr lediglich eine Erweiterung des traditionellen Prinzips dar, nämlich die Ausdehnung des regionalen, fakultativen Zwangs auf einen überregionalen, allgemeinen Zwang.[170] Die Gesetzgebung von 1883 bedeutete damit zunächst nur eine Verallgemeinerung der schon 1845 begonnenen Politik, durch Rechtsverordnungen oder Gesetze bereits bestehende örtliche oder „freie“ Kassen in Zwangskassen umzuwandeln. Darüber hinaus ermöglichte sie eine Verallgemeinerung, Vereinheitlichung, Standardisierung und Überregionalisierung der bereits seit 1845 auf

169 Tennstedt 1981, S. 90
170 Vgl. Herder-Dornreich 1994, S. 84

regionaler Ebene erprobten und bewährten Elemente. 1883 wurde also keine einheitliche, zentrale Krankenkasse gegründet, sondern an die gewachsene, berufsständische Kassenvielfalt angeknüpft. Bezweckt wurde mit der staatlichen Krankenversicherungsgesetzgebung lediglich eine einheitliche(re), zwangsweise Ausdehnung der Prinzipien des Versicherungsschutzes sowie des Versichertenkreises auf das gesamte Reichsgebiet, um durch die Überwindung begrenzter lokaler Kontexte eine Vergrößerung der Krankenkassendichte sowie eine Nivellierung der Leistungsniveaus der Kassen durch Festschreibung von Mindest- und Höchstleistungen zu bewirken.[171] Auf diese Weise sollte eine bessere Anpassung an die veränderten überregionalen ökonomischen und sozialen Verhältnisse erreicht werden.

Die Krankenversicherungsgesetzgebung trug hiermit insbesondere den Forderungen der „Großen Industrie" (Marx) nach unbeschränkter Arbeitskräftemobilität Rechnung. Vor allem für die rasch expandierende Groß- und Schwerindustrie war es nämlich erforderlich, daß möglichst alle administrativen und traditionellen Bindungen der Bevölkerung an eine bestimmte Kommune (z.B. in Form des Unterstützungswohnsitzgesetzes) oder „an den Boden des flachen Landes, welche die Zusammenballung der Arbeiter in den Industriestädten" und an den Standorten der expandieren Industriebranchen behinderten, das heißt eine künstliche Arbeitskräfteverknappung verursachten und damit die „Nutzung der 'Ware Arbeit' in einer [...] gegen Naturrecht und Naturgesetz verstoßenden Weise verteuerten"[172], abgeschafft werden mußten. Da die Zwangskassen bis 1883 regional begrenzt waren, behinderten sie die Mobilität der Lohnarbeiter, „die bei einem Ortswechsel trotz bisheriger Leistungen an eine Zwangskasse möglicherweise bei Krankheit völlig ungeschützt blieben."[173]

Zwar gab es bereits überregionale freiwillige Kassen, allerdings waren ihre Beiträge für die meisten Arbeiter unerschwinglich hoch. Das Krankenversicherungsgesetz hob diese Mobilitätsschranke für Arbeiter auf, die aufgrund des allgemeinen Versicherungszwanges durch einen Ortswechsel nicht mehr in Gefahr des Verlustes des Versicherungsschutzes geraten konnten. Damit wurde die gesetzliche Möglichkeit geschaffen, daß Lohnarbeiter unabhängig von ihrem bisherigen Wohn- oder Beschäftigungsort und den dort bereits entrichteten Kassenbeiträgen auch an jedem anderen Beschäftigungsort von der dortigen, aufgrund des Arbeitsplatzes zuständigen berufsständischen Kasse

171 Vgl. Hentschel, V.: Geschichte der deutschen Sozialpolitik 1880-1980. Soziale Sicherung und kollektives Arbeitsrecht, Frankfurt/Main 1983, S. 12f.

172 Tennstedt 1981, S. 82

173 Fröhlich 1976, S. 266

den gleichen Krankenversicherungsschutz rechtlich einklagbar beanspruchen konnten.

Insbesondere der expandierenden Großindustrie wurde auf diese Weise das benötigte Arbeitskräftepotential an den gewünschten Standorten zu relativ gleichen Reproduktionsbedingungen bereitgestellt. Darüber hinaus führte der allgemeine Versicherungszwang unter Einbeziehung der Arbeitgeber auch zur Nivellierung der Wettbewerbssituation zwischen diesen, da nun kein Arbeitgeber mehr Wettbewerbsvorteile zu Lasten der sozialen Sicherung seiner Arbeitnehmer realisieren konnte. Auch dies entsprach vor allem den Interessen der Groß- und Schwerindustrie, die ohnehin bereits über ein mehr oder weniger ausgebautes System betrieblicher Fabrikkrankenkassen verfügte.

Die Einführung eines allgemeinen Versicherungszwanges signalisierte aber auch, daß das ursprünglich verfolgte bürgerlich-liberale Konzept des forcierten freiwilligen Zusammenschlusses von Teilen des Proletariats in Selbsthilfevereinen bei diesem zumindest in den ersten Phasen der industriekapitalistischen Entwicklung kaum auf Resonanz stieß. Von 1860 bis 1880 waren lediglich ca. ein bis zwei Prozent der deutschen Bevölkerung in einer Vielzahl kleiner und kleinster lokaler Krankenkassen versichert, welche aufgrund ihrer geringen Größe (zu den Kassengrößen vgl. Tabelle 1, 3, 4, 5 im Anhang) nur begrenzt leistungsfähig, zur Abdeckung größerer Risiken kaum in der Lage und deshalb langfristig in der Regel ökonomisch nicht überlebensfähig waren. Die durchschnittliche Kassengröße stieg nur sehr schleppend von ca. 110 Mitgliedern im Jahre 1860 auf rund 170 im Jahre 1880 an (vgl. Tabelle 1 im Anhang).

Ab 1883 wurde der Versichertenkreis mehrmals ausgeweitet. Daneben kam es zu einer stetigen Ausdehnung, zum Wachstum und zur Zentralisierung der einzelnen Kassenarten. 1885 schnellten die Versichertenzahlen insgesamt auf 10 Prozent der Bevölkerung hoch und lagen 1910 bereits bei über 20 Prozent (vgl. Tab. 1 und Abb. 1 im Anhang). Die Zahl der Kassen explodierte von ca. 4.900 in 1880 auf fast 19.000 in 1885 und erreichte 1910 mit über 23.000 Kassen ihren Höhepunkt. Den größten Mitgliederanteil wiesen hierbei die Ortskrankenkassen auf, die ihren Anteil an der Gesamtversichertenzahl von 1885 mit ca. 33 Prozent auf fast 50 Prozent im Jahre 1910 ausbauen konnten. Erst in weitem Abstand folgten die Betriebskrankenkassen, die Gemeindekrankenkassen sowie die Hilfskassen, die jedoch alle bis 1910 wieder unterschiedlich hohe rückläufige Mitgliederzahlen zu verzeichnen hatten.

Bemerkenswert ist auch, daß die Krankenkassen ihr Vermögen von ca. 32 Mio. Mark im Jahre 1885 auf ca. 319 Mio. Mark im Jahre 1910 aufstocken konnten (vgl. Tabelle 2 im Anhang). Dies veranschaulicht die oben bereits angedeutete Bedeutung der Gebildedimension für die Zurechnung, Konzentration und Akkumulation (externer) ökonomischer Ressourcen und die primär extroverse Orientierung der Organisationsform, handelt es sich hier doch gerade nicht um die Ressourcenzusammenlegung der Mitglieder zur genossenschaftlichen gegenseitigen Hilfe, sondern vielmehr um von der einzelnen Krankenkasse angeeignete, akkumulierte und zinsträchtig angelegte Zwangsbeiträge, denen gesetzlich und/oder satzungsmäßig normierte Sach- und Geldleistungen in geringerem Umfang gegenüberstanden. Die einzelne (überlebensfähige) Krankenkasse war also daran interessiert, möglichst hohe Überschüsse zu erwirtschaften, was nur möglich war, wenn es der Kasse gelang, das Krankheitsrisiko möglichst gleichmäßig auf viele Mitglieder zu verteilen. Die mit Erlaß der Reichsversicherungsordnung 1911 angestoßene (aber durch den ersten Weltkrieg verzögerte) „Kassenreform" wurde dementsprechend primär unter ökonomischen Gesichtspunkten durchgeführt. Neben einer weiteren Ausdehnung der Versicherungspflicht und einer Stärkung des Arbeitgebereinflusses in der Kassenverwaltung führten insbesondere die Abschaffung der über 8.000 mitgliederschwachen Gemeindekrankenkassen, die Reduktion der von der Mitgliedschaft in einer Zwangskasse befreienden eingeschriebenen Hilfskassen (seit der RVO: Ersatzkassen) sowie die Einführung von Mindestkassengrößen zu einer Reduktion der Zwangskassen von über 23.000 in 1910 auf ca. 9.200 Kassen in 1919, d.h. zu einer Zentralisierung der Versicherten in immer weniger Kassen. Hierdurch wuchs die durchschnittliche Kassengröße von ca. 600 Mitgliedern in 1910 auf rund 1.700 Mitglieder im Jahre 1919 an. Während die wirtschaftlich nicht überlebensfähigen „Mini-Kassen" auf diese Weise ausselektiert wurden, konnten die übriggebliebenen Kassen aufgrund ihrer Mitgliederzuwächse größere ökonomische Reproduktionsrisiken abdecken und somit ihre wirtschaftliche Lage langfristig stabilisieren. Damit ergab sich auch die Möglichkeit, den Versicherungsschutz auf die Familienangehörigen der Versicherten wirkungsvoll auszudehnen, wozu in den folgenden Jahren zahlreiche Kassen übergingen.

Neben der quantitativen Verbreitung wurde die Krankenkassenorganisation vor allem auch sozial-qualitativ dominant. Diese Dominanz kann in Anlehnung an Türk für die Krankenkassenorganisation im Untersuchungszeitraum von 1789 bis 1914 zunächst als Prozeß der fortschreitenden mehr oder weniger zwangsweisen reellen Subsumtion immer größerer Bevölkerungsteile in die Krankenkassenorganisation als *Organisationsmitglieder* dargestellt werden.[174] Ab der Mitte des 19. Jahrhunderts läßt sich der Prozeß eines permanenten Mitgliederwachstums sowie die ab 1883 erfolgende „Mitgliederex-

174 Vgl. Türk 1995a, S. 84

plosion“ anhand des vorliegenden Datenmaterials relativ sicher rekonstruieren (vgl. insbesondere Tabelle 1 und Abbildung 1 im Anhang). Während für 1854 erst ca. 250.000 Kassenmitglieder nachweisbar sind, wuchs ihre Zahl bis 1910 auf knapp 14 Mio. Mitglieder an.

Auffällig ist, daß die massenhafte Ausbreitung des Krankenkassenwesens mit dem quantitativen Anwachsen der Gewerkschaften, der Konsumgenossenschaften und der sozialdemokratischen Arbeitervereine zusammenfällt. So standen beispielsweise 1890 circa 7 Mio. Krankenkassenmitgliedern rund 400.000 Gewerkschaftsmitglieder, 1914 circa 15,5 Mio. Kassenmitgliedern aber schon rund 4 Mio. Gewerkschaftsmitglieder gegenüber. Aus der Anzahl der insgesamt in Krankenkassen versicherten Arbeiter läßt sich demnach ein ungefährer Anhaltspunkt für das den Gewerkschaften zur Verfügung stehende „Rekrutierungspotential“[175] gewinnen (vgl. Abbildung 2 im Anhang). Insofern dienten die Kassen der Arbeiterbewegung als „Kernorganisationen“[176] aus denen (und nach deren Vorbild) sich die weiteren genossenschaftlichen, gewerkschaftlichen und politischen Organisationen entwickeln konnten. Dies verdeutlicht auch den hohen Stellenwert, den die Kassenfrage bei den Arbeiterbildungsvereinen der 1850er und 60er Jahre sowie bei Gewerkschaften und SPD bis zur Jahrhundertwende einnahm. So nannte beispielsweise 1863 die „Allgemeine deutsche Arbeiter-Zeitung“ als zentrales Ziel der Arbeitervereine, „das materielle Wohl des Arbeiterstandes“[177] zu fördern, zu dessen Erreichung insbesondere die Krankenkassen auserkoren seien. Noch 1899 bezeichnete auch das sozialdemokratische Parteiorgan „Vorwärts“ die damals erfolgreich unterwanderten Ortskrankenkassen als „Tüchtige Waffen im Emanzipationskampf des Proletariats“[178]; andere Sozialdemokraten betrachteten die Krankenkassenorganisation bereits als „vierte Säule“ der organisierten Arbeiterbewegung.[179] In dieser Hinsicht ist Wehler zuzustimmen, der von einem „sozialdemokratischen ‘Organisationsfetischismus’“[180] spricht. Vernachlässigt wird hierbei jedoch weitgehend die vermittels Organisation vollzogene zurichtende Disziplinierung, die sogenannte „Veredelung“ der Kassenmitglieder im Hinblick auf ihr Gesundheits- und Reproduktionsverhalten. Beachtet man, daß bereits 1914 fast 25 Prozent der Bevölkerung Kassenmitglieder waren, so wird die massive Zurichtungs- und Disziplinierungsmöglichkeit der Kassenorganisa-tion auf große Teile der Gesellschaft deut-

175 Tennstedt 1983a, S. 412

176 Frevert 1981, S.317

177 Allgemeine deutsche Arbeiterzeitung, Nr. 7 / 1863. Zitiert nach Frevert 1981, S. 316

178 Zitiert nach Peschke 1962, S. 321

179 Vgl. Peschke 1962, S. 322

180 Wehler 1995, S. 800

lich. Dies unterstreicht wiederum ihre extroverse Orientierung. Belege für die direkten organisationalen Zugriffsmöglichkeiten der Kassen auf ihre Mitglieder finden sich vor allem in ihren Strukturen. Genannt seien hier nur die auf Befehl und Gehorsam aufbauende und vom Staatsapparat übernommene bürokratische Verwaltungshierarchie der Kassen, die Tendenz zur Zentralisierung der Kassenorganisationen, welche sich zum Beispiel 1894 in der Gründung des „Centralverbandes der Ortskrankenkassen“ niederschlug, sowie einer strengen, unpersönlichen und satzungsmäßig verankerten Organisationsdisziplin, der sich formal sowohl Kassenfunktionäre als auch Mitglieder gleichermaßen unterwerfen mußten.

Aufgrund ihrer Einbettung in den historisch-gesellschaftlichen Kontext läßt sich die Organisationsgeschichte der Krankenkassen jedoch nicht nur auf die fortschreitende zwangsweise Einschließung weiter Bevölkerungsteile in die Kassenorganisation beschränken. Es ist vielmehr zu bedenken, daß die so organisierten Teile insbesondere des Proletariats durch ihr mitgliedschaftliches Handeln selbst Organisation verkörperten. Gleichzeitig (re-)produzierten sie durch ihr organisational orientiertes Handeln nicht nur die Organisation, ihre Formalstruktur, ihre Prinzipien und die vorgegebenen Verhaltensweisen selbst, sondern darüber hinaus auch die durch Organisation konditionierten gesellschaftlichen Verhältnisse, insbesondere die organisational konstruierten Zentrums-Peripherie-Differenzierungen. Auf diese Weise wurden der Kassenorganisation in zunehmendem Maße Personengruppen als *Organisationspublikum* formell subsumiert, die trotz ihrer nur mittelbaren Unterwerfung unter die Organisation in ihren Lebens- und Reproduktionsverhältnissen von dieser beherrscht wurden.

Als Organisationspublikum können hier zunächst all diejenigen Personengruppen gelten, die nicht als Mitglieder zur Krankenkassenorganisation zugelassen wurden, also deren Peripherie bildeten. Hierbei handelt es sich primär um die große Masse der schlecht entlohnten, in ungesicherten Beschäftigungsverhältnissen stehenden ungelernten und unqualifizierten Lohnarbeiter. Diese waren aufgrund ihres geringen und unregelmäßigen Einkommens nicht in der Lage, die Kassenbeiträge regelmäßig und über einen längeren Zeitraum einzuzahlen. Auch nach 1883 fielen sie deshalb in der Regel nicht unter die Versicherungspflicht. Darüber hinaus gehört zu diesem Teil des Publikums auch das sogenannte Lumpenproletariat, das heißt die große Masse der Armen. Sie unterlagen weiterhin der Armengesetzgebung und den kommunalen Armen- bzw. Gemeindekrankenkassen. Bis ins 20. Jahrhundert hinein zählte aufgrund der Bindung der Kassenmitgliedschaft an das Normallohnarbeitsverhältnis auch der überwiegende Teil der nicht berufstätigen

Ehefrauen und sonstigen Familienmitglieder der Lohnarbeiter zu den ausgeschlossenen Personengruppen. Die Erkrankung der Ehefrau oder der Kinder konnte die meisten Arbeiterfamilien demzufolge auch weiterhin in arge Existenznot bringen. Noch 1914 waren ca. 75 Prozent der Bevölkerung aus verschiedenen Gründen von der Kassenmitgliedschaft personell als auch im Hinblick auf ihre Bedürfnisse nach sozialer Sicherheit ausgeschlossen (vgl. Tabelle 1 im Anhang). Es liegt nahe, anzunehmen, daß es sich hierbei in der Mehrzahl um die bedürftigsten Gruppen der Gesellschaft handelte. Nichtsdestotrotz wirkte die Krankenkassenorganisation über die Propagierung ihrer Gesundheits- und Wertvorstellungen sowie über die vermittels der Reproduktionsprivilegien ihrer Mitglieder konstruierte Statusdifferenz auf die ausgeschlossenen Personengruppen ein und beherrschte weitgehend deren Verhaltensweisen. So wirkte das individuelle Streben nach Erlangung des privilegierten Status eines qualifizierten Lohnarbeiters und der damit verbundenen Kassenmitgliedschaft positiv auf die Entwicklung und Stabilisierung derjenigen normativen Handlungsorientierungen bei der Masse des Proletariats hin, welche die „tauschförmigen Verkehrsformen bürgerlicher Rechtssubjekte auf dem Arbeitsmarkt und der privaten Interessenorientierung in allen Lebensbereichen“[181] absicherten und damit zu einer wachsenden Akzeptanz der organisational konstituierten gesellschaftlichen Verhältnisse führten.

Des weiteren können auch die Kassenmitglieder selbst als Organisationspublikum bezeichnet werden. Dies ist zulässig, da sie durch die zurichtende Formalität der Kassenorganisation beherrscht wurden. So mußten sich die einzelnen Mitglieder den Gesundheits- und Verhaltensimperativen der Krankenkasse unterwerfen und diese als für sich verbindlich anerkennen, da sie nur durch entsprechendes nachweisbar kassenkonformes, diszipliniertes Verhalten einen individuellen Anspruch auf Krankengeld- und/oder Sachleistungen gegenüber der Kasse erwerben und einen Kassenausschluß aufgrund nonkonformen Verhaltens vermeiden konnten. Somit schuf die Kassenorganisation allgemeine und nach außen artikulierte Interessen, auf die das einzelne Mitglied keinen Einfluß hatte und in denen es sich mit seinen, sich aus der unmittelbaren Lebenswelt ergebenden kurzfristigen Reproduktionsbedürfnissen auch kaum mehr wiederfinden konnte. Der nach innen gerichtete Zurichtungs- und Disziplinierungscharakter der Kassen, das heißt die durch die Kassenorganisation erfolgende Fremdbestimmung kollektiven Handelns vollzog sich vor allem über die bereits angesprochene Zentralisierung, Bürokratisierung und Hierarchisierung der Kassenverwaltung und der damit verbundenen Einstellung hauptberuflicher Kassenbeamten und Krankenkontrolleure

181 Rödel, U./Guldimann, T.: Sozialpolitik als soziale Kontrolle, S. 24, in: Guldimann, T. u.a.: Sozialpolitik als soziale Kontrolle, Frankfurt/Main 1978, S. 11-55

bzw. Krankenkommissare, deren Aufgabe in der ständigen Verhaltenskontrolle der leistungsbeanspruchenden, also kranken Kassenmitglieder bestand. Interessant ist, daß insbesondere Fabrikarbeiter lange Zeit die organisierte Krankenver-sicherung nicht als „organisationsfähiges Interesse“ sondern als Abhängig-keit von Fabrikherren und Obrigkeit begriffen und sich dementsprechend gegen die ihnen „von oben“ aufgezwungene Eingliederung in Krankenkassen zur Wehr setzten. Dieser Widerstand konnte erst mit der Einführung der Krankenversicherungsgesetzgebung von 1883 und der in den 1880er und 90er Jahren fortschreitenden staatlichen Beschneidung der „freien“ Hilfskassen allmählich gebrochen werden.

Darüber hinaus können auch die sogenannten Kassenärzte in gewissem Sinne als Publikum der Kassenorganisation aufgefaßt werden. Dies liegt in ihrer Zwitterstellung einerseits als Medikalisierungs-, Erziehungs- und Kontrollagenten der Krankenkassen gegenüber den Kassenmitgliedern und andererseits in ihrer eigenen Abhängigkeit von den Kassenvorständen, welche sowohl über ihre Einstellung, Bezahlung und Entlassung befanden als auch in medizinischen und hygienischen Fragen ein Weisungsrecht beanspruchten, begründet. „Die Arbeiterkassen, waren es nun Fabrik-, kommunale Pflicht- oder freie Hilfskassen, bildeten ein Forum, in dem Ärzte und Arbeiter unmittelbar aufeinandertrafen.“[182] Für den einzelnen Arzt bot sich damit zum einen ein neues Experimentierfeld, auf dem er sowohl sein medizinisches Können in der Praxis als auch „die versittlichende Kraft der Hygiene“[183] unter Beweis stellen konnte. Zum anderen boten sich für ihn durch die „Organisierung der Nachfrage nach ärztlichen Dienstleistungen“[184] vermittels des sich immer mehr ausweitenden Krankenkassenwesens neue Verdienst- und Einflußchancen und damit die einmalige Möglichkeit einer Stabilisierung seiner Beschäftigungssituation und Absicherung seiner professionellen Autonomie. Ziemlich schnell übertrugen denn auch die meisten Krankenkassen neben der medizinischen und hygienischen Betreuung ihrer Mitglieder vor allem die Feststellung und Kontrolle der Arbeitsunfähigkeit und damit die Feststellung eines berechtigten Anspruchs eines ihrer Mitglieder auf Krankengeld an einen entweder fest angestellten oder aber vertraglich mit der Kasse verbundenen Kassenarzt. „Die medizinische ‘Versorgung der arbeitenden Volksklasse in Tagen der Krankheit und Noth’ rettete einerseits die Arbeiter vor dem moralischen und physischen ‘Proletariat’, half aber zum anderen auch vielen Ärzten aus einer ‘herabgewürdigten’, durch ökonomische Knappheit und scharfe

182 Frevert 1984, S. 235
183 Frevert 1984, S. 235
184 Huerkamp, C.: Der Aufstieg der Ärzte im 19. Jahrhundert, Göttingen 1985, S. 307

Konkurrenz gekennzeichneten Lage heraus."[185] Allerdings ist zu bemerken, daß das Verhältnis Krankenkasse–Kassenarzt durch eine kassenseitig betriebene intensive Kontrolle des ärztlichen Verhaltens sowie über Art, Umfang und Qualität der ärztlichen Tätigkeit gekennzeichnet war. Insbesondere legten die Kassen die Bedingungen fest, unter denen die Kassenärzte ihre Gutachter- und Heilfunktion auszuüben hatten. Kontrolliert wurden also nicht nur die Kranken, sondern auch die Ärzte selbst.[186]

Da die Kassenvorstände an möglichst geringen Ausgaben interessiert waren, standen die Ärzte unter dem permanenten Druck, die Finanzmittel ihrer Auftraggeber möglichst zu schonen und dementsprechend äußerst restriktiv mit Krankschreibungen und der Anwendung von kostspieligen Heilverfahren umzugehen, was ihren medizinischen Handlungsspielraum massiv einschränkte. Darüber hinaus ermöglichte die Oligopolstellung der Kassen bezüglich der Nachfrage nach medizinischen Dienstleistungen den Kassenvorständen die tendenzielle Senkung der jeweils einzelvertraglich vereinbarten Arzthonorare sowie die Durchsetzung eines kassenkonformen ärztlichen Therapieverhaltens. Hierbei konnte die starke Konkurrenz zwischen den freien Ärzten um eine der begehrten Anstellungen zum Kassenarzt ausgenutzt werden.

Dieses Abhängigkeitsverhältnis der Ärzte von den Kassen führte in der zweiten Hälfte des 19. Jahrhundert zunehmend zur Gründung von zahlreichen (lokalen) Ärztevereinen bzw. (überregionalen) ärztlichen Berufsorganisationen. Die wichtigsten überregionalen Ärzteorganisationen waren zum einen der als reiner Honoratiorenverband agierende „Gesamtverband der Ärztevereine Deutschlands" (Ärztevereinsbund), zum anderen der 1900 gegründete „Verband für die Ärzte Deutschlands zur Wahrung ihrer wirtschaftlichen Interessen", der sogenannte „Hartmannbund". Letzterer orientierte sich von Anfang an am Vorgehen der modernen, überregionalen wirtschaftlichen Interessenverbände, trug deutliche Züge eines Funktionärsverbandes und verstand sich als ärztliche „Kampforganisation"[187]. Er hatte „den Zweck, die wirtschaftliche Lage der Ärzte im ganzen Reiche zu bessern und denselben einen wirksamen Schutz zu gewähren gegen die rücksichtslose Ausbeutung ihrer Arbeitskraft seitens der Krankenkassen und gegen die Übergriffe der Kassenvorstände."[188] Propagiert wurde die kompromißlose Interessendurchsetzung gegenüber den Krankenkassen, was mit Ärztestreik, Kassenboykott und Stel-

185 Frevert 1984, S. 236

186 Vgl. Frevert 1984, S. 237

187 Tennstedt, F.: Soziale Selbstverwaltung. Geschichte der Selbstverwaltung in der Krankenversicherung. Band 2, Bonn 1977a, S. 77

188 Satzung des Hartmannbundes, zitiert nach Tennstedt 1977a, S. 77

lensperrungen erzwungen werden sollte. In der ersten Dekade des 20. Jahrhunderts erreichten die stark zentralisierten Ärzteorganisationen unter Führung des „Hartmannbundes“, der 1903 infolge einer Einigung zwischen den beiden großen Ärzteorganisationen als wirtschaftliche Abteilung in den Ärztevereinsbund eingegliedert wurde, in zahlreichen Auseinandersetzungen mit den örtlichen Krankenkassen (z.B. den Ärztestreiks in Gera 1903, Köln und Solingen 1904, Leipzig 1905) den Abschluß von tarifvertragsähnlichen Kollektivhonorarverträgen und damit die Stärkung der ärztlichen Stellung gegenüber den Kassen. Erzielt wurden dabei sowohl die Durchsetzung der ärztlichen „Ansprüche auf den Status eines autonomen professionellen Experten“[189] als auch eine gravierende Verbesserung ihrer Einkommenslage (infolge Durchsetzung der freien Arztwahl, Einführung ärztlicher Kollektivhonorarverträge, Beseitigung der Anstellungsautonomie der Kassen etc.; vgl. hierzu auch Kapitel VI. 4., S. 125f.).

Schließlich können auch alle diejenigen Arbeitgeber (Handwerksmeister, Fabrikherren) als Publikum der Krankenkassenorganisation bezeichnet werden, welche ab 1849 aufgrund einer gesetzlich verordneten unternehmerischen Beitragspflicht (i.d.R. die Hälfte des Arbeiterbeitrages) in die Zwangskassen einzahlen mußten, sofern sie nicht über eigene betriebliche Kassen verfügten oder ihre Arbeiter nicht in freien Hilfskassen versichert waren, bei denen Arbeitgeber von einer gesetzlichen Beitragspflicht befreit waren. Mit der gesetzlich festgeschriebenen Beitragspflicht für Arbeitgeber bekam jede Zwangskasse (bzw. jedes Mitglied) gegenüber dem einzelnen Arbeitgeber einen verwaltungsgerichtlich durchsetzbaren Rechtsanspruch auf Zahlung der entsprechenden Beiträge. Diese Regelung stieß bei vielen Arbeitgebern auf keinerlei Sympathie. Insbesondere die Handwerksmeister bestritten generell den Nutzen der Kassen und schafften es bis 1868 unter Hinweis auf ihre eigene bedrängte Lage, weitgehend von Zuschüssen zu den Gesellenkassen befreit zu werden. Viele Fabrikherren lehnten hingegen die Unterstützungskassen angesichts der zunehmenden Proletarisierung und eines steigenden Facharbeiterbedarfs nicht grundweg ab. Für ihre Antipathie spielten weniger finanzielle Argumente eine Rolle „als die mit den Kassen und ihrer Beaufsichtigung zu erwartende ‘Bevormundung’ der Fabrikinhaber.“[190] Hiebei ist zu berücksichtigen, daß insbesondere im Rheinland und in Westfalen bereits im Vormärz zahlreiche Fabrikkassen von den Unternehmern selbst gegründet wurden, ihnen die Funktionsweise der Kassen also nicht grundsätzlich fremd war. Aus der Sicht dieser Unternehmer „wurde die Kassengesetzgebung nun so interpretiert, daß sich der Staat zwischen sie und die Arbeiter drängte, für

189 Huerkamp 1985, S. 307
190 Reininghaus 1983, S. 275

die sie durchaus sorgen wollten, jedoch ungezwungen."[191] Während ein Teil der Unternehmer aus ökonomischen Eigeninteressen also durchaus zur freiwilligen Einrichtung von Fabrikkrankenkassen bereit war, wurde eine staatliche Sozialpolitik mit obligatorischen Arbeitgeberbeiträgen abgelehnt. Um die Zuschußpflicht zu umgehen und Lohnkostenvorteile zu realisieren, gingen in den 1870er Jahren zum Beispiel Remscheider Unternehmer dazu über, nur Arbeiter, die in einer freien Hilfskasse versichert waren, einzustellen beziehungsweise bei ihren Arbeitern auf einen Kassenwechsel hinzuwirken.[192] Mit zunehmender staatlicher Beschränkung des Hilfskassenwesens und den sich damit verringernden Möglichkeiten einer Entbindung von der Zuschußpflicht wurde dieses Vorgehen für die Arbeitgeber allerdings immer unattraktiver, zumal die meisten Hilfskassen gewerkschaftlich und/oder sozialdemokratisch orientiert waren. Parallel setzte sich über den Kreis der Großbourgeoisie (die eigene Fabrikkassen bzw. Erfahrungen mit den Knappschaftskassen hatte und seit den 1870er Jahren aus Wettbewerbsgründen auf eine Verallgemeinerung der Versicherungspflicht drängte) zunehmend die Erkenntnis der sozialintegrativen und disziplinierenden Wirkung eines einheitlich organisierten, obligatorischen Kassenwesens durch. Hinzu kam, daß die Arbeitgeber als Gegenleistung für ihre Beitragspflicht vom Staat weitreichende Zugriffsmöglichkeiten auf die Kassenverwaltung erhielten und so ihre Ordnungsvorstellungen auch in den Zwangskassen gegenüber den Versicherten weitgehend durchsetzen konnten.

4. Fazit

Obwohl sich im Untersuchungszeitraum eine Vielzahl verschiedener Kassentypen feststellen ließ, wurde deutlich, daß diese grundsätzlich denselben Organisationsprinzipien unterlagen. Organisationszweck war im „langen" 19. Jahrhundert bei allen Kassentypen die Versicherung eines privilegierten Teiles der arbeitenden Klasse zur effizienten (d.h. wirtschaftlich zweckmäßigen) Reproduktionssicherung im Krankheitsfall und zur Entlastung der kommunalen Armenfürsorge. Mit der kassenseitigen Gewährung von „sozialen Vor-

191 Reininghaus 1983, S. 276

192 Vgl. Tennstedt, F.: Die Errichtung von Krankenkassen in deutschen Städten nach dem Gesetz betr. die Krankenversicherung der Arbeiter vom 15. Juni 1883. Ein Beitrag zur Frühgeschichte der gesetzlichen Krankenversicherung in Deutschland, S. 309, in: Zeitschrift für Sozialreform, Heft 5/6 1983b, S. 297-338

zugslagen"[193] war der Versuch einer nachhaltigen Prägung der privilegierten Lohnarbeiter in ihrem Gesundheitsverhalten und Wertvorstellungen verbunden. Ziel war ihre Anpassung an die Verhaltensimperative und Verkehrsformen der kapitalistischen Gesellschaft, das heißt die soziale Integration in den bürgerlichen Klassenstaat.

Da der überwiegende Teil der arbeitenden Klasse lange Zeit einer Organisation in Krankenkassen auf freiwilliger Basis wenig Sympathie entgegenbrachte und die kollektive Versicherung weniger als „organisationsfähiges Interesse", denn als Unterordnung unter Staat und Unternehmerschaft betrachtete, wurde zunehmend zur zwangsweisen Organisation von „Staats wegen" übergegangen, was 1883 in der Einführung der Gesetzlichen Krankenversicherung kulminierte. Bedeutsam ist hierbei, daß „mittels *individueller* Rechtsansprüche auf Notstände reagiert wurde, die *sozial* bedingt waren bzw. erst durch den erreichten Zustand der gesellschaftlichen Entwicklung hervortraten"[194]. Daß gleichzeitig alternative Formen der kollektiven Selbsthilfe unterdrückt wurden, deutet darauf hin, daß die staatlich legalisierte, formale Krankenkassenorganisation, selbst in ihrer Ausprägung als gewerkschaftliche Hilfskasse, zu keiner Zeit prinzipiell systemfeindlich war. Vielmehr handelte es sich bei der Krankenkassenorganisation um ein typisches „gemeinsames Projekt von kapitalistischer Warenproduktion, Politik und Wissenschaft"[195].

Es wird deutlich, wie maßgeblich das Gebilde „Krankenkasse" in seiner Organisationsform als juristische Person durch den modernen Staat geregelt wurde. Allgemein ist für die historische Entwicklung der juristischen Person im bürgerlichen Recht charakteristisch, daß vermittels der modernen Unterscheidung von juristischen und natürlichen Personen, also der Trennung von Rechtssphären, eine in traditionellen Gesellschaften noch unbekannte Zerschneidung von Lebensbereichen sowie eine Auftrennung der Subjekte in spezifische Mitgliedschaftsrollen ermöglicht wurde. Bedeutsam ist deshalb auch, daß der Prozeß der massenhaften Verbreitung der Krankenkassenorganisation offensichtlich parallel zur fortschreitenden Durchsetzung kapitalistischer Produktionsverhältnisse und dem sich ausbildenden Proletariat stattfand, dessen Möglichkeiten zur Subsistenzsicherung mit zunehmender kapitalistischer Vergesellschaftung massiv eingeschränkt wurde. Die Organisation

---

193 Tennstedt, F.: Sozialwissenschaftliche Forschung in der Sozialversicherung, S. 485, in: Ferber, C.v./Kaufmann, F.-X. (Hrsg.): Soziologie und Sozialpolitik, Opladen 1977b, S. 483-523

194 Tennstedt 1977b, S. 485 [kursiv im Original]

195 Türk, K.: Organisation und gesellschaftliche Differenzierung, S. 183, in: Türk, K.: „Die Organisation der Welt". Herrschaft durch Organisation in der modernen Welt, Opladen 1995d, S. 155-216

eines „verwertbaren" und damit privilegierten Teils des Proletariats in Krankenkassen war also von Anfang an ein Versuch maßgeblicher Kreise der bürgerlichen Gesellschaft, die soziale Frage zu handhaben bzw. zu entpolitisieren. Die rechtliche Konstruktion quasi-verselbständigter korporativer Akteure, denen die Akkumulation von Ressourcen sowie von Handlungs- und Disziplinierungsmacht in Fragen der materiellen Krankenunterstützung zugeschrieben wurde, ermöglichte die Auftrennung und Auslagerung der traditionell als gesellschaftliche Aufgabe begriffenen umfassenden Subsistenzsicherung der Masse der armen Bevölkerung auf funktional spezialisierte und hoch selektiv vorgehende Kassenorganisationen. Diesen oblag die Verwaltung, Sicherung und Zurichtung eines dauerhaft verwertbaren Bestands an Arbeitskräften. Insgesamt verdeutlicht dies den betont extroversen Charakter der Krankenkassen.

Ihre Hauptaufgabe bestand demzufolge auch darin, die traditionellen Handlungsorientierungen und Identitäten der für den kapitalistischen Produktionsprozeß benötigten Lohnarbeiter abzubauen, „die Ausbildung neuer kollektiver Handlungsorientierungen zu verhindern und stattdessen Wertorientierungen und Lebensformen aufzubauen und zu stabilisieren, die das reibungslose Funktionieren der zentralen Institutionen eines kapitalistischen Systems ermöglichen"[196]. Dies geschah primär durch die „Spielregeln"[197], d.h. das organisationspraktische Wissen und die entsprechenden Verhaltensregeln, welche die Krankenkassen ihren Mitgliedern aufzwangen. Ohne eine Verinnerlichung dieser Regeln wären die Mitglieder kaum zur täglichen Reproduktion der Organisation in der Lage gewesen wären. Beispielsweise mußten die Mitglieder erst lernen, im Krankheitsfall ihren Zustand unter den Titeln zu begreifen, die die Kassen ihnen hierfür vorgaben, da sie ansonsten keine Unterstützungsleistungen bekamen. Darüber hinaus mußten sie sich an bestimmte Räume (Praxis- bzw. Behandlungszimmer, Amtszimmer), an fixe Sprechzeiten, formelle Zuständigkeiten und Hierarchien (Kassenbeamte, Kassenarzt) gewöhnen und wurden des weiteren nach bestimmten Zugehörigkeitskategorien (z.B. Berufsstand) auf die verschiedenen Kassen aufgeteilt. Auf diese Weise wurde schließlich ein „neutraler Durchschnittstyp des Menschen" konstruiert, „bei dem es im Zweifelsfall an Geld oder Gesundheit mangelt[e]."[198] Hierauf werde ich im folgenden Kapitel ausführlich eingehen.

---

196 Rödel/Guldimann 1978, S. 27

197 Vgl. hierzu: Achinger, H.: Soziologie und Sozialreform, S. 44, in: Soziologie und moderne Gesellschaft. Verhandlungen des 14. Deutschen Soziologentages vom 20. bis 24. Mai 1959 in Berlin, Stuttgart 1966, S. 39-52

198 Achinger 1966, S.41f.

V. Die Ordnungsprinzipien der Kassenorganisation im „langen“ 19. Jahrhundert

In diesem Kapitel behandle ich die Art und Weise der praktischen und legitimatorischen Strukturiertheit des organisationalen Gebildes „Krankenkasse“. Wie schon in Kapitel II.2 angesprochen geht es mir hierbei primär um eine Nachzeichnung der Ordnungsprinzipien, das heißt der verwandten Rationalitäts-, Disziplinierungs- und Normalisierungssemantiken der Kassenorganisation innerhalb ihres historisch-spezifischen Entwicklungsprozesses sowie um die Darstellung ihrer Auswirkungen auf das Gesundheits- und Körperverhalten der Kassenmitglieder. Die Vereinigung von Gebilde- und Ordnungsdimension konstituiert dann die spezifische „Formalität“ der Krankenkassenorganisationen, in welcher sich neben der inneren „Organisiertheit“ auch ihre betont extroverse Herrschaftsorientierung widerspiegelt.

1. Krankenkassen als „Transmissionsriemen“ bürgerlicher Gesundheitsnormen in die Unterschichten

Wie schon unter Kapitel III.3. erwähnt, diente die Krankenkassenorganisation dazu, ein an die bürgerlichen Normalitätsstandards „Erwerbsarbeit und Arbeitsbereitschaft“ gekoppeltes normalistisches Konzept von Gesundheit und Krankheit unter den Kassenmitgliedern und in der gesamten arbeitenden Klasse zu verbreiten. Daß der bürgerliche Begriff von Gesundheit als eines Zustandes optimaler, individueller Leistungsfähigkeit sowie hygienischer und vernünftiger Lebensführung im Proletariat letztlich so erfolgreich verbreitet und allgemeinverbindlich werden konnte, lag nach Labisch vor allem daran, daß die Masse der entfremdeten und entwurzelten Lohnarbeiter und ihre Familien in den expandierenden Industriezentren Deutschlands nicht nur ihre traditionellen Gemeinschafts- und Hilfsformen, sondern darüber hinaus sowohl die „‘natürlichen’ Verhaltensregeln ihrer ländlichen Herkunft als auch ihre[..] ‘natürlichen’ Kenntnisse im Umgang mit Krankheit“[199] verloren hatten. Das entstandene Proletariat bildete in der Folgezeit auch keine eigenen Kulturformen aus.[200] Für den auf seine Arbeitskraft als einzigem Subsistenzmittel angewiesenen Lohnarbeiter hatten Gesundheit und Leistungskraft darüber hinaus schon notwendigerweise eine existentielle Bedeutung.

Um die proletarische Zielgruppe nun mit dem bürgerlichen, wissenschaftlich begründeten Gesundheitsbegriff zu erreichen und in deren Sinnhorizont anzusprechen, bediente sich das „neue Bürgertum“ sowohl bereits bestehender Begriffsverbindungen von Gesundheit als auch der für das Proletariat zugänglichen Schulen, Kirchen, Krankenhäuser, besonders aber der Krankenkassen. Über diese Organisationen wurde der Diskurs eines wissenschaftlich begründeten Lebensstils in die arbeitende Klasse hineingetragen. Insbesondere die Krankenkassen erwiesen sich in der Folgezeit faktisch als „Einfallstore“ für unter dem Oberbegriff der „hygienischen Kultur“[201] in die Lebenswelt der Arbeiter und ihrer Familien eindringende medizinisch-hygienische Verhaltensvorstellungen. Nach Frevert wurde der um den disziplinierten (und disziplinierenden) Umgang mit dem eigenen Körper kreisende bürgerliche Gesundheitsdiskurs primär „zu einem Diskurs über Moral, Sitte und kulturelle Hegemonie.“[202] Die Lohnarbeiter fanden nach Labisch ihrerseits in der vorgeblich rein wissenschaftlich-gesundheitlichen Ordnung des Alltags und der Vorstellung des menschlichen Körpers als reibungslos funktionierender Maschine „dieselben Muster des Denkens und Handelns vor, denen sie in der Wissenschaft und Technik industrieller Arbeitswelt begegneten.“[203] Genau wie der Arbeiter in der Fabrik in einen wissenschaftlich geplanten und geordneten, reibungslos funktionierenden Produktionssprozeß eingeordnet wurde und sich kalkulierenden, vorausschauenden Verhaltensregeln zu unterwerfen hatte, so wurde nun das unter dem Begriff der „Arbeiterhygiene“ angestrebte gesunde Körperverhalten zum allgmeinverbindlichen, nicht mehr anzweifelbaren, da wissenschaftlich bewiesenen Verhalten.

Besonderen Stellenwert nahm hierbei das Gebot absoluter körperlicher Sauberkeit ein. Viele Ärzte und Unternehmer gingen davon aus, daß gerade der Mangel an Körperkultur, Disziplin und Sauberkeit Schuld an der hohen Krankheitshäufigkeit der Arbeiter trug. Die meisten Fabrikreglements trugen deshalb in den 1850er Jahren den Lohnarbeitern unter Androhung von Lohn-

199 Labisch 1992a, S. 142
200 Vgl. Stollberg 1983, S. 361
201 Labisch 1992a, S. 167
202 Frevert 1981, S. 309; Grotjahn (1920) bezeichnete z.B. die Hygiene als die „Mutter der Ordnung, der Einfachheit und der Mäßigkeit.“ Zitiert nach: Labisch 1992a, S. 168
203 Labisch 1992b, S. 380

abzügen auf, nicht nur ihre Werkzeuge zu reinigen, sondern auch ihren Körper, als wichtigstes Arbeitsmittel, zu pflegen und sauberzuhalten. In die gleiche Richtung zielten auch Virchows Vorträge „über das kalte Baden“ vor dem Berliner Handwerkerverein.[204] Hier-bei ging es primär darum, den Körper durch regelmäßiges Säubern und Abhärten zu kräftigen und ihn gleichzeitig einer strengen Disziplin zu unterwerfen. Ärzte und Krankenkassen waren hierbei die dominanten Medien über die die bürgerliche Sinnwelt „Gesundheit“ bis zum Übergang von der externen Kontrolle zum internalisierten Selbstzwang in die Arbeiterwohnungen und -Familien getragen wurde. Kassenbeamte, Ärzte und sogenannte Krankenbesucher erwiesen sich damit als die eigentlichen „Speerspitzen der Kolonisierung.“[205] Der bürgerliche Gesundheitsdiskurs war somit das Mittel, um die Lebenswelt der Arbeiter auch außerhalb der Erwerbsarbeit entsprechend zu regulieren. Daß dies letztlich erfolgreich war, beweist gerade die Tatsache, daß sich die überwältigende Mehrheit der Arbeiterschaft sozusagen freiwillig im Rahmen einer „bewußten Gesundheitsbewegung“[206] in die bürgerliche Gesellschaft einpaßte.

In Analogie zu Foucault kann man also davon ausgehen, daß die Krankenkassenorganisation als Medium zur Verbreitung und Durchsetzung von gesundheitsgerechten Verhaltensnormen diente, das heißt, daß sie schlußendlich genau wie beispielsweise die Fabrik, das Gefängnis, die Kaserne, die Psychiatrie oder das Krankenhaus primär die Funktion einer Isolierung, Disziplinierung, Zurichtung, und Kontrolle der Individuen und ihrer Körper ausübte. Dementsprechend große Ähnlichkeiten finden sich denn auch in den angewandten Disziplinartechnologien, der Art der räumlichen Ordnung (innerhalb der die Disziplinartechnologien auf die menschlichen Körper einwirkten) und der Art der Wissensproduktion über das Objekt „Mensch“ bzw. den verobjektivierten menschlichen Körper wieder. In diesem Sinne fungierten die Kassen also als Vermittler einer „als ‘Gesundheit’ in die Gesellschaft diffundierende[n] Normologie individueller und kollektiver Körper“[207]. Der neuartige, auf rein naturwissenschaftlicher Deutung bzw. „biologischer Normativität“ (Canguilhem) beruhende bürgerliche Gesundheitsbegriff „erlaubte, Gesundheit und Krankheit politisch zu kanalisieren, zu individualisieren und zu therapeutisieren“ sowie eine „‘Nihilierung’ [...] tradierter, angesichts der neuen Lebensverhältnisse aber nicht mehr angemessener Formen, mit Gesundheit und Krankheit umzugehen.“[208]

---

204 Zum Diskurs über Sauberkeit und „kaltes Baden“ vgl. Frevert 1981, S. 309

205 Labisch 1989, S. 25

206 Labisch 1992b, S. 380

207 Labisch 1989, S. 21

208 Labisch 1992a, S. 144

Damit übten insbesondere die Krankenkassen einen „bedeutsamen Lerndruck“[209] auf die mehr oder weniger zwangsweise beigetretenen Arbeiter aus. Die einzelnen Kassenmitglieder machten hier nicht nur erste Erfahrungen mit einer durch kollektive Vorsorge ermöglichten gewissen sozialen Sicherheit, sondern kamen auch zum ersten Mal mit medizinischen Experten in Kontakt, „die Krankheit sachlich-objektivierend definierten, diagnostizierten und therapeutisch bearbeiteten.“[210] Auf diese Weise wurde über die Krankenkassen sowohl „von oben“ die „Kolonisation“ als auch „von unten“ die „Assimilation“ der proletarischen Lebenwelt, das heißt die soziale Integration in die bürgerliche „Normalisierungsgesellschaft“ (Foucault) und damit sowohl eine Normalisierung von Lohnarbeit und bürgerlicher Lebensform als auch die Etablierung einer gewissermaßen „normalen“ Beziehung zwischen Reich und Arm (d.h. die legitimatorische Absicherung sozialer Ungleichheit) vorangetrieben.

Für Foucault sind deshalb Normalität und Normalisierung „historische Kategorien innerhalb der Moderne“.[211] Bezüglich des bürgerlichen Gesundheitsdiskurses bedeutet dies, daß das „neue Bürgertum“ den vormodernen Begriff von Gesundheit durch einen neuen Begriff der „Normalität“ als einer Verbindung aus medizinischen und sozialen Normen ersetzte. Diese wissenschaftlich begründete „normalistische Ordnung“ erlaubte die Individualisierung, das heißt die Entmassung und Entsolidarisierung der Individuen mittels systematischer Isolierung, Homogenisierung, Quantifizierung, Qualifizierung und Hierarchisierung anhand von aus dem Kollektiv gewonnenen diagnostischen Durchschnittswerten sowie Normenfixierung. Die bürgerliche Norm wurde „zum Kriterium, nach dem die Individuen sortiert“[212] wurden; ihre Körper wurden „zu bewußt gestalteten Instrumenten der Darstellung, Abgrenzung und Distanzierung“.[213] So entstand die Kategorie des „Durchschnittsmenschen“ (Quételet). Zum einen wurde das Individuum als „beschreibbarer und analysierbarer Gegenstand“ konstituiert, zum anderen „baute sich ein Vergleichssystem auf, das die Messung globaler Phänomene, die Beschreibung von Gruppen, die Charakterisierung kollektiver Tatbestände, die Einschätzung der Abstände zwischen den Individuen und ihre Verteilung in einer

209 Frevert 1984, S. 242

210 Frevert 1984, S. 242

211 Link, J.: Versuch über den Normalismus. Wie Normalität produziert wird. Opladen 1997, S. 136

212 Foucault, M.: Mikrophysik der Macht. Michel Foucault über Strafjustiz, Psychiatrie und Medizin. Berlin 1976, S. 72

213 Labisch 1989, S. 21

'Bevölkerung' erlaubte."[214] Überschritt ein Individuum überprüfbar die entsprechenden Normalitätsgrenzen infolge normabweichenden Verhaltens, so verhielt es sich anormal, was wiederum negative Sanktionen zur Folge hatte (z.B. den Ausschluß oder die Verweigerung der Aufnahme in eine Krankenkasse).

Inwieweit ein Individuum unter obigen Gesichtspunkten als „gesund" und damit der Durchschnittsnorm des arbeitsbereiten und -fähigen, disziplinierten, sittlich und moralisch lebenden Lohnarbeiters entsprechend eingestuft wurde oder aber unter die diskriminierende Kategorie eines die Normalität sprengenden Ereignisses der „Krankheit" fiel, begriffen als individuelle Abweichung von der Arbeitsnorm bzw. als anormaler körperlicher oder geistiger Zustand, „der die Notwendigkeit einer Heilbehandlung oder die Erwerbsunfähigkeit zur Folge hat"[215], ergab sich durch einen „sozialen Zuschreibungsprozeß auf naturwissenschaftlicher Grundlage".[216]

Das legitimierende Medium hierfür war die moderne Medizin, die nach Foucault als „Wissenschaft vom Normalen und Pathologischen" zur „Königin der Wissenschaften"[217] in der bürgerlichen Normgesellschaft aufstieg. Ihre legitimierende Macht und ihr „Macht-Wissen" (Foucault) gewann die Medizin nun gerade aufgrund des von ihr geführten entdeckenden und beurteilenden Diskurses über den Körper[218]. Auf Grundlage ihrer scheinbar wertfreien wissenschaftlich-rationalen Ergebnisse konnte ein dualistisches Differenzierungsschema normal–anormal bzw. gesund–krank sozial konstruiert werden, welches zum einen auf Grundlage von statistischen Durchschnitten und Klassifizierungen eine selektive Zurechnung und Stigmatisierung von Verhaltensweisen, zum anderen eine „zwanghafte Einstufung und disziplinierende Aufteilung"[219] der Individuen erlaubte. Dies ermöglichte es, unter dem Vorwand der Gesundheitsschädlichkeit alle diejenigen proletarischen Gewohnheiten als anormal zu diffamieren und auszugrenzen, die mit den bürgerlichen Standards einer zweckrationalen, effizienzorientierten Lebensführung und einem verantwortungsbewußten Gesundheitsverhalten als nicht vereinbar schienen. Insbesondere Arbeitsscheu, Schmutz, Alkohol und „Unkeuschheit" wurden so

214 Foucault, M.: Überwachen und Strafen. Die Geburt des Gefängnisses. Frankfurt/Main 1994, S. 245

215 Krankheitsdefinition des Preußischen Oberverwaltungsgericht vom 9. Juni 1902. Zitiert nach: Krasney, O.-E.: Zum Krankheitsbegriff in der Entwicklung der gesetzlichen Krankenversicherung, S. 412, in: Zeitschrift für Sozialreform, 1976, S. 411-428

216 Tennstedt 1983a, S. 449

217 Foucault 1976, S. 72

218 Vgl. Foucault, M.: Die Geburt der Klinik. Eine Archäologie des ärztlichen Blicks. Frankfurt/Main 1996

219 Foucault 1994, S. 256

als pathologische Faktoren gekennzeichnet, deren Ursache primär im entsittlichten Lebenswandel der Unterschichten zu suchen sei. Auf diese Weise wurde ein massiver „Horror und Terror gegen die 'Anormalen' und gegen jede Art von 'Abweichung' auch bei den 'Normalen'„[220] geschürt und eine soziale Trennung der pathologisch „Anormalen" von den „Normalen" mittels symbolischer und materieller Mauern betrieben (beispielsweise über die „Einschließung" der „Anormalen" in Krankenhäusern, Irrenanstalten, Armen- und Arbeitshäusern).

Im Fall der Krankenkassen vollzog sich dieser herrschafts-funktionale Trennungsprozeß über den Ausschluß der Armen, „Arbeitsunwilligen", unheilbar und chronisch Kranken sowie aller sonstigen, nicht in einem „normalen" Lohnarbeitsverhältnis stehenden Individuen (z.B. Hausfrauen und Kinder) von der Kassenmitgliedschaft und gegebenenfalls den Verweis auf die kommunale Armenfürsorge, was einer sozialen Stigmatisierung als „anormal" gleichkam. Die Kassenverwaltungen erhoben in der Regel umfangreiche Krankendaten und legten regelmäßig Statistiken über die Art der gewährten Kassenleistungen und die Häufigkeit an, mit der die verschiedenen Leistungen (Medikamente, ärztliche Hilfe, Krankengeld) in Anspruch genommen wurden, die Art der aufgetretenen Erkrankungen, Verletzungen und Unfälle sowie über die durchschnittlichen Krankheitsfälle und die Krankheitsdauer pro Mitglied.[221]

Auf diese Weise konnte jedes Kassenmitglied am statistischen Normdurchschnitt gemessen und entsprechend des Abstandes vom Durchschnitt eingeordnet werden. Im Endeffekt wurden so vorzugsweise „gesunde", bzw. mit einer hohen Wahrscheinlichkeit auch zukünftig „gesund" bleibende, in einem (relativ) festen Arbeitsverhältnis stehende Lohnarbeiter zur Kassenmitgliedschaft zugelassen.[222] Um ein erkranktes Mitglied zur baldigen Wiederherstellung seiner Leistungsfähigkeit zu bewegen, zahlten die meisten Kassen bei nachgewiesener Arbeitsunfähigkeit und Leistungsberechtigung nur ein durchschnittliches Krankengeld von maximal 50 % des Normallohns. Die Zahlung begann jedoch erst ab dem dritten Krankheitstage und war zeitlich begrenzt (i.d.R. auf 13 bzw. 26 Wochen). Darüber hinaus verweigerten die meisten Krankenkassen rigoros eine Unterstützungsleistung bei sogenannten diffamierenden Krankheiten wie Krätze oder Syphilis, sowie bei Geisteskrankheiten und bei Arbeitsunfähigkeit, die „auf 'grobes Selbstverschulden', also Leichtsinn, 'ausschweifendes Leben', 'Völlerei' [Alkoholismus, d. Verf.]

220 Link 1997, S. 140

221 Eine ausführliche Beschreibung am Beispiel der Fabrikkassen findet sich bei: Frevert 1984, S. 210ff.

222 Vgl. Reininghaus 1983, S. 289

oder 'Schlägerei' zurückgingen".[223] Die Kassenmitglieder mußten sich so zwangsläufig den von den Kassen vorgegebenen und in den Kassenstatuten beziehungsweise dem „Kassenkodex" festgeschriebenen „normalen" bürgerlichen Verhaltensnormen anpassen, da sie ansonsten im Erkrankungs- oder Verletzungsfall keine oder nur massiv gekürzte Leistungen von ihrer Kasse erhielten.

Besonders rigoros gingen die Kassen bei vermeintlichem Leistungsmißbrauch vor. Hiervon betroffen waren vor allem die sogenannten Simulanten, welche nach Kassensicht durch eine „unberechtigte" Krankschreibung eine schwere Normverletzung begangen hatten, da sie sich unberechtigterweise unter Inanspruchnahme der Kassenleistungen aus dem Arbeitsprozeß (vorübergehend) zurückziehen wollten, sowie Mitglieder, die trotz ärztlich bescheinigter Arbeitsunfähigkeit einer Nebenbeschäftigung nachgingen. Sie verstießen gegen die in den Kassenstatuten fest umrissene, „normale" Krankenrolle und mußten bei Entdeckung beziehungsweise Denunziation mit einem Kassenausschluß oder einer Leistungssperre rechnen.

Die von den Kassen vorgenommene soziale Trennung zwischen „normalem" und „anormalem" Verhalten sowie die entsprechende Verhaltenssanktionierung schlugen sich in einer „Denormalisierungs-Angst"[224] aller als „normal" klassifizierten Mitglieder nieder. Diese Angst förderte bei den Kassenmitgliedern „alle Arten von protonormalistischen Verfahren zur [...] Fixierung verläßlicher Normalitätsgrenzen."[225] So wurde die rigide Ausgrenzung der „Anormalen" aus den Kassen durch die Mitglieder selbst verfestigt und damit die organisational erzeugte Zentrums-Peripherie-Differenzierung permanent reproduziert. Ein solcher durch die Kassen verbreiteter normalistischer Gesundheitsbegriff hatte nun überhaupt nichts mehr mit den vormodernen Begriffen von Gesundheit als Resultat einer gottgefälligen Lebenstätigkeit und Krankheit als Folge von Sünde oder göttlicher Prüfung gemein. Vielmehr wird deutlich, daß das rationalistische bürgerliche Gesundheitsdispositiv „sozusagen diskursiv und praktisch quergekoppelt [...] an körperliche [...] Dressurleistungen [...] und an industrielle Normierungen"[226] war.

---

223 Reininghaus 1983, S. 288; vgl. auch: Asmuth, M.: Gewerbliche Unterstützungskassen in Düsseldorf. Die Entwicklung der Krankenversicherung der Arbeitnehmer 1841 bis 1884/85, Diss., Köln 1984, S. 106; Stollberg 1983, S. 353ff.

224 Link 1997, S. 139

225 Link 1997, S. 139

226 Link 1997, S. 136

2. Krankenkassen als Anwendungsfeld der Versicherungstechnologie

Während, wie in Kapitel III.1. dargestellt, vor- und frühkapitalistische Selbsthilfekassen auf dem Prinzip der gegenseitigen, kollektiven Unterstützung nach Bedürftigkeit in allen prekären Lebenslagen beruhten, setzte sich im „langen" 19. Jahrhundert bei den modernen Krankenkassen das bürgerliche Assekuranzprinzip durch. Die Kranken-Versicherung als Modus der Bearbeitung möglicher Schadensereignisse war aber grundsätzlich keine Erfindung der Moderne. Vielmehr wurde sie im 19. Jahrhundert von den sich bereits seit etwa dem 16. Jahrhundert auch in Deutschland verbreitenden privatwirtschaftlichen (kaufmännischen) Versicherungen (z.B. Transport-, See- und Feuerversicherungen) auf das Krankenkassenwesen übertragen.[227] Auf diese Weise entstanden die modernen, auf die Bearbeitung des Krankheitsrisikos spezialisierten „Krankenversicherungskassen".

Charakteristisch für die prinzipiell universell einsetzbare Versicherungstechnologie war, daß sie angesichts der verheerenden sozialen Folgen der Etablierung kapitalistischer Produktionsverhältnisse an die Stelle des überkommenen liberalen Rechtssystems der persönlichen Zurechnung von Schuld und Verantwortung ein soziales und korrektives Recht, das sogenannte „Sozialrecht", setzte, welches sich auf die gemeinsame Verantwortung der Gesamtgesellschaft für die Linderung von als „normale Risiken" begriffenen sozialen Ungleichheiten und Mißständen berief. Diese Form der versicherungsmäßigen Bearbeitung von gesellschaftlichen Ereignissen kann als fundamentales „Novum in der Konstitutionsweise moderner Gesellschaften und Kulturen"[228] bezeichnet werden. Die täglich erlittenen Übel und sozialen Belastungen der Masse der Proletarier – Ausbeutung, Entfremdung, Massenelend und Existenznot (z.B. infolge von Erkrankung, Arbeitslosigkeit oder

227 Zur Entwicklungsgeschichte der Versicherungen und der Übernahme ihrer Prinzipien in die Sozialversicherung vgl.: Bogs, 1959, S. 276-296; Grosse, W.: Versicherungsgeschichte (I), in: Handwörterbuch der Sozialwissenschaften (HDSW), 11. Band, Göttingen; Stuttgart; Tübingen 1961, S. 213-217; Hangartner, J.-M.: Versicherungsgeschichte (II), in: Handwörterbuch der Sozialwissenschaften (HDSW), 11. Band, Göttingen; Stuttgart; Tübingen 1961, S. 217-222; Herold, H.: Voraussetzungen und Ursprünge der Sozialversicherung, S. 111ff. in: Schweizerische Zeitschrift für Sozialversicherung, 9, Bern 1965, S. 98-126; Schmidt, R.: Krankenversicherung (I), in: Handwörterbuch der Sozialwissenschaften (HDSW), 6. Band, Göttingen; Stuttgart; Tübingen 1959, S. 276-283; Weddigen, W.: Sozialversicherung (I), in: Handwörterbuch der Sozialwissenschaften (HDSW), 9. Band, Göttingen; Stuttgart; Tübingen 1956, S. 594-604; Wehler, 1987b, S. 117ff.

228 Link 1997, S. 142

Arbeitsunfall) – wurden nun also nicht mehr als durch die kapitalistische Produktionsweise bzw. das Profitstreben oder Fehlverhalten konkret benennbarer Kapitalisten verschuldet begriffen.

Vielmehr übernahm man hierfür aus dem privaten Versicherungswesen den Begriff des Risikos. Dort beschrieb das jeweilige Risiko zunächst eine Wahrscheinlichkeitsverteilung von bestimmten Schäden bzw. schädigenden Ereignissen. Ewald geht über eine solch technische Definition hinaus und verdeutlicht, daß das Besondere und fundamental Neue des Risikos seine spezifische Betrachtungs- bzw. Umgangsweise mit Ereignissen und Gefahren in der Realität, welche einem Kollektiv von Individuen bzw. den von ihm besessenen Werten oder Kapitalien widerfahren könnten, ausmacht. Typisch für ein derartiges versicherbares Risiko ist nach Ewald, daß es grundsätzlich kalkulierbar sein muß. Dies setzt zunächst die Schaffung eines normalistischen homogenen Feldes quantitativer Vergleichbarkeit voraus, welches durch das Rechtsprinzip des „sozialen Rechts“ konstituiert wird. Die eigentliche Erfassung und Kalkulation geschieht dann auf der Basis des in diesem Normalfeld gesammelten umfangreichen empirischen Datenmaterials mit Hilfe der Statistik und der Versicherungsmathematik, insbesondere der Wahrscheinlichkeitsrechnung.

Um auf diese Weise kalkulierbar zu sein, muß das Risiko immer kollektiv sein, das heißt es muß sich auf eine ganze Population und nicht nur auf ein bestimmtes Individuum beziehen. Darüber hinaus stellt das Risiko ein Kapital dar, dessen möglicher Verlust durch den Versicherer pauschal finanziell kompensierbar ist. Betrachtet man mit Stolleis Krankheit als „Massenphänomen der Industriegesellschaft“[229], so wird deutlich, daß diese Risikodefinition auch in unserem Fall greift; Krankheit kann demnach ein versicherbares Risiko sein. Für Ewald zeichnet sich eine Versicherung nun gerade nicht durch die konkrete Praxis der Entschädigung oder Ersatzleistung für ungewisse, aber mögliche Ereignisse aus, sondern durch die Anwendung eines bestimmten Rationalitätsschemas beziehungsweise „die Praxis eines bestimmten Rationalitätstyps“[230], durch die bestimmte Elemente der Realität auf Grundlage eines Wahrscheinlichkeitskalküls zerlegt, neu zusammengesetzt und geordnet werden.[231]

Bei der Übertragung dieses Risikobegriffs auf verschiedene gesellschaftliche Bereiche – darunter auch das Krankenkassenwesen – erfolgte dann seine

229 Stolleis, M.: Hundert Jahre Gesetzliche Krankenversicherung, S. 615, in: Zeitschrift für Sozialreform, Heft 9/10 1983, S. 612-623

230 Ewald, F.: Der Vorsorgestaat, Frankfurt/Main, 1993, S. 211

231 Eine ähnliche, aber betriebswirtschaftliche Definition für „Versicherung“ und „Risiko“ findet sich auch bei Farny, D.: Versicherungsbetriebslehre, Karlsruhe 1989, S. 13, 17ff.

Umwandlung von einer rein versicherungstechnischen in eine soziale Kategorie. Mit der Kategorie des sozialen Risikos drückte man nun aus, daß die dem Proletariat widerfahrenden Übel „normale", das heißt grundsätzlich jederzeit und für jedes Individuum mögliche und zufallsabhängige, aber „hinsichtlich der individuellen Verhaltensweisen neutrale[..], sozusagen ordnungsgemäße[..]"[232] Folgen des unverzichtbaren Zusammenwirkens aller Individuen, also primär von Lohnarbeitern und Kapitalisten, im gemeinsamen Streben nach gesellschaftlichem Fortschritt und Steigerung des Gemeinwohls seien. Auf diese Weise wurde das soziale Risiko „zum allgemeinen Objektivierungsprinzip sozialer Probleme,"[233] welche nach Ewald erst dann gelöst werden konnten, wenn man sie eben als Risiken auffaßte. Dies ermöglichte es, die aufgrund der kapitalistischen Vergesellschaftung des Proletariats eingetretene äußerst prekäre Subsistenzsicherung in einzelne, scheinbar klassenübergreifende soziale Risiken wie dem von Krankheit, Alter, Invalidität oder Arbeitslosigkeit aufzuspalten und einzelnen funktional spezialisierten Versicherungsorganisationen zuzuordnen. Durch diese grundsätzlich veränderte Betrachtungsweise individueller und gesellschaftlicher Ereignisse als Risiken vollzog sich die Umstellung des Regulationsmodus gesellschaftlicher Prozesse vom Prinzip der individuellen Verantwortung hin zum Prinzip des sozialen Risikos. Letzteres wurde so „zugleich soziales Prinzip der Identifikation und allgemeine Bewertung der Moralität der Verhaltensweise"[234]; in unserem Fall also konkret zur Identifikation und Bewertung des Gesundheits- und Krankenverhaltens der in den Krankenkassen Versicherten.

In Anlehnung an Ewald und Defert kann man die Krankenversicherung als politische „Technologie des Krankheits-Risikos"[235] definieren. Die von der Versicherung bereitgestellte Technologie führte die Kategorien der Ungewißheit und des Zufalls in den Kapitalkreislauf ein. Damit ermöglichte sie dem Gebilde „Versicherung" die Akkumulation von ökonomischen Ressourcen (Kapital) in Form von Versichertenbeiträgen. Darüber hinaus wirkte sie konkret auf die soziale Befriedung beziehungsweise Ruhigstellung der Konflikte und Verteilungskämpfe zwischen den antagonistischen Klassen hin. An die Stelle der konfrontativen Geltendmachung eines (sich in der Regel in höheren Lohnforderungen als Kompensationsleistung ausdrückenden) mehr oder we-

---

232 Ewald 1993, S. 21

233 Ewald 1993, S. 22

234 Ewald 1993, S. 22

235 Vgl. Defert, D.: „Popular life" and insurance technology, S. 231f., in: Burchell, G./Gordon, C./Miller, P. (Hrsg.): The Foucault Effect. Studies in Governmentality, Hemel Hempsted 1991, S. 211-233; Ewald, F.: Insurance and risk, S. 198, in: Burchell, G./Gordon, C./ Miller, P. (Hrsg.): The Foucault Effect. Studies in Governmentality, Hemel Hempsted 1991, S. 197-210; Ewald 1993, S. 209

niger individuellen Anspruchs der Arbeiter aus gesundheitlichen Folgeproblemen ihrer Lohnarbeiterexistenz gegenüber dem Fabrikherrn setzte sie nämlich ein beide Konfliktparteien verbindendes soziales Band. Nunmehr gab es nur noch Versicherte, die im Falle der Krankenversicherung aufgrund ihrer an den Arbeitslohn gekoppelten Beiträge unter gewissen Bedingungen ein individuelles und einklagbares Anspruchsrecht auf bestimmte, administrativ genau geregelte Leistungen der Krankenversicherung hatten.

Auf diese Weise gelang es, den Konflikt um die gesundheitlichen Bedingungen der Reproduktion der Arbeitskraft vom Grundkonflikt um die Arbeitsbedingungen im Betrieb abzutrennen, aus den Fabriken herauszudrängen, quasi stillzulegen und zu individualisieren. Was also andernfalls hätte offene Klassenkonflikte auslösen können, wurde „in die Form *politischer* Konflikte oder Rechtsauseinandersetzungen transformiert, wobei die Risiken und die Art ihrer Bearbeitung von vornherein so definiert [waren, d. Verf.], daß die Struktur des Kapitalverwertungsprozesses unmittelbar kaum berührt"[236] wurde. Das Versicherungssystem bezog sich damit gerade nicht auf eine durch den Klassenantagonismus gespaltene Gesellschaft, sondern auf die durch vermeintlich klassenunabhängige soziale Risiken gekennzeichnete homogene Gesellschaft. Die so definierte Gesamtbevölkerung unterschied sich nur noch nach der jeweiligen Größe der sozialen Risiken, die durch individuelle Merkmale wie Lebensalter, Geschlecht oder Beruf bestimmbar waren und sogenannte Risikoklassen zugeordnet werden konnten, was die quantifizierende Einordnung beziehungsweise Positionierung jedes Individuums innerhalb der homogenen Normalitätsgesellschaft entsprechend seines Abstands bezüglich eines statistischen Durchschnittsrisikos erlaubte. Anstatt Arbeit und Kapital als antagonistische Klassen einander gegenüber zu stellen, lieferte die Versicherung gleichermaßen Schutz für beide und überwand damit (zumindest scheinbar) die Klassengrenzen. Deshalb wurde die Versicherung zu einem effektiven Palliativmittel gegen die vom Bürgertum gefürchtete proletarische Revolution. Vor allem die Etablierung der gesetzlichen Sozialversicherung diente nach Ewald denn auch primär als „Versicherung gegen Revolutionen."[237]

Hinzu kommt, daß es die Versicherungstechnologie nach Defert ermöglichte, die traditionellen Vergemeinschaftungs- und Solidaritätsformen der Arbeiterbewegung zu marginalisieren und zu reorganisieren. Die ursprünglichen Formen der gemeinschaftlichen, kollektiven Selbsthilfe wurden mittels der Technologie der Versicherung durch einen neuen anonymen Mechanismus der Individualisierung ersetzt, der nicht auf Konfrontation, sondern auf

236 Lenhardt/Offe 1977, S. 110f. [kursiv im Original]
237 Ewald 1991, S. 209

die Gegenseitigkeit in einer Kollektivität verwies. Vermittels dieses Mechanismus' wurden die Arbeiter nicht mehr untereinander, sondern als (konkurrierende) Rechtssubjekte mit der bürgerlichen Gesellschaft beziehungsweise ihrer Rechtsordnung verbunden.

Auch die Krankenversicherung funktionierte auf der Grundlage einer Allgemeinheit des Risikoprinzips. Dies bedeutete, daß jedes Versicherungsmitglied einerseits unterschiedlich großen Risiken ausgesetzt war, andererseits für alle Mitglieder einen Risikofaktor darstellte. Die Versicherungstechnologie ermöglichte nun jenseits der konkreten Individuen eine Individualisierung des Risikos. Dieses wurde nicht an einer abstrakten Norm, sondern an der Gesamtheit der Versicherungsmitglieder, d.h. an einer Durchschnittsindividualität bemessen, auf deren Basis dann die konkreten individuellen Krankheitsrisiken kalkuliert werden konnten. So wurde ein „neutraler Durchschnittstyp des Menschen" konstruiert, „bei dem es im Zweifelsfall an Geld oder Gesundheit mangelt[e]"[238].

Nach Frevert teilten alle Versicherten das gemeinsame Interesse an möglichst niedrigen Versicherungsbeiträgen. Da sich in der Regel jedoch die Beiträge an den aufgrund der ermittelten Durchschnittsrisiken kalkulierten Leistungsaufwendungen der Versicherung für erkrankte Mitglieder bemaßen, führte dies dazu, daß die Versicherten ein Interesse daran entwickelten, daß zum einen nur möglichst „gute" Risiken, das heißt möglichst junge und gesunde Lohnarbeiter in die Kasse aufgenommen wurden, zum anderen die erkrankten Mitglieder den Genesungsprozeß durch gesundheitsförderliches Verhalten beschleunigten. Dem Versicherteninteresse nach niedrigen Beiträgen kamen die Kassen entgegen, indem sie beispielsweise von jedem Aufnahmewilligen vor dem Eintritt ein ärztliches Gesundheitsattest verlangten und in ihren Statuten rigide Kontroll- und Ausschlußbestimmungen sowie regelmäßig einen sogenannten „Selbstverschuldungsparagraphen" festschrieben, der sie in bestimmten Fällen von ihrer Leistungspflicht befreite. Reininghaus berichtet unter anderem von Kassen, in denen alle Personen, die das vierzigste Lebensjahr überschritten hatten, als „Versicherungsrisiko" eingestuft wurden und bei einer Neuaufnahme in die Kasse generell das doppelte Eintrittsgeld bezahlen mußten.[239]

Darüber hinaus wurden von allen Krankenkassen „Vorkehrungen getroffen, daß die anspruchsberechtigten Kassenmitglieder ihre Rechte nicht allzu extensiv nutzten"[240], das heißt sich gegenüber ihrer Kasse kostenbewußt verhielten. Dies äußerte sich einerseits in einem in beziehungsweise von der

238 Achinger 1966, S. 42
239 Vgl. Reininghaus 1983, S. 287
240 Frevert 1984, S. 261

Kasse erzeugten „informellen Druck, nur in ausgesprochenen Notfällen krank zu feiern" und entsprechende Leistungen in Anspruch zu nehmen, andererseits aber auch in der Etablierung eines umfangreichen Systems gegenseitiger Überwachung und Bespitzelung, zu dem unter anderem das große Netz der ehrenamtlichen und hauptamtlichen Krankenbesucher beziehungsweise Krankenkontrolleure zählte.[241]

An die Stelle der kollektiv-solidarischen Unterstützung eines hilfsbedürftigen Klassengenossen entsprechend der verfügbaren materiellen Ressourcen und des konkreten Hilfsbedarfs trat mit der Versicherung das Angebot einer individuellen Lösung der jeweiligen Reproduktionsprobleme. Diese Lösung bestand einerseits in einem individuellen Vorsorgeverhalten, wobei sich die beanspruchbaren Leistungen in der Regel nach der Versicherungsdauer und der Höhe der kontinuierlich gezahlten Beiträge richtete, andererseits hingen die individuell realisierten Leistungsansprüche stark von der Rechtskundigkeit des einzelnen Versicherten ab, ohne die dieser seine Ansprüche gegenüber der Kasse kaum durchsetzen konnte. Der einzelne versicherte Arbeiter lernte so, daß „eine zeitweilige Unterbrechung des Erwerbs aufgrund einer unverschuldeten Krankheit nicht sogleich ein völliges Herausfallen aus dem Lohnarbeitsverhältnis"[242] und damit die existentielle Bedrohung der ganzen Familie zur Folge hatte, sondern durch vorsorglich einbezahlte Krankenversicherungsbeiträge abgefedert und überbrückt werden konnte. Damit wurde es den Versicherten möglich, „sich in längeren Zeiträumen einzurichten, indem Lebensrisiken den Charakter persönlicher Katastrophen verloren und – in begrenztem Maße – auch für sie selbst kalkulierbar wurden."[243]

Bei der Beschreibung der Versicherung ist jedoch zu beachten, daß im Gegensatz zu den traditionellen Solidaritätsformen die Mitglieder einer Versicherung keinen Einfluß auf die Beitragserhebung oder gar einen direkten

---

241 Viele Krankenkassen verpflichteten ihre Mitglieder per Statut dazu, darauf zu achten, ob krank geschriebene Mitglieder wirklich krank waren oder sich auf Kosten der Kasse einigefreie Tage gönnten. Zu ihren Aufgaben gehörte es, Kranke unangemeldet zu Hause zu besuchen und sich davon zu überzeugen, ob der Betreffende wirklich krank und arbeitsunfähig war und sich an die ärztlichen Verhaltensanweisungen hielt. Wurde ein Kranker z.B. bei körperlicher Arbeit oder im Wirtshaus erwischt, so hatte dies i.d.R. die Sperrung des Krankengeldes zur Folge. In größeren Kassen wurden ehrenamtliche Krankenkontrolleure gewählt, z.T. auch hauptamtliche Kontrolleure eingestellt. 1896 verfügte z.B. die große Ortskrankenkasse für Leipzig und Umgebung über 184 ehrenamtliche und 13 hauptberufliche Krankenbesucher. Erstere führten 1896 79.332, letztere 146.899 Besuche durch, was einer Kontrolldichte von durchschnittlich zwei Besuchen pro Mitglied entsprach. Vgl. Asmuth 1984, S. 148; Frevert 1984, S. 261; Labisch 1992a, S. 182; Tennstedt 1983a, S. 451

242 Frevert 1981, S. 307f.

243 Frevert 1981, S. 308

Zugriff auf die materiellen Ressourcen der Versicherung, das heißt die akkumulierten Versichertenbeiträge hatten und individuelle Unterstützungsleistungen nur in dem administrativ festgelegten Umfang und unter Einhaltung der vorgeschriebenen Verfahrensregeln erhalten konnten. Was die Versicherung von den Formen traditioneller Arbeitersolidarität und -selbsthilfe also unterschied, war gerade nicht, daß sie die Lasten individueller Schäden auf ein Kollektiv umverteilte, sondern vielmehr, „daß sie es gestattet[e], diese Umverteilung nicht mehr in Form einer Hilfeleistung oder einer Wohltat vorzunehmen, sondern gemäß einer Regel"[244] beziehungsweise einer Rechtsnorm. Jeder Versicherte hatte nun einerseits entsprechend dieser „Spielregeln" den für ihn ermittelten Beitrag von seinem Lohn an die Versicherung zu leisten und erhielt auch nur bei Einhaltung der jeweiligen Verhaltensregeln und -vorschriften seinen Anspruch gegenüber der Versicherung auf Unterstützungsleistungen aufrecht.

Für Ewald bestand die besondere Aufgabe der Versicherungstechnologie nicht so sehr in der „Ökonomisierung" der Lebensführung der Individuen. Vielmehr setzte die Versicherung eine „bestimmte Art und Weise voraus, in der ein jeder sich selbst und in seinem Verhältnis zu den anderen objektiviert[e]."[245] Das bedeutet, daß die Versicherung den einzelnen Menschen beziehungsweise seine Gesundheit als ein Kapital erscheinen ließ, mit dem dieser wirtschaftlich umgehen, das er pflegen und erhalten mußte, um persönlich einen maximalen Gewinn zu erzielen. Mit der Übernahme dieser Sichtweise durch die Versicherten war eine auf der Gleichheit aller beruhende Solidarität jedoch zwangsläufig unvereinbar.

Darüber hinaus stellte die funktional ausdifferenzierte Sozialversicherung der Arbeiter eine gangbare Form der seit langem angestrebten Trennung der Unterstützungskassen von den Streikkassen der Arbeiterbewegung dar. Insofern bildete die deutsche Variante der (weitgehend zwangsweisen) Krankenversicherung der Lohnarbeiter in der Tat einen „Raum geregelter Freiheit"[246] zwischen den beiden Polen einer freiwilligen paternalistischen Arbeitgeberfürsorge und einer obligatorischen Staatsversorgung. Für Defert bot die Versicherung den Lohnarbeitern langfristig allerdings lediglich die Versicherung ihrer Gesundheit. Seiner Meinung nach brachte sie auf diese Weise die Proletarier dazu, zu arbeiten und zu sparen, um sich gegen den Verlust einer Gesundheit zu versichern, die sie in dieser Form gar nicht besaßen.[247]

---

244 Ewald 1993, S. 219
245 Ewald 1993, S. 225
246 Defert 1991, S. 231
247 Vgl. Defert 1991, S. 232

3. Zur Rolle der Kassenärzte bei der Normierung und Kontrolle des Gesundheitsverhaltens der Kassenmitglieder

Nach Frevert bestand eine der wichtigsten Aufgaben der Krankenkassen darin, „das Krankheitsverhalten ihrer Mitglieder in Richtung auf einen disziplinierten (und disziplinierenden) Umgang mit dem Körper unter der Kontrolle der ärztlichen Profession zu beeinflussen."[248] In diesem Sinne ist bemerkenswert, daß ab der Mitte des 19. Jahrhunderts und damit bereits vor Inkrafttreten des Krankenversicherungsgesetzes von 1883, welches die eigentliche gesetzliche Grundlage für Einzelverträge zwischen Ärzten und Kassen schuf[249], viele Krankenkassen damit begannen, die medizinische Bearbeitung ihres primären Organisationsgegenstandes „Krankheit" an außenstehende professionelle Experten, die sogenannten Kassenärzte, zu delegieren. Diesen, in der Regel dem Bürgertum entstammenden Ärzten oblag die sachgerechte medizinische Behandlung sowie die soziale Kontrolle und Disziplinierung der erkrankten Kassenmitglieder. Sie entschieden relativ autonom über die einzuschlagenden, für die Versicherten zumeist unentgeltlichen medizinischen Heilverfahren, die Notwendigkeit einer Krankenhausbehandlung sowie über den Zeitraum, in dem ein Patient arbeitsunfähig war und demzufolge Krankengeld von der Kasse beanspruchen konnte.[250]

Auf diese Weise erhielt der akademische Arzt nach Labisch ein gesellschaftliches Definitions- und Handlungsmonopol verliehen, was ihn zum öffentlich legitimierten „Sachwalter der Körperlichkeit"[251] machte. Die moderne naturwissenschaftlich-rationale, vorgeblich „wertfreie" Medizin stand ihm hierbei als „offizielle Weltexpertise" bzw. „legitimatorische Stützkonzeption" (Berger/Luckmann) zur Verfügung. Der akademisch gebildete Kassenarzt wurde von der Krankenkasse also zum „sachkundigen Richter über den Gesundheitszustand eines Mitgliedes"[252] gemacht. So sollte gewährleistet werden, daß ein „objektives" Urteil über das körperliche Befinden des Patienten

---

248 Frevert 1981, S. 308

249 Vgl. hierzu u.a. Feige, L.: Sozialpolitische Analyse der Organisation von Interessen in der Gesetzlichen Krankenversicherung. Von den Anfängen der sozialen Sicherung bis zur Notgesetzgebung 1932 in Deutschland, Diss., Köln 1980, S. 75ff.

250 Frevert weist nach, daß sich eine solche Funktionsbeschreibung des Kassenarztes z.B. „in so gut wie allen Statuten, die zwischen 1850 und 1880 für Gesellenkassen ausgearbeitet und genehmigt wurden" (1984, S. 267), wiederfand.

251 Labisch 1989, S. 32

252 Frevert 1984, S. 268

gefällt und die effizienteste Heilbehandlung zur Wiederherstellung der mit „Gesundheit“ verbundenen Arbeitsfähigkeit gewählt wurde.

Für die Krankenkassenverwaltung reduzierte sich „Krankheit“ damit zunehmend auf einen Kostenfaktor, den es zu minimieren galt. Zwar verlor die Kassenbürokratie mit der Auslagerung die eigentliche Kompetenz, um selbständig über die sachliche Berechtigung eines Leistungsanspruchs des Mitgliedes enscheiden zu können. Diesem Verlust von „Definitionsmacht“ stand nach Frevert jedoch gegenüber, daß „Konfliktzonen“ bereinigt werden konnten, die bis dahin die Atmosphäre und das Vertrauensverhältnis zwischen Mitgliedern und Verwaltung in den Kassen schwer belastet hatten. Die Delegation der Entscheidung, ob ein Mitglied „gesund“ oder „krank“ im Sinne des Vorliegens einer Anspruchsberechtigung auf Unterstützungsleistungen war, an einen quasi außenstehenden Experten „versachlichte den Zuteilungsprozeß“[253] und ermöglichte die „soziale Pazifizierung“[254] der Kassen. Sie trug dazu bei, daß größere Konflikte zwischen den Versicherten und „ihren“ Kassen beziehungsweise den Kassenbeamten unter Berufung auf den scheinbar unabhängigen und objektiven ärztlichen Befund vermieden werden konnten.

Durch den Anstellungs- beziehungsweise Dienstvertrag mit einer Krankenkasse verwandelte sich der vormals „freie“ praktische Arzt, der fast ausschließlich Privatpatienten behandelt hatte, zu einem „Spezialisten für versicherte Arbeiter“[255]. Dies stabilisierte seine Einkommenssituation und ermöglichte gleichzeitig die Ausdehnung von regulärer ärztlicher Versorgung und bürgerlichen Verhaltensstandards auf die produktiven Teile des Proletariats. Während vor Inkrafttreten des Krankenversicherungsgesetzes von 1883 nämlich durchschnittlich nur zwei Prozent der Bevölkerung krankenversichert waren, stieg ihre Zahl nach 1883, wie bereits in Kapitel IV.3. dargestellt, sprunghaft an und lag 1914 schon bei ca. 23 Prozent (vgl. Tabelle 1 im Anhang). Auf jedes dieser Versicherungsmitglieder entfielen zusätzlich nach Göckenjan noch ungefähr zwei bis drei mitversicherte Familienmitglieder. Damit waren zu diesem Zeitpunkt etwa 35 Prozent der Reichsbevölkerung direkt oder indirekt in die Leistungen und Verhaltenskontrollen der Krankenkassen einbezogen.[256]

---

253 Frevert 1984, S. 269

254 Labisch, A.: Doctors, Workers and the Scientific Cosmology of the Industrial World: The Social Construction of „Health“ and the „Homo Hygienicus“, S. 603, in: Journal of Contemporary History, Bd. 20, 1985, S. 599-615

255 Göckenjan, G.: Medizin und Ärzte als Faktor der Disziplinierung der Unterschichten: Der Kassenarzt, S. 289, in: Sachße, C./Tennstedt, F. (Hrsg.): Soziale Sicherheit und soziale Disziplinierung, Frankfurt/Main 1986, S. 286-303

256 Vgl. Göckenjan, G.: Kurieren und Staat machen. Gesundheit und Medizin in der bürgerlichen Welt, Frankfurt/Main 1985, S. 338

Der größte Teil der Krankenversicherten hatte zuvor kaum jemals einen akademischen Arzt aufgesucht, sondern sich eher nach den überlieferten traditionellen Bräuchen, Heilmethoden und Hausmitteln der sogenannten „Volksmedizin" in der Familie selbst beholfen beziehungsweise sich in ernsteren Fällen an einen Wundarzt, eine Hebamme oder einen der zahlreichen Laienheiler (sogenannte „Volksärzte" wie zum Beispiel Bader, Schäfer, Kräuterfrauen) gewandt.[257]

Das ab Mitte des 19. Jahrhunderts langsam, ab 1883 dann rasant expandierende Krankenkassenwesen absorbierte nun eine permanent wachsende Zahl von universitär ausgebildeten Ärzten und vergrößerte gleichzeitig den der ärztlichen Behandlung zugänglichen Personenkreis. Die sich allmählich massenwirksam ausbreitenden Krankenversicherungskassen wurden damit zum „entscheidenden Bereich gesellschaftlicher Nützlichkeit der Medizin"[258]. Sie bildeten die eigentliche Grundlage für die Verbreitung einer auf naturwissenschaftlichen Erkenntnissen beruhenden akademischen „Kassenarztmedizin" in den Unterschichten und waren gleichzeitig das wesentliche Element im Prozeß der zunehmenden Professionalisierung und Monopolisierung des Marktes medizinischer Dienstleistungen durch die akademischen Ärzte.

Gerade ihnen wurde mit der Krankenversicherungsgesetzgebung von 1883 erstmals vom Gesetzgeber ein „öffentlich-rechtliches Monopol an einer Klientel"[259] – eben den proletarischen Kassenmitgliedern – zugestanden. Über die gravierenden Veränderungen hinsichtlich des sozialen Status' und der Einkommenslage der Ärzte sowie der Beziehungen zwischen Ärzten und Krankenkassen und des Arzt-Patienten-Verhältnisses, die hierdurch ausgelöst wurden, war man sich allerdings noch „auf keiner Seite in Deutschland von vorneherein"[260] im klaren. Die Masse der Ärzte übersah deshalb nach Apfel anfangs auch schlichtweg „die ungeheuere revolutionierende Bedeutung dieses neuen Gesetzes für die weitere Entwicklung des Aerztestandes."[261] Für die vorliegende Arbeit ist der gravierende Wandel im Arzt-Patienten-Verhältnis von besonderer Bedeutung. Deshalb wird im folgenden auf diesen Punkt fokussiert.

---

257 Vgl. Huerkamp 1985, S. 36ff.

258 Göckenjan 1985, S. 338

259 Göckenjan, G.: Nicht länger Lohnsklaven und Pfennigkulis? Zur Entwicklung der Monopolstellung der niedergelassenen Ärzte, S. 16, in: Deppe, H.-U. et al. (Hrsg.): Medizin und Gesellschaft. Jahrbuch 1, Frankfurt/Main; New York 1987, S. 9-36

260 Augustin, G.: Die Arztfrage in der deutschen und ausländischen Krankenversicherung. Diss., Berlin 1931, S. 7

261 Apfel, Sanitätsrat Dr.: Zur Geschichte der Barmer Aerzteschaft und des Barmer Aertevereins (1864-1924), ohne Jahresangaben, S. 18 [Stadtarchiv Wuppertal 3992]

Bis in das letzte Drittel des 19. Jahrhunderts hinein war die akademische Medizin im Gegensatz zu den volkstümlichen Heilpraktiken weitgehend auf die oberen Gesellschaftsschichten beschränkt geblieben. Das hieraus resultierende traditionelle Verhältnis des akademisch ausgebildeten Hausarztes zu seinen Patienten, die üblicherweise dem Adel oder dem reichen Bürgertum angehörten, war normalerweise „von einer strukturellen Asymmetrie gekennzeichnet: der Arzt stand sozial meist tiefer als der Kranke und war von dessen Wünschen und Vorstellungen hinsichtlicher der Behandlungsmethoden abhängig.“[262] Die soziale Kontrolle des Arztes durch den Patienten erstreckte sich nach Frevert hierbei sowohl auf die ärztliche Berufsrolle als auch auf dessen Gesamtpersönlichkeit.

Das eindeutige Abhängigkeitsverhältnis des Arztes vom Patienten beruhte also vor allem auf dem autonomen ökonomischen Status des Kranken, welcher im Besitz aller notwendigen Ressourcen war, „die ‘Gesundheit’ – verstanden als optimistische Idee von Fähigkeit und Glück – potentiell möglich“[263] machten. Der Arzt fungierte damit primär als Verhaltensratgeber, den Patientenbedürfnissen dienender Therapeut, gesellschaftsfähiger Beistand und „Fachmann der Optimierung der leiblichen [und seelischen, d. Verf.] Zustände“[264] der ganzen Familie. Der Ort der ärztlichen Tätigkeit war immer das Haus des Patienten, was die dominante Patientenrolle noch unterstrich. Darüber hinaus war es dem wohlbetuchten Patienten aufgrund des Überangebots an Ärzten möglich, jederzeit beliebig viele weitere Mediziner hinzuzuziehen, gegeneinander auszuspielen und nach Belieben zu entlassen. Dies und die Willkür des Patienten hinsichtlich der Honorarhöhe für die erbrachten ärztlichen Leistungen belegt, daß der Arzt in diesem Verhältnis immer der schwächere Part war. „Das Patronage-Verhältnis zwischen Arzt und Patient verstärkte den Druck zu sozialer Anpassung und Wohlverhalten und verwies den gelehrten Medicus auf die Position eines abhängigen, untergeordneten Lakaien“[265] und Bittstellers. Das bezüglich der Einkommenslage relativ unsichere Hausarztverhältnis stellte für diesen immer eine „komplizierte Machtbalance zwischen Anforderungen, Verpflichtungen, Sicherheiten“[266] dar und begründete den marginalen gesellschaftlichen Status, den der akademische Arzt in der Gesellschaft bis weit in das 19. Jahrhundert innehatte.

Dem sich dann ab ungefähr der Mitte des 19. Jahrhunderts herausbildenden Kassenarzt-Kassenpatient-Verhältnis lag hingegen eine grundlegend an-

---

262 Frevert 1984, S. 42; vgl. auch Wehler 1987b, S. 230ff.
263 Göckenjan 1986, S. 290
264 Göckenjan 1986, S. 290
265 Frevert 1984, S. 42
266 Göckenjan 1986, S. 290

dere Rollenauffassung des Arztes zugrunde. Nun wurde die Rolle des den Bedürfnissen des Kranken dienenden Therapeuten und Ratgebers durch die des Gutachters, Verhaltenskontrolleurs und Erziehers der Unterschichten zu sittlicher Körperkultur, Disziplin und Sauberkeit überlagert. Ärztliche Hauptaufgabe wurde es, „ein 'rationales' Verhältnis zwischen den zu beurteilenden physisch-psychischen Zuständen und übergreifenden Maßstäben herzustellen: Knappheit der Mittel, nationale Wohlfahrt, Bedarf an Arbeitskräften, Nutzen und Nachteil von Industrie, Handel, Verkehr.“[267] Die aus der Armenpflege und der Gerichtsmedizin übernommene kassenärztliche Gutachterrolle, deren Hauptaufgabe in der Definition behandlungsbedürftiger Krankheiten und der Bestimmung von nonkonformem Gesundheitsverhalten der Kassenmitglieder sowie der Entlarvung von sogenannten Simulanten bestand, welche „unberechtigterweise“ Kassenleistungen für sich beanspruchten, war dem Hausarzt früherer Zeiten völlig fremd gewesen. Mit der Verleihung der Gutachterrolle durch die Kasse an ihn und der statuarisch institutionalisierten Zwangsnachfrage ärztlicher Hilfe wuchs die verhaltensbestimmende Autorität des Arztes nun gegenüber dem Patienten erheblich an. Für Göckenjan konstituierte gerade diese Gutachterfunktion (zum Beispiel als sogenannter „Vertrauensarzt“ der Kasse) keine Stärkung des Vertrauensverhältnisses zwischen Arzt und Patient, sondern im Gegenteil ein „gegen Kranke gerichtetes 'Vertrauens'-Verhältnis.“[268]

Um die entsprechenden medizinischen Verhaltenserwartungen und sein „objektives“ Urteil über den jeweiligen Gesundheitszustand auch durchsetzen, das heißt für den Patienten zur handlungsleitenden Norm machen zu können, bekam der Arzt von der Kasse die entsprechenden Disziplinierungsmittel zur Verfügung gestellt. Es waren also die Krankenkassen selbst, die dem Kassenarzt seine zentrale Machtposition gegenüber seinen Patienten verschafften. Das ursprünglich zweistellige Arzt-Patienten-Verhältnis wandelte sich damit in ein dreistelliges Arzt-Kasse-Patienten-Verhältnis um. Wesentlich war hierbei, daß der Kassenarzt von den Mitgliedern aufgrund der obligatorischen Bestimmungen der Kassenstatuten in der Regel nicht (mehr) umgangen werden konnte. Vielfach hielt er mit seinem Gutachten das weitere Schicksal eines Patienten in Händen. Bereits vor Aufnahme eines neuen Mitglieds verlangten viele Kassen beispielsweise ein ärztliches Gesundheitsattest, welches über Aufnahme oder Abweisung des Betreffenden entscheiden konnte. Jedes Mitglied mußte darüber hinaus, um einen Anspruch auf Krankengeld (d.h. Lohnersatzleistungen) gegenüber der Kasse begründen zu können, zunächst eine Arbeitsunfähigkeitsbescheinigung vorlegen, zu deren Aus-

267 Göckenjan 1986, S. 290
268 Göckenjan 1985, S. 354

stellung wiederum nur der Kassenarzt nach strenger medizinischer Prüfung (und der Berücksichtigung der knappen Kassenfinanzen) autorisiert war. Des weiteren mußte sich jeder Kassenpatient regelmäßig in der Praxis seines Arztes im Rahmen fixer Sprechzeiten zur medizinischen Behandlung und Begutachtung des sachgerechten Heilungsprozesses einfinden. Damit verschob sich der Ort der ärztlichen Tätigkeit vom Krankenbett beziehungsweise Wohnhaus des Patienten in die Praxisräume des Arztes. Im Gegensatz zum früheren „privaten" Patienten mußte sich der Kassenpatient also an exakt definierte Behandlungsräume und -zeiten gewöhnen. Darüber hinaus hielten alle Kassenstatuten die Mitglieder ausdrücklich zur strikten Befolgung der ärztlichen Anweisungen an; Zuwiderhandlungen von ärztlichen Geboten (z.B. Medikamenteneinnahme, Bettruhe, Ausgehregel) wurden mit dem Ausschluß von Kassenleistungen beziehungsweise dem Verlust des Krankengeldanspruchs bestraft.[269] Schließlich oblag dem Arzt auch die alleinige Entscheidung über die Bewilligung der Einweisung eines Patienten in ein Kur- oder Genesungsheim.

Bei all seinen Verfügungen handelte der Kassenarzt allerdings immer primär im Auftrag, teilweise auch unter Bestätigungsvorbehalt der Krankenkasse, das heißt gemäß den ökonomischen und gesundheitspolitischen Kasseninteressen.[270] Vor dem Hintergrund der verfügbaren Kassenmittel und der ihm durch die Kassenverwaltung verliehenen Entscheidungskompetenz über die Arbeitsfähigkeit oder Arbeitsunfähigkeit der Kassenmitglieder verfügte der Kassenarzt erstmals auch über materielle Ressourcen. Sofern nämlich beispielsweise die von ihm für eine baldige Genesung eines Patienten zugrundegelegte rationale und hygienische Lebensordnung „zu Hause", das heißt in der Familie des Erkrankten, seiner Ansicht nach nicht ausreichend sichergestellt war, stand es dem Arzt frei, eine Zwangseinweisung in eines der in der Regel gefürchteten Krankenhäuser und damit die Unterstellung des „unfügsamen" Patienten unter die unmittelbare Verfügungs- und Disziplinargewalt der Krankenhausärzte und des Pflegepersonals zu veranlassen.[271]

Hieran wird deutlich, daß die auf eine Mentalitäts- und Verhaltensänderung der proletarischen Kassenmitglieder ausgerichtete systematische Erziehungs- und Disziplinierungsarbeit des Kassenarztes im Sinne einer Umprä-

269 Vgl. Frevert 1981, S. 310; aber auch: Asmuth 1984, S. 108; Tennstedt 1983a, S. 449f.

270 Vgl. hierzu Frevert, U.: Professional Medicine and the Working Classes in Imperial Germany, S. 647, in: Journal of Contemporary History, Bd. 20, 1985, S. 637-65

271 Das Krankenhaus wurde nach Frevert erst im 20. Jahrhundert als „normaler" Ort „des Leidens und Sterbens" angesehen. Seine Durchsetzung gegenüber der Krankenpflege zu Hause in der Familie, d.h. i.d.R. durch die Ehefrau, fiel zusammen mit dem endgültigen „Triumph der Medikalisierungsbewegung, die die Familie zugunsten professioneller Instanzen der Krankheitsdefinition und -therapie entmachtete" (1984, S. 292).

gung der „somatischen Kultur" der Mitglieder hin zu einer rationalen Gesundheitsorientierung durch eine Fülle positiver oder negativer Sanktionsmittel (z.B. Belohnung in Form der Arbeitsunfähigkeitsbescheinigung, d.h. der Zulassung zeitlich befristeter alternativer Subsistenzmitteln, oder in Form einer Kurgenehmigung, hingegen Bestrafung in Form der Verweigerung einer Krankschreibung oder der Krankenhauseinweisung) gegenüber den Kassenmitgliedern unterstützt wurde.

Dem Arzt stand damit ein sozialer Verteilungsmechanismus zur Verfügung, über den er nach eigener Entscheidung die kollektiven Kassenressourcen dergestalt verteilen konnte, daß mit jeder gewährten „Hilfe" bestimmte soziale Interpretationsleistungen und an jeder Leistungsgewährung die Übernahme von entsprechenden Verhaltensformen durch die Patienten gebunden werden konnten. Unterstützt wurde dieser Mechanismus durch die latente Drohung, „im Falle von mangelnder Kooperation die Existenzgrundlage, d.h. die Grundlage für 'Gesundheit', entziehen zu können."[272] Das erkrankte Mitglied hatte sich somit in eine exakt umschriebene, verbindliche „Krankenrolle" zu fügen, die sich unter Androhung drastischer Sanktionen bei regelwidrigem Verhalten, unmittelbar an den Direktiven des Kassenarztes auszurichten hatte. Auf diese Weise ging die unmittelbare Verantwortung für Krankheit und Genesung vom Patienten auf den Gesundheitsexperten über, dessen Therapie und Verhaltensanweisungen einzig wieder gesund „machen" und den Abstieg ins Lumpenproletariat verhindern konnten. Damit wird deutlich, welch weitgehende Dispositionsgewalt der Kassenarzt über den Körper des Patienten verliehen bekommen hatte. Für Labisch wurde von den Versicherten so die „zumindest normativ frei zugängliche Chance professioneller Hilfe, die relative Sicherheit im Falle von Krankheit und Gebrechen [...] durch den Verlust an Verfügungsmacht über den eigenen Leib erkauft."[273]

Die von den Ärzten ausgeübte soziale Kontrolle machte jedoch nicht bei den unmittelbaren Kassenmitgliedern halt, sondern wirkte in die Familien der versicherten Lohnarbeiter hinein. Obwohl die Familienangehörigen in den meisten Krankenkassen noch bis Anfang des 20. Jahrhunderts von den Kassenleistungen ausgeschlossen blieben und damit nicht unmittelbar einer Zwangsmedikalisierung zugänglich waren, wurden auch sie zunehmend der ärztlichen Kontrolle und medizinischen Aufklärung in Form von Hausbesuchen und Wohnungskontrollen unterworfen. Auf diese Weise stießen die akademischen Gesundheits- und Hygieneexperten „zielbewußt in die unmittelbare Lebenswelt der Arbeiter, in Wohnung und Familie vor."[274] Die gesamte

---

272 Göckenjan 1986, S. 293
273 Labisch 1989, S. 29
274 Labisch 1992a, S. 183

proletarische Familie wurde hinsichtlich ihrer hygienischen Lebensführung nach festgelegten gesundheitlichen Prinzipien durchleuchtet, begutachtet, belehrt und mit der Zeit dem medizinischen Versorgungssystem zugeführt. Damit wurden vor allem die bisher für die Gesundheit der Familie, das heißt für die Sicherung der gemeinsamen Reproduktionsgrundlage, allein verantwortlichen Mütter und Ehefrauen zunehmend zu „Exekutivorgane[n] des ärztlichen Willens“[275] degradiert. Ihre traditionellen, jahrhundertealten, zum Teil nur mündlich überlieferten Methoden der Selbstmedikation mit bewährten Hausmitteln und Kräuterkuren „gerieten gegenüber der mit disziplinatorischer Machtbefugnis ausgestatteten Medizin zunehmend in die Defensive.“[276]

Da das hochgradig labile Gleichgewicht der „gesunden“ Lohnarbeiterfamilie durch einen Krankheitsfall und die damit eintretende Kostenbelastung für die Krankenpflege oder den Ausfall eines Lohneinkommens von einer Stunde auf die andere zusammenbrechen konnte, fragten nach Labisch die Lohnarbeiter und ihre Familien recht bereitwillig medizinische und soziale Hilfe nach. Die bewußte und freiwillige Unterwerfung unter die Disziplin der Medizin entsprang also primär dem existentiellen „Zwang, die Binnenverhältnisse der Familie als Ort des täglichen Lebens zu festigen und zu verstetigen – und damit aus eigenem Interesse heraus hier Normalitätsstandards durchzusetzen.“[277] Die durch das medizinische Behandlungsgebot für die Versicherten vorgegebene „Zwangssozialisation“ (Labisch) war also unmittelbar mit der ärztlichen Verhaltensanleitung und -kontrolle für die ganze Familie des Patienten verbunden. Die wissenschaftlich begründete Lebensführung erschien vielen einsichtig und nachvollziehbar und spielte sich überdies im unmittelbaren Lebenskreis der Arbeiterfamilien ab. Gerade diese Kombination von in der Regel zwangsweiser Medikalisierung und dem Angebot zur freiwilligen Übernahme einer neuen, wissenschaftlich konstruierten Sinnwelt „Gesund-heit“ entwickelte eine durchschlagende erzieherische Wirkung. Für Labisch lag gerade hierin der Grund für „die aktive Assimilation der Arbeiterschaft in die Gesundheit industrieller Lebenswelt.“[278] Das wissenschaftliche Konstrukt Gesundheit wurde in der proletarischen Lebenswelt zu „einem allgemein ak-zeptierten sozialen Gut und Wert“[279], zu einer „vernünftigen“ Sinnwelt und damit „auf neue Weise real.“[280]

275 Frevert 1981, S. 311
276 Frevert 1981, S. 311
277 Labisch 1992a, S. 187
278 Labisch 1992a, S. 187
279 Labisch 1989, S. 25
280 Labisch 1992a, S. 187

Die Auswirkungen der kassenärztlichen Tätigkeit können deshalb als langfristige gesundheitliche Anpassungsleistungen der Lohnarbeiterschaft und ihrer Familien an eine medikalisierte „Normalexistenz“ über die lebensweltliche Durchdringung und Kolonisation mit einem für sie neuen Gesundheitsbegriff aufgefaßt werden. Die Ärzte waren jedoch nur deshalb so erfolgreich, weil sie auf ein entwurzeltes und assimilationswilliges Publikum stießen. Insbesondere die Krankenversicherten und zum Teil auch ihre Familien wurden durch die zwangsweise kontinuierliche Einbindung in die medizinische Versorgung daran gewöhnt, „soziale Probleme als Probleme der Krankenversorgung und die Behandlung des Erkrankungsgeschehens selbst wiederum als eines richtiger und ausreichender Medikamentierung aufzufassen.“[281] Kassenärzte und Krankenkassen bildeten hierbei gemeinsam „das personale, bzw. institutionelle Bindeglied zwischen der wissenschaftlichen Stützkonzeption 'Gesundheit' und der Lebenswelt der Arbeiter.“[282]

4. Verinnerlichung der Kassenprinzipien durch „Selbstverwaltung“

Ein beherrschender Zug der deutschen gesetzlichen Krankenversicherung war die sogenannten „soziale Selbstverwaltung“ der öffentlich-rechtlichen Pflichtkrankenkassen. Das Modell der Selbstverwaltung war nun keine spezielle Konstruktion für die Krankenkassen. Vielmehr wurde hierbei zum einen auf die in Preußen mit der Stein'schen Städteordnung von 1808 eingeführte und bewährte Selbstverwaltung der Kommunen, das heißt eines dem Bürgertum „zu selbstverantwortlicher Betreuung überlassenen Verwaltungsraums“[283], zum anderen auf die Selbstverwaltung der englischen Hilfskassen, den sogenannten „friendly societies“, zurückgegriffen.

Wesentliches strukturelles Element der Selbstverwaltung in den deutschen Krankenversicherungskassen war, daß die jeweilige Kasse sich im Rahmen der gesetzlichen Vorschriften als Körperschaft des öffentlichen Rechts selbst durch von den Beteiligten (das heißt den Versicherte und gegebenenfalls auch den Arbeitgebern, sofern sie einen Teil der Versichertenbeiträge zuschossen) gebildete Organe verwaltete. Diese Selbstverwaltungsorgane

281 Göckenjan 1986, S. 301
282 Labisch 1992a, S. 184
283 Köttgen, A.: Selbstverwaltung, S. 220, in: Handwörterbuch der Sozialwissenschaften (HDSW), 9. Band, Göttingen; Stuttgart; Tübingen 1956, S. 220-225

umfaßten in der Regel sowohl ein Legislativorgan, die sogenannte Generalversammlung aller Mitglieder oder bei größeren Kassen eine Delegiertenversammlung, welches formal die Rechte und Interessen der Beteiligten vertrat und Rechtsetzungsbefugnisse besaß, als auch ein kleineres Exekutivorgan, den Vorstand beziehungsweise den geschäftsführenden Ausschuß, welches Gesetz, Satzung und Beschlüsse des Legislativorgans auszuführen hatte und die Kasse nach außen vertrat. Die so gebildeten Verwaltungsorgane waren autonom und hatten im Rahmen der entsprechenden Gesetze und unter Staatsaufsicht die „Befugnis, eine Satzung zu beschließen, die Versicherungsleistungen zu gestalten, die Versicherungsbeiträge zu bemessen, über die Feststellung der Leistungen zu befinden, den Voranschlag aufzustellen, den Rechnungsabschluß abzunehmen und sonstige im Gesetz umschriebene Obliegenheiten auszuführen."[284]

Die ab 1849 einsetzende preußische Kassengesetzgebung ließ der Ausgestaltung der inneren Verfassung der Krankenkassen jedoch noch einen relativ großen Spielraum und beschränkte sich primär auf die gesetzliche Festschreibung, daß zum einen die Arbeitgeber entsprechend der Höhe ihrer Zuschüsse (i.d.R. 1/3 des Gesamtbeitrags der Versicherten) an der Kassenverwaltung beteiligt werden mußten (§ 58 Verordnung betr. die Errichtung von Gewerberäthen von 1849) und zum anderen alle Kassen einer (beschränkten) Staatsaufsicht unterstellt wurden (§ 5 Gesetz betr. die Gewerblichen Unterstützungskassen 1854; vgl. Tabelle 6 im Anhang). Damit ließen staatliche Gesetzgebung und kommunale Ortsstatute also grundsätzlich die Möglichkeit zu einer gewissen Selbstverwaltung der Krankenkassen, verstanden nicht nur als Pendant zur staatlichen Verwaltung, sondern als eigenverantwortliche und „tatsächliche Beteiligung der Betroffenen, insbesondere der Arbeitnehmer"[285], offen.

Nach Asmuth wurde diese Möglichkeit jedoch in sehr unterschiedlichem Maße und abhängig vom jeweiligen Kassentyp von den Versicherten genutzt. Bei der Betrachtung der im Untersuchungszeitraum am weitesten verbreiteten Kassentypen fällt zunächst auf, daß die für bedürftige Proletarier als letztes Auffangnetz vor dem Abgleiten ins Lumpenproletariat vorgesehenen Gemeindekrankenkassen als subsidiäre Einrichtung der kommunalen Armenfürsorge nicht der Selbstverwaltung unterlagen, sondern durch die Organe der Gemeinde, die hier als Versicherer auftrat, mitverwaltet wurden. Damit wurden bis zur Abschaffung der Gemeindekrankenversicherung in 1911 durch-

284 Pelzer, K.H.: Die Entstehung der obligatorischen Krankenversicherung in Deutschland, S. 162, in: Bulletin der internationalen Vereinigung für soziale Sicherung, VIII. Jg., Nr. 516, Wien 1955, S. 151-165

285 Asmuth 1984, S. 143

schnittlich ca. 12 Prozent der Versicherten (vgl. Tabelle 2 im Anhang) von vornherein von der Selbstverwaltung „ihrer" Kassen ausgeschlossen.

Die übrigen Krankenkassen verfügten je nach Kassentyp über eine unterschiedlich stark ausgeprägte Selbstverwaltung durch die Versicherten, die aber letztlich alle auf denselben Prinzipien und sozialen Mechanismen beruhten. Peschke sah deshalb in diesen Kassen schon die Hauptprinzipien der gesetzlichen Krankenversicherung von 1883 tendenziell verwirklicht.[286] Da die disziplinierenden Mechanismen der Selbstverwaltung zwar in allen Kassentypen vorfindbar sind, in den Fabrikkrankenkassen aber meines Erachtens am ausgeprägtesten zutage treten und mir außerdem hierüber das ausführlichste Quellenmaterial vorliegt, werde ich mich im folgenden zunächst auf diese Kassen konzentrieren.

Die Fabrikkassen, zu denen für die Arbeiter des entsprechenden Betriebs im allgemeinen eine arbeitsvertragliche Beitrittspflicht bestand, standen „unter einer patronierenden Leitung der Arbeitgeber"[287]. Sie besaßen in der Regel nur ein einziges Verwaltungsorgan, den Kassenvorstand. Daneben existierte die Generalversammlung aller Kassenmitglieder, von der die Arbeitervertreter für den Kassenvorstand gewählt wurden. Im Kassenvorstand waren die Versicherten zwar durch die gewählten Vertrauensleute repräsentiert, machten zum Teil sogar die Mehrheit der Vorstandsmitglieder aus, und waren damit zumindest formal an allen Beschlüssen beteiligt, allerdings nahm der Fabrikherr auch hier normalerweise eine herausgehobene Stellung ein, behielt sich beispielsweise wie bei Krupp den Vorsitz vor, und sorgte damit dafür, daß nichts Wesentliches gegen seinen Willen geschehen konnte. Oftmals vereinigte er auf sich „zugleich exekutive und legislative Befugnisse, indem er einerseits für die Verwaltung und Rechnungsführung zuständig war (die er von einem seiner 'Privatbeamten' erledigen ließ), andererseits aber auch im Vorstand Sitz und Stimme hatte, dort sogar den Vorsitz führte und sich weitreichende Entscheidungskompetenz vorbehielt."[288]

Interessant ist, daß die eigentliche Kassenverwaltung in der Regel durch das „Comptoir" der jeweiligen Fabrikverwaltung abgewickelt wurde. Die Fabrikkasse wurde damit analog zu den bürokratischen Strukturen der Fabrikverwaltung „organisiert", in die hierarchische Struktur der Fabrikorganisation eingeordnet, übernahm deren formal-rationale Bearbeitungsverfahren und orientierte sich an den Wirtschaftlichkeitsgrundsätzen und normativen Maßstäben der Fabrikleitung. Ziel war es, einerseits die den Produktionsprozeß belastenden (sozialen) Probleme, „die von der Erkrankung eines Arbei-

286 Vgl. Pescke 1962, S. 116
287 Schmoller zitiert nach Reininghaus 1983, S. 291
288 Frevert 1984, S. 209

ters ausgelöst wurden, sachlich und ohne Reibungsverluste"[289] durch gezielten und effizienten Einsatz von materiellen Hilfsleistungen so rasch wie möglich zu beheben und damit gegebenenfalls folgenschwere Interessenkonflikte zwischen den Lohnarbeitern und dem Fabrikherrn zu vermeiden. Andererseits ging es darum, die Fabrikarbeiter im Sinne der bürgerlichen „Cardinaltugenden" Gesundheit und körperliche Tüchtigkeit, Reinlichkeit, Fleiß, Ordnungsliebe und Mäßigkeit zu einer „solidere[n] Lebensauffassung"[290] und einem „hygienischen Wohlverhalten" zu erziehen. Dies verdeutlicht die wichtige sozialintegrative Funktion der betrieblichen Krankenkassen.

Da die Mitgliedsbeiträge direkt im Lohnabzugsverfahren von der Fabrikverwaltung eingezogen und der betrieblichen Krankenkasse überwiesen wurden und die Versicherten selbst auch keinerlei Einfluß auf die Verwaltung ihrer Beiträge hatten, kam ein Kassenmitglied im allgemeinen erst dann mit „seiner" Krankenkasse in engeren Kontakt, wenn es erkrankt war. Dann erlebte es „seine" Krankenkasse jedoch zumeist in erster Linie als Disziplinierungs- und Kontrollapparat, der nach von der Fabrikorganisation kopierten „Spielregeln" funktionierte und denen es sich zu unterwerfen hatte, um überhaupt einige der in der Mehrzahl der der Fälle ohnehin unzureichenden Unterstützungsleistungen beanspruchen zu können.

Dementsprechend hoch war zumeist auch die Ablehnung der Belegschaft gegenüber der durch den Fabrikherrn aufgezwungenen Kassenmitgliedschaft. Die Masse der Arbeiter entwickelte deshalb bis in das letzte Quartal des 19. Jahrhunderts hinein neben den existentiellen Forderungen nach möglichst niedrigen Kassenbeiträgen und halbwegs „gerechten", das heißt relativ hohen (finanziellen) Unterstützungsleistungen im Krankheitsfall keinerlei gemeinsame Interessen bezüglich der Krankenkassen. Damit waren die Fabrikarbeiter lange Zeit weit davon entfernt, den Schutz vor Krankheitsfolgen als „organisationsfähiges Interesse" zu begreifen.

In der ersten Hälfte des 19. Jahrhunderts hatten noch viele Fabrikherren eine Einbeziehung der Kassenmitglieder in der Kassenverwaltung rigoros abgelehnt beziehungsweise auf bestimmte „kosmetische" Kontrollaufgaben beschränkt und so ihren alleinigen uneingeschränkten Zugriff auf das Kassenvermögen abgesichert.[291] Hiermit verbunden war auch ein genauer Überblick über den Gesundheitszustand, die Krankheitsverhältnisse der Belegschaft und

289 Frevert 1984, S. 205

290 Stumm zitiert nach Frevert 1984, S. 208

291 Frevert berichtet z.B., daß sich die Mitwirkungs- und Kontrollrechte der Kassenmitglieder in der Kasse der Ravensberger Spinnerei laut Statut von 1857 darauf beschänkten, „daß drei von der Belegschaft gewählte Vertrauensmänner am Jahresende die Kassenbilanz einsehen und 'etwaige Erinnerungen' vorbringen durften" (1984, S. 210).

die Häufigkeit, mit der die Kassenleistungen in Anspruch genommen wurden. Auf diese Weise gerieten die Fabrikkassen zum „exklusiven Ordnungsinstrument des Fabrikherrn"[292].

Ab Mitte des 19. Jahrhunderts schien es sich jedoch unter einer größeren Zahl von Fabrikherren „allmählich herumgesprochen zu haben, daß eine Mitwirkung der Arbeiter an der Kassenverwaltung nur von Vorteil war."[293] Allerdings ist nach Asmuth „die theoretisch starke Stellung der Arbeitervertreter, die bei fast allen Kassen rein rechnerisch die Überstimmung der Arbeitgeber zuließ, zu relativieren."[294] Da sich die Kasse nämlich im direkten Machtbereich des Fabrikherrn befand und in der Fabrik autoritäre und patriarchale Denkmuster vorherrschten, war es diesem in der Regel möglich zu erreichen, daß nur ihm genehme Arbeiter in den Vorstand gewählt wurden. Hierzu trug nicht zuletzt die in einigen Kassen praktizierte satzungsmäßige Beschränkung des passiven Wahlrechts auf Aufseher und ältere Arbeiter bei. Darüber hinaus war es für jeden Arbeitervertreter aus naheliegenden Gründen ohnehin riskant, im Vorstand gegen die Interessen und Wünsche seines Fabrikherrn zu stimmen. Deshalb „liegt der Schluß nahe, daß die tatsächliche Beteiligung der Arbeiter an der Verwaltung der Kassen hinter den satzungsmäßigen Möglichkeiten zurückblieb."[295]

Für den Fabrikherrn ergaben sich aus der formalen Einbeziehung der Arbeiter in die Kassenverwaltung mehrere Vorteile. Zum einen konnten so Konflikte zwischen der Kasse und einzelnen Versicherten durch die Einschaltung der Arbeitervertrauensleute als Schlichter reibungsloser und unmittelbarer unter Heraushaltung des Fabrikherrn geregelt werden. So konnte die Gefahr einer Eskalation von Einzelkonflikten um Unterstützungsleistungen zu einer die ge-samte Fabrik erfassenden Auseinandersetzung um die Arbeits- und Reproduktionsbedingungen der Belegschaft weitgehend gebannt werden. Zum anderen übernahmen die gewählten Arbeitervertreter trotz ihrer relativen Machtlosigkeit gegen den Fabrikherrn im Kassenvorstand „auch die Verantwortung für eine ordnungsgemäße Administration der Kassenfinanzen."[296] Damit wachten sie nun gemeinsam mit dem Arbeitgeber über die wirtschaftliche Verwendung der knappen Kassenmittel, befanden über die Gewährung von Unterstützungsleistungen an erkrankte Kollegen und übernahmen als wichtigste Aufgabe die Krankenkontrolle, das heißt die Verhaltenskontrolle ihrer Kollegen und die Simulantensuche.

---

292 Frevert 1984, S. 210

293 Frevert 1984, S. 217

294 Asmuth 1984, S. 149

295 Asmuth 1984, S. 149; vgl. auch Schirbel 1930, S. 142f.

296 Frevert 1984, S. 217

Die aktive Einbeziehung der gewählten Arbeitervertreter in die Geschäftsführung der Kassen führte dazu, daß diese begannen, sich mit „ihrer“ Kasse sowie mit den wirtschaftlichen Prinzipien, nach denen diese funktionierte, zu identifizieren. Darüber hinaus machten sich die proletarischen Vorstandsmitglieder auch die normativen Verhaltensmaßstäbe des Fabrikherrn zueigen, gaben diese bereitwillig „nach unten“ weiter und übernahmen damit Kontroll- und Disziplinierungsaufgaben gegenüber ihren eigenen Arbeitskollegen. „Unter dem Gesichtspunkt der Schonung der Kassenmittel erhielten die moralischen Ausgrenzungen und Verhaltensreglements eine höhere Rationalität und Legitimität, die den mit der Vertretung der Arbeiterinteressen an niedrigen Beiträgen und gerechter Leistungsbemessung beauftragten Vertrauensleuten unmittelbar einleuchten mußte.“[297]

Im sogenannten „Interesse der Krankenkasse“ beteiligten sich die Arbeitervertreter aktiv im Rahmen der Kassenführung an einer scharfen Kontroll- und Ausschlußpraxis, unterstützten die Abweisung von Mitgliederbeschwerden wegen des Ausschlusses von Leistungen aufgrund sogenannter „selbstverschuldeter“ Erkrankung oder nicht gesundheitsförderlichen Verhaltens sowie gegen unzumutbare Härten und forcierten damit, daß im Betrieb gesunde gegen kranke und junge gegen alte Arbeiter ausgespielt werden konnten. Gemeinsam mit dem Fabrikherrn ließen sich nun auch die gewählten Vertrauensleute von dem Gedanken leiten, „knappe Mittel der Kassen bewirtschaften zu müssen“[298] und begriffen die Krankenkasse als „Solidargemeinschaft der Versicherten“, die sie vor unberechtigten und rücksichtslosen Ansprüchen der Mitglieder schützen mußten. Dementsprechend unterstützten sie eine möglichst restriktive, an Verhaltensstandards geknüpfte Leistungsvergabe und bekämpften rigoros jede als unnötig empfundene Kostenbelastung der Krankenkasse. Mitglieder, die die Kasse auf vermeidbare und unnötige Kosten trieben oder gar vorsätzlich ihnen nicht zustehende Leistungen in Anspruch nahmen (Simulanten), wurden ohne Erbarmen aus dieser stahlharten „Solidargemeinschaft“ ausgeschlossen.

Einen hohen Stellenwert nahm deshalb die Kontrolle der Kranken durch die Kassenverwaltung ein, welche sich primär auf (größtenteils ehrenamtliche) Krankenkontrollbesuche stützte. An die Stelle der vormals offen autoritären Zwangs- und Sanktionsmittel durch den Fabrikherrn trat auf diese Weise „die 'solidarische' Erziehung und Kontrolle der Kassenmitglieder untereinander, die mit Argusaugen darüber wachten, daß niemand unrechtmäßig zu seinem Krankengeld kam.“[299] So wurde eine spezifische soziale Dynamik ent-

297 Frevert 1984, S. 217
298 Reininghaus 1983, S. 292
299 Frevert 1984, S. 218

faltet, „in der sich die Disziplinierungsabsichten der Fabrikinhaber harmonisch auf die Bedürfnisse der Arbeiter bezogen."[300]

Damit wird deutlich, daß die als „Selbstverwaltung" bezeichnete Beteiligung der Arbeiter an der Kassenverwaltung von Anfang an keine Einrichtung zur Arbeiteremanzipation war und auch gar nicht sein konnte, sondern vielmehr ein „innerbetriebliches Ordnungsinstrument" darstellte. Dieses bewirkte, daß eine neue Elite von gewählten Arbeiterfunktionären, die außerhalb des üblichen bürgerlichen Bildungsweges in die höheren Positionen und Ausschüsse der Kassenverwaltung gelangt war und dort gemeinsam und „gleichberechtigt" mit den, im sozialen Status weit über ihnen stehenden Fabrikherren und leitenden Angestellten „ihre" Krankenkasse verwaltete, aktiv die dortige Kontroll- und Disziplinierungspraxis „von oben und außen" gegen die eigenen Klassengenossen mittrug beziehungsweise reproduzierte und diese zusätzlich durch eine Disziplinierung „von unten und innen" ergänzte. Nach Labisch bildeten die proletarischen Vertrauensleute in der Kassenverwaltung einen „erzieherischen Brückenkopf[..] zwischen der bürgerlichen Welt und der Welt der Arbeiter."[301] Die „selbstverwaltete" Fabrikkasse ließ sich damit zweckrational in die betriebliche Sozialpolitik einordnen und kam den Wünschen des Fabrikherrn nach einer disziplinierten, jederzeit leistungsbereiten Belegschaft sehr entgegen.

Bemerkenswert ist, daß auch die nicht an den Betrieb, sondern die Stadt oder Region gebundenen Gesellen- und Orts(kranken)kassen – von Unterschieden wie der Differenziertheit der Verwaltung, dem Verwaltungsaufbau oder der Form des Beitragseinzugs einmal abgesehen – nach denselben Prinzipien der rationalen und sparsamen Kassenverwaltung und denselben sozialen Kontroll- und Disziplinierungsmechanismen funktionierten wie die Fabrikkassen. Demzufolge charakterisiert Asmuth denn auch gerade die „Selbstkontrolle der Leistungsberechtigten"[302] als das alle Kassen verbindende Moment.

Interessant ist des weiteren, daß obwohl die Arbeitgeber aufgrund der geringen Höhe ihrer Zuschüsse zu den Versichertenbeiträgen in der Regel in den meisten Kassengremien (General- bzw. Delegiertenversammlung, Ausschüsse, Vorstand) in der Minderheit waren, es trotzdem schafften, in fast allen Kassen die entscheidenden Machtpositionen des Kassenverwalters und/oder des Schatzmeisters selbst oder mit Gewährsleuten zu besetzen und damit maßgeblichen Einfluß auf die jeweilige Leistungs- und Gesundheitspo-

300 Frevert 1984, S. 218
301 Labisch 1992a, S. 155
302 Asmuth 1984, S. 152

litik nehmen konnten.[303] Reininghaus macht hierfür in Bezug auf die von ihm untersuchten Ortskassen das in den dortigen Vorständen herrschende „Honoratiorentum"[304] verantwortlich. Auch in diesen Kassen wurde analog zum Kassenwachstum in der Regel ein bürokratischer Verwaltungsaufbau nach dem Muster der Fabrik- und Staatsbürokratie als der zweckmäßigste und effizienteste angesehen und im allgemeinen ohne Widerspruch der Kassenmitglieder etabliert. Die Einbindung der Arbeitervertreter in den Krankenkassengremien ermöglicht auch hier dieselben sozialen Mechanismen, wie sie oben am Beispiel der Fabrikkassen bereits dargestellt worden sind.

Letztlich waren also die Gesellen- und die Ortskassen genauso restriktiv in der Leistungsvergabe und Versichertenkontrolle wie die betrieblichen Krankenkassen, und dies obwohl sie sich nicht im gleichen Maße wie die Fabrikkassen im unmittelbaren Machtbereich und unter der direkten Kontrolle der Unternehmer befanden. Wie bei den Fabrikkassen identifizierte sich die Masse der Versicherten so gut wie gar nicht mit „ihrer" Kasse, ihr Interesse an der Kassenverwaltung und ihre Teilnahme an den Mitgliederversammlungen war zum Teil so gering, daß die satzungsgemäßen Wahlen der Arbeitervertreter für die Gremien der Kassenverwaltung infolge mangelnder Wahlbeteiligung nicht durchgeführt werden konnten beziehungsweise mehrmals wiederholt werden mußten oder aber die Kandidaten sich mangels Masse selber wählten.[305]

Auch die ab etwa Mitte der 1860er Jahre entstandenen, zumeist gewerkschaftsnahen „freien" Hilfskassen unterschieden sich in ihrer inneren Strukturiertheit (vgl. Abbildung 3 im Anhang), ihren Organisationsprinzipien sowie dem Grad der sozialen Kontrolle und Disziplinierung der Mitgliedern nicht grundlegend von den obigen Kassentypen. Dies ist erstaunlich, da sie aufgrund fehlender Arbeitgeberzuschüsse und Staatsaufsicht vollkommen „unabhängig von der Bevormundung durch Unternehmer und Bürokratie"[306] von den Mitgliedern selbständig und unabhängig verwaltet werden konnten.

Die nach dem Prinzip genossenschaftlicher Selbstverwaltung organisierten Hilfskassen waren jedoch hoch exklusiv, verfügten teilweise über noch rigorosere Krankenkontrollen und rigidere Aufnahme- und Ausschlußbedingungen als die Zwangskassen. Sie entwickelten keine alternativen gesundheitspolitischen Vorstellungen, sondern waren vielfach aufgrund ihrer „klein-

---

303 Vgl. exemplarisch Asmuth 1984, S. 142ff.; Tennstedt 1977a, S. 39ff.

304 Reininghaus 1983, S. 292

305 Vgl. Asmuth 1984, S. 147; Tennstedt 1977a, S. 53, 65f.

306 Institut für Marxismus-Leninismus bei Zentralkomitee der SED (Hrsg.): Geschichte der Deutschen Arbeiterbewegung, Band 1, Berlin 1966, S. 389

lich-bürokratischen Verhaltensweisen"[307] verrufen. Die Hilfskassen nahmen nur qualifizierte Arbeiter auf, die sich zunächst einer strengen ärztlichen Untersuchung unterwerfen mußten. Darüber hinaus wurden Arbeitslose, chronisch und unheilbar Kranke systematisch „von der Solidarität der Arbeiter ausgeschlossen und der Armenpflege überantwortet."[308] Die Hilfskassen beteiligten sich demzufolge also unmittelbar an der Produktion und Reproduktion eines Elitebewußtseins unter den qualifizierten Arbeitern. Mit den anderen Kassen teilten sie außerdem die moralisierende Ablehnung von selbstverschuldeten und sogenannten diffamierenden Krankheiten (insbesondere Geschlechtskrankheiten und Alkoholismus).

Aufgrund der von den Zwangskassen übernommenen inneren (bürokratischen) Verwaltungsstruktur eigneten sich die Hilfskassen kaum als Instrumente zur Emanzipation der Arbeiter oder zur Entwicklung und Verbreitung eines alternativen proletarischen Gesundheits- und Kulturbegriffs. Dies war auch nicht Intention ihrer gewerkschaftlichen Gründer gewesen. Vielmehr dienten die Hilfskassen dazu, den politisierten Teil der (Fach-)Arbeiterbewegung an die bürgerlichen Disziplin-, Verhaltens- und Gesundheitsvorstellungen anzupassen, diese „Tugenden" für seine umfassende politische und gewerkschaftliche Organisation (z.B. im Sinne von „Parteidisziplin") zu nutzen sowie seine allgemeine soziale Integration in die bürgerliche Gesellschaft zu erleichtern. „Gerade die gewerkschaftliche und sozialistische Arbeiterbewegung, die sich 'nach unten' abgrenzte, den zum Klassenkampf bereiten Proletarier vom Lumpenproletarier der Armenbevölkerung positiv abhob, eignete sich über 'ihre' [...] Hilfskassen [...] die vom konservativen Staat propagierten Kassenzwecke und damit ein wesentliches sozialdisziplinierendes Instrument ganz eigenständig an."[309]

Erst die Hilfskassengesetzgebung von 1876 und das Krankenversicherungsgesetz von 1883 unterwarfen die Selbstverwaltung aller Kassen einer Reihe staatlicher Normativbestimmungen, die auf den bereits bestehenden Kassenstrukturen aufbauten und diese in der Mehrzahl lediglich reichsweit vereinheitlichten. Die politische und gewerkschaftliche Arbeiterbewegung versuchte, sich bis Mitte der 1890er Jahre der nun reichsweit einheitlich betriebenen staatlichen Krankenkassenpolitik durch den verstärkten Ausbau des

---

307 2. Jahresbericht des Arbeitersekretariats für Kiel und Umgebung, 1902, zitiert nach Stollberg 1983, S. 355

308 Stollberg 1983, S. 354

309 Sachße, C./Tennstedt, F.: Sicherheit und Disziplin: eine Skizze zur Einführung, S. 37, in: Sachße, C./Tennstedt, F. (Hrsg.): Soziale Sicherheit und Soziale Disziplinierung, Frankfurt/Main 1986, S. 11-44

freien Hilfskassenwesens zu entziehen. Dies geschah jedoch gerade nicht, um eine „Zwangsmedikalisierung" der Arbeiterbewegung zu verhindern, „sondern weil sie in den freien Hilfskassen eine große Chance zu einem Organisationsersatz für verbotene und verhinderte Partei- und Gewerkschaftsorganisationen sah, der korporativen Zusammenhalt und Binnensolidarität unter (Berufs-)Genossen zu festigen hatte und gleichzeitig Sicherheit vermittelte."[310] Die politisch bedeutendste Rolle spielten die Hilfskassen dementsprechend während des Sozialistengesetzes.

Die Ausrichtung der Arbeiter an den auf den bürgerlichen „Tugenden" Disziplin, Verantwortungsbewußtsein, zweckrationalem Denken und Handeln beruhenden allgemeinen Kassenprinzipien war zwar für die organisierte Arbeiterbewegung genauso wichtig wie für den Staat und die Unternehmerschaft, entwickelte langfristig jedoch nach Sachße/Tennstedt „antirevolutionär-disziplinierende Nebeneffekte, vor allem durch die Rekrutierung eines hauptamtlichen Kassenpersonals, das die Geschäfte nach dem ökonomischen Prinzip eines rationellen Umgangs mit knappen Mitteln zu führen erlernte"[311]. Damit wurde die organisierte Arbeiterbewegung genau dort, wo sie versuchte, den Zugriffen des Staates zu entgehen, „von der bürgerlichen Gesellschaft und deren rational ökonomisch-rechtlichen Integrationsmechanismen eingeholt."[312].

Als die Hilfskassen 1892 durch eine Gesetzesnovelle zum Krankenversicherungsgesetz auf reine Zuschußkassen („Ersatzkassen") reduziert wurden und damit gegenüber den anderen Kassentypen nicht mehr konkurrenzfähig waren, hatten sie auch ihre Funktion als sozialdemokratische Ersatz- beziehungsweise Parallelorganisationen erfüllt. Fast über Nacht wurde die organisierte Arbeiterbewegung nun auf die Übernahme der bis dahin „unmittelbar mit der lokalen Klassenhierarchie"[313] verschmolzenen Selbstverwaltung der Ortskrankenkassen orientiert und so der Sozialdemokratie neue „Agitationsforen"[314] erschlossen, da man offensichtlich erkannt hatte, „welche Machtpositionen der organisierten Arbeiterschaft in den Selbstverwaltungsorganen der Ortskrankenkassen offenstanden."[315] Auch hier ging es also nicht um Emanzi-

---

310 Sachße/Tennstedt 1986, S. 38; vgl. hierzu auch Wehler 1995, S. 794

311 Sachße/Tennstedt 1986, S. 38

312 Sachße/Tennstedt 1986, S. 38

313 Hansen, E./Heisig, M./Leibfried, S./Tennstedt, F.: Seit über einem Jahrhundert...: Verschüttete Alternativen in der Sozialpolitik, Köln 1981, S. 67

314 Eisenberg, C.: Deutsche und englische Gewerkschaften. Entstehung und Entwicklung bis 1878 im Vergleich, Göttingen 1986, S. 212

315 Schönhoven, K.: Selbsthilfe als Form von Solidarität. Das gewerkschaftliche Unterstützungswesen im Deutschen Kaiserreich bis 1914, S. 154, in: Archiv für Sozialgeschichte, XX. Band, Bonn 1980, S. 147-193

pation, sondern um die Machtübernahme in den mitgliederstärksten öffentlich-rechtlichen Zwangskassen. Die Sozialdemokratie eroberte sich bis zur Jahrhundertwende vor allem über ein Heer von Kassenbeamten[316] in den Ortskrankenkassen eine beachtliche Verfügungsgewalt über die Kassenressourcen, führte damit allerdings auch gleichzeitig große Teile der Arbeiterschaft an die Normen und kulturellen Wertmuster der bürgerlichen Gesellschaft heran, zu denen unter anderem eine positive Grundeinstellungen zur Bürokratie gehörte.

Für „Zehntausende von Menschen aus der Arbeiterschaft“[317] eröffneten sich mit ihrer Einbeziehung in die Selbstverwaltungsbürokratie der Ortskrankenkassen bislang unbekannte soziale Aufstiegsmöglichkeiten, und zwar unabhängig von den hoch selektiven, klassischen bürgerlichen Bildungswegen und Karrieremustern. Die Krankenkassen waren für lange Zeit der einzige Teil der (mittelbaren) Staatsverwaltung, in dem (ehemalige) Arbeiter überhaupt die Möglichkeit hatten, als „Beamte“ beschäftigt zu werden. „Die Ortskrankenkassen wurden als Stachel im Fleisch des Obrigkeitsstaates verstanden, als 'Staat im Staate'.“[318]

Nach Heimann bot die unterwanderte Selbstverwaltung der Ortskrankenkassen der Arbeiterbewegung die Möglichkeit „zur Ausbildung administrativer Talente und zur geschäftlichen Schulung“ und stärkte damit die „Kraft der sozialen Bewegung“. Heimann sah aber auch die Gefahr der „Bürokratisierung der Arbeiterbewegung“.[319] Gerade die in der Kassenselbstverwaltung ausgebildeten „Arbeiterbürokraten“ und „Kassenspezialisten“ wurden Teil einer „Arbeiteraristokratie“, die mehr zu verlieren hatte als ihre Ketten und sich deshalb verstärkt praktisch-reformistischen Orientierungen zuwandte.[320] Die erfolgreich unterwanderten Ortskrankenkassen wurden so zu zentralen Integrationsinstanzen der Arbeiter. „Die 1914 weit vorangeschrittene, aber noch keineswegs abgeschlossene Integration der Arbeiter in Staat und Gesellschaft (erfolgte) nicht im Sinne Bismarcks durch die Trennung der Arbeiter von ihren Organisationen, sondern faktisch gerade über deren Organisationen unter weitgehender Aufgabe eigenständiger kultureller Deutungsmuster.“[321]

316 Die Zahlen schwanken zwischen 4.000 und 5.000 in den Ortskrankenkassen beschäftigter gewerkschaftlicher bzw. sozialdemokratischer Kassenangestellten. Um 1900 müßte nach Labisch praktisch jedes fünfte Gewerkschaftsmitglied im Vorstand einer Ortskrankenkasse gewesen sein. Vgl. Labisch 1992a, S. 155; Tennstedt 1981, S. 172; 1983a, S. 430f.

317 Heimann zitiert nach Hansen et al 1981, S. 71

318 Hansen et al 1981, S. 71

319 Alle Heimann-Zitate sind aus Hansen et al 1981, S. 71

320 Vgl. Peschke 1962, S. 303-322

321 Sachße/Tennstedt 1986, S. 39

5. Fazit

In diesem Kapitel wurde versucht, die für die moderne Krankenkassenorganisation konstitutiven Ordnungselemente herauszuarbeiten und ansatzweise offenzulegen, wie sich diese Strukturierungen im Untersuchungszeitraum entwickelt haben und welche praktische Wirkung sie auf die Kassenmitglieder hatten.

Hierbei wurde deutlich, daß die Krankenkassenorganisation grundsätzlich ein individuelles Handeln der Beteiligten erzwang, das in Analogie zum kapitalistischen Produktionsprozeß an den zweckrationalen Maximen maximaler Kalkulierbarkeit und Effizienz ausgerichtet war. Damit waren die Krankenkassen ein idealer „Transmissionsriemen" zur Verbreitung bürgerlich-kapitalistischer Normalitäts-, Disziplin- und Gesundheitsvorstellungen in die arbeitende Klasse. Über die größtenteils gesetzlich erzwungene Ausdehnung der Kassenmitgliedschaft auf immer weitere produktive Teile der Arbeiterschaft und ihre Familien gelang es, diese einerseits durch Zwang, andererseits aber auch durch das Versprechen relativer sozialer Sicherheit und die mehr oder weniger „sanfte" Vermittlung einer neuen bürgerlichen Sinnwelt „Gesundheit" in die bürgerliche Gesellschaft zu integrieren und damit zu einem ihnen völlig neuen Körperverhalten zu erziehen. Dies vollzog sich quasi als dialektischer Prozeß der gleichzeitigen bürgerlichen und medizinischen Kolonisierung der proletarischen Lebenswelt und der aktiven Assimilierung eines entfremdeten Proletariats, für das die sozial konstruierte Sinnwelt „Gesundheit" eine hohe Überzeugungskraft hatte.

Es wurde jedoch deutlich, daß die „erfolgreiche" Einordnung des Proletariats in den bürgerlichen Normalisierungs- und Gesundheitsdiskurs vor allem auf die enge Zusammenarbeit zwischen Krankenkassen und Ärzteschaft zurückzuführen ist. Diese Allianz ermöglichte zum einen die Zwangsmedikalisierung der in den Kassen „organisierten" Lohnarbeiter und ihrer Familien und verschaffte zum anderen den aus dem Bürgertum stammenden Kassenärzten neben der Sicherung ihrer Einkommenssituation und der Aufwertung ihres gesellschaftlichen Status' einen unbegrenzten Zugriff auf die Körper der Patienten und so ein nahezu optimales Praxis- und Experimentierfeld.

Das für die moderne Krankenkassenorganisation charakteristische, grundlegend neu konfigurierte Herrschaftsverhältnis kann als Herrschaft über die Körper der „organisierten" Subjekte bezeichnet werden. Das Typische hieran war nun aber, daß dieses Herrschaftsverhältnis nicht lediglich „von außen" bzw. „oben" auf widerständige Subjekte ausgeübt wurde (Kolonisation), sondern über den Prozeß der freiwilligen Assimilation quasi selbständig verinnerlicht und damit „Zwang zum Selbstzwang“ (Elias) wurde. Als die dominanten sozialen Mechanismen, die die Verinnerlichung bei den Subjekten bewirkten, wurden die Prinzipien der Versicherung und der Selbstverwaltung identifiziert. Durch die Übertragung des bürgerlichen Assekuranzprinzips auf die funktional spezialisierte Kassenorganisation gelang es, das existentielle proletarische Problem „Krankheit“ als von den sozio-ökonomischen Kontexten abgekoppeltes, individuelles soziales Risiko bearbeitbar zu machen. Die Versicherungstechnologie basierte auf einem völlig neuen Rationalitätsschema, welches die proletarische Realität mittels versicherungsmathematischer Verfahren zerlegen, neu zusammensetzen und nach bürgerlichen Normalitätsstandards ordnen konnte. Auf dieser Grundlage war es den Krankenkassen möglich, das soziale Problem „Krankheit“ auf ein versicherbares, „normales“ individuelles Risiko zu reduzieren, damit vorhandene Muster sozialer Ungleichheit zu „normalisieren“ und so den gesamten Kontext kapitalistischer Produktionsverhältnisse und Arbeitsbedingungen auszublenden.

Auf Grundlage des Versicherungsdispositvs und der bürgerlichen Normalitätssemantik vollzog sich auch die personelle Zurechnung zu den Krankenkassen, das heißt die herrschafts-funktionale Einschließung des produktiven Teils des Proletariats und die diskriminatorische Ausschließung des „Lumpenproletariats“. Die in den Krankenkassen angewandte Versicherungstechnologie ersetzte damit die traditionellen Formen der Arbeitersolidarität durch einen anonymen Individualisierungsmechanismus, der einerseits den Klassenantagonismus ausblendete, andererseits zweckrationale, vorausschauende und ökonomische Verhaltensweisen bei den Versicherten förderte, ihr Verhalten also kalkulierbar machte.

Die Selbstverwaltung der Kassen führte schließlich dazu, daß einem Teil der in den Kassen organisierten Lohnarbeiter soziale Aufstiegschancen jenseits der bürgerlichen Bildungswege geboten wurden. Der Preis hierfür war die Übernahme bürgerlicher Verhaltens- und Normalitätsstandards sowie die Verinnerlichung bürokratischer Strukturen. Darüber hinaus übernahmen die Arbeitervertreter in der Selbstverwaltungsbürokratie der Kassen freiwillig Kontroll- und Disziplinierungsaufgaben und forcierten die Durchsetzung der Kasseninteressen gegenüber den Mitgliedern. Damit ergänzten sie den Prozeß der Disziplinierung „von außen“ durch eine Disziplinierung „von unten“. Sowohl „Versicherung“ als auch „Selbstverwaltung“ waren somit Technologien, die sich auf die soziale Disziplinierung der Kassenmitglieder über die Verinnerlichung ihrer Ordnungsprinzpien richteten und damit primär auf Integration und Pazifizierung des „organisierten“ Teils der arbeitenden Klasse abzielten.

„Wenn Sie die eine Mark für den Ärzteschein nicht aufbringen können, dann bleiben Sie eben gesund!"

Karikatur 3: Schulz, W.: Sparmaßnahmen bei der Krankenversicherung. Aus: Simplicissimus Nr. 17 / 1930

VI. Zur sozialen Exklusivität der Kassenmitgliedschaft: Die Vergemeinschaftungsdimension

Nachdem in den vorhergehenden Kapiteln versucht worden ist, die spezifische „Formalität“ der Krankenkassenorganisation herauszuarbeiten, geht es in diesem Kapitel nun um die Vergemeinschaftungsdimension. Wie bereits global angesprochen, handelt es sich bei allen Krankenkassentypen um hoch exklusive Organisationen mit einer entsprechend rigiden Ausgrenzungs- und Abgrenzungspolitik gegenüber bestimmten Personengruppen. Durch die organisational erzeugten spezifischen Muster sozialer Trennung und Schließung (re-)produzierte das Krankenkassenwesen durchgängig die gesellschaftlichen Muster sozialer Ungleichheit und differenzierter Lebenschancen. Im folgenden soll versucht werden, diejenigen Aus- und Abschließungskriterien nachzuvollziehen, die den Prozeß der sozialen Schließung in den Kassenorganisationen im Untersuchungszeitraum gekennzeichnet haben. Darüber hinaus soll aufgezeigt werden, welche Identitäts- und Bewußtseinshaltungen bei den Kassenmitgliedern vorhanden waren, sich in den Kassen ausbildeten, dort veränderten beziehungsweise reproduziert wurden. Auf Grundlage der Ergebnisse dieses Kapitels müßte es schließlich möglich sein, durch die Verbindung der entsprechenden sozialen Schließungs- bzw. Vergemeinschaftungsmuster mit der in den vorhergehenden Kapiteln umrissenen spezifischen „Formalität“ der Krankenkassen die spezielle historisch-gesellschaftliche Konstituiertheit des Organisationstyps „Krankenkasse“ in seiner Mehrdimensionalität sichtbar zu machen.

1. Berufsgruppenzugehörigkeit und Qualifikation als Vergemeinschaftungskriterien

Im Untersuchungzeitraum „langes“ 19. Jahrhundert war zunächst das Bestehen eines Lohnarbeitsverhältnisses die grundlegende Voraussetzung, um überhaupt Mitglied in einer der existierenden Krankenkassen freiwillig oder zwangsweise werden beziehungsweise bleiben zu können. Dies bedeutete auch, daß Arbeitslosigkeit normalerweise den unmittelbaren Verlust der Krankenkassenmitgliedschaft und damit des Versicherungsschutzes nach sich zog.[322] Die enge Koppelung der Voraussetzung für eine Kassenmitgliedschaft an das Lohnarbeitsverhältnis erklärt auch die unterschiedlich starke regionale Verbreitung des Krankenkassenwesens bis zu seiner reichsweiten Vereinheitlichung in 1883, da seine Verbreitung direkt vom Grad der Industrialisierung und damit dem Grad der Durchsetzung kapitalistischer Produktionsverhältnisse abhing.

Auf der Basis des Lohnarbeitsverhältnisses erfolgte dann allerdings die personelle Zurechnung zu einer speziellen Krankenkasse beziehungsweise einem Kassentyp nach verschiedenen Kriterien, von denen die beiden vorherrschenden auch nach der reichsweiten Vereinheitlichung des Krankenkassenwesens von 1883 (KVG) und 1911 (RVO) das der Zugehörigkeit zu einer bestimmten Berufsgruppe beziehungsweise zu einer Branche sowie die individuelle formal-handwerkliche Qualifikation waren. Bis 1883 entstand auf diese Weise eine Vielzahl von kleinen und kleinsten örtlichen Krankenkassen, welche angelehnt an alte Zunfttraditionen die Kassenmitgliedschaft auf die Zugehörigkeit zu einer bestimmten, am Ort vorhandenen Berufs- oder Handwerkergruppe (beziehungsweise zu einer von wenigen eng hiermit verwandten Berufsgruppen) begrenzten und sich gegen Angehörige anderer Berufe und/oder weniger qualifizierte Personengruppen zum Teil scharf abgrenzten.

1.1 Die Reproduktion traditioneller beruflicher Differenzierungen in den Gesellen- und Arbeiterkrankenkassen

Hinter dieser Form der Kassengründung stand zunächst eine insbesondere bei den Handwerksgesellen noch bis in das letzte Drittel des 19. Jahrhunderts

322 Lediglich die Ortskassen- und ein Teil der Fabrikkassenmitglieder behielten auch bei Erkrankungen, die innerhalb von acht Tagen nach Beendigung des Beschäftigungsverhältnisses eintraten, den vollen Krankenversicherungsschutz. Darüber hinaus bestand für arbeitslose Ortskassenmitglieder grundsätzlich die Möglichkeit, durch Weiterzahlung des vollen Beitrages (d.h. Arbeitnehmer- u. Arbeitgeberanteil) sich für zwölf Wochen den Versicherungsschutz noch zu erhalten. Diese Regelung hatte praktisch jedoch kaum Auswirkungen, da die Mehrzahl der Lohnarbeiter im Falle von Arbeitslosigkeit gar nicht in der Lage war, die Kassenbeiträge trotz Lohnausfalls aufzubringen. Da im Untersuchungszeitraum die Erwerbstätigkeit der Mehrheit der Lohnarbeiters immer wieder durch kürzere oder längere Arbeitslosigkeitsphasen unterbrochen wurde, folgt daraus, daß ein großer Teil der Lohnarbeiter zeitweilig aus dem Krankenversicherungsschutz ganz herausfiel, d.h. ohne dauerhafte soziale Sicherheit war. Vgl. hierzu Asmuth 1984, S. 98f.

stark ausgeprägte „berufsständische Identität". Diese beruhte nach Kocka primär auf den gemeinsamen beruflichen Fertigkeiten und übereinstimmenden berufs- und stellungsbezogenen Interessen (gemeinsame Formen der Lebensführung, Ehrbegriffe, Normen).[323] Darüber hinaus definierten sich die Gesellen als zukünftige Meister „und betonte[n] damit bei aller Unterschiedlichkeit das den Gesellen und Meistern Gemeinsame"[324], grenzten sich gleichzeitig jedoch von den Gesellen anderer Berufe bzw. Gewerke sowie gegenüber den anderen Teilen der arbeitenden Bevölkerung scharf ab. „Selbstbewußt-standesgemäß blickten Gesellen auf Gesinde und Heimarbeiter herab. Von einer durch und durch männlichen Kultur geprägt, verachteten sie die Zusammenarbeit mit Frauen."[325]

Eine ähnlich scharfe Abgrenzung erfolgte gegenüber den Fabrikarbeitern. Obwohl viele Handwerksgesellen aufgrund der höheren Löhne und der im Handwerk fehlender Perspektiven auf eine Meisterstelle selbst auch in den expandierenden und Facharbeiter suchenden Fabriken arbeiteten, wurde die Fabrikarbeit von ihnen doch zumeist wegen des geringen sozialen Status' verachtet, „denn sie brach mit den Standards ehrbarer, qualifizierter, ganzheitlicher Arbeit, an denen ihr Stolz und ihr Selbstbewußtsein hingen."[326] Noch 1859 sahen beispielsweise Petershagener Gesellen entsprechend eines Berichts des dortigen Amtmanns den Fabrikarbeiter „als Maschine, als mindestens nicht viel besser als der ländliche hörige Arbeiter an, sie sind stoltz darauf, selbst einmal Meister zu werden und wollen deshalb mit Fabrikarbeitern, die dieses nicht werden können, keine Gemeinsamkeiten haben."[327]

Die derart auf dem Boden der berufsständischen Tradition stehenden Gesellen des jeweiligen Gewerks begriffen sich als eine zusammengehörende, ho-mogene Berufsgruppe und entwickelten in der Regel ein ausgesprochen elitär-standesbewußtes, bündisches Gruppenverhalten. Dementsprechend beharrten sie bei der Gründung von Gesellenkassen auch auf dem berufsbezogenen Prinzip beziehungsweise verweigerten sich den Versuchen der lokalen Obrigkeiten, ihre bereits bestehenden, zumeist jedoch mitgliederschwachen Kassen mit denen anderer Berufsgruppen zu größeren und damit leistungs- und ökonomisch überlebensfähigeren Ortskassen zusammenzuschließen. Stattdessen bestanden sie trotz der oftmals großen finanziellen Schwierigkeiten der kleinen Gesellenkassen und den damit verbunden relativ hohen Belastungen der einzelnen Mitglieder auf der Selbständigkeit ihrer eigenen Unter-

323 Vgl. Kocka, J.: Arbeitsverhältnisse und Arbeiterexistenzen, Bonn 1990, S. 344ff.
324 Kocka 1990, S. 345
325 Kocka 1990, S. 345
326 Kocka 1990, S. 345
327 Originalzitat nach Reininghaus 1983, S. 278

stützungskasse.[328] Nach Reininghaus konnten noch in den 1850er und 60er Jahren nur an solchen Orten (z.B. Dortmund, Bochum, Gelsenkirchen) berufsgruppenübergreifende Einheitskassen für alle Handwerksgesellen problemlos gegründet werden, an denen die berufsständischen Traditionen und gewachsenen Gruppenbindungen aufgrund zunehmender Industrialisierung langsam zerfallen oder gar nicht erst entstanden waren.[329]

Eine tradierte Berufsidentität bildete somit die Grundlage für die Vergemeinschaftung der berufsgruppen- bzw. branchenbezogenen Gesellenkassen. Da diese Kassen in der Regel weit weniger Mitglieder als die allgemeinen Orts- und die Fabrikkassen hatten[330], war hier die informelle, intensive Kommunikation unter den Mitgliedern, aber auch die direkte Kontrolle des Gesundheits- und Krankenverhaltens leichter. Die meisten Gesellenkassen hielten noch in den 1870er Jahren eine allwöchentliche beziehungsweise allmonatliche Versammlung, die sogenannte „Auflage“ ab, auf der die für alle (üblicherweise) gleichen Beiträge entrichtet, die Rechnungsführung und Kassenverwaltung kontrolliert und reichlich Bier getrunken wurde. Jedes Mitglied der Gesellenkasse war unter Strafandrohung verpflichtet, hieran persönlich teilzunehmen. Die regelmäßigen Versammlungen dienten dabei primär der Kommunikation der Gesellen untereinander, vor allem zum Erfahrungsaustausch über die Meister und Arbeitsverhältnisse, zur Artikulation von Unzufriedenheit und Planung gemeinsamer (politischer) Aktionen. Frevert mißt den Krankenkassen deshalb auch eine „besondere Rolle und Bedeutung im politischen Konstitutionsprozeß der Arbeiterklasse“[331] bei.

Gerade in den kleinen Gesellenkassen bildete sich auf dieser Grundlage häufig eine tiefe Solidarität der Mitglieder aus. Zu bedenken ist jedoch, daß durch die weitgehende Aufrechterhaltung des berufsständischen Denkens und der handwerklich geprägten Traditionen, Sitten und Gebräuche in den Gesellenkassen gleichzeitig auch die Solidaritätsgrenzen gegenüber allen berufs- oder branchenfremden Personengruppen aufrechterhalten und durch die Kassenorganisation strukturell verfestigt wurden.[332] Die Kassen schafften es also, sowohl die Berufsgruppenzugehörigkeit als auch damit verbundene formale Qualifikation organisational nutzbar zu machen. Eine solche organisationale Nutzung ist nach Türk immer durch eine sich unabhängig vom konkreten individuellen Arbeitsvermögen vollziehende Trennung sozialer Zusammen-

---

328 Vgl. exemplarisch Asmuth 1984, S. 55; Frevert 1981, S. 298f.

329 Vgl. Reininghaus 1983, S. 277

330 Während die Gesellenkassen 1872 noch durchschnittlich 96 Mitglieder hatten, umfaßten z.B. die Fabrikkassen durchschnittlich schon 253 Mitglieder. Vgl. Frevert 1984, S. 262

331 Frevert 1981, S. 314

332 Vgl. Kocka 1990, S. 345f.

hänge gekennzeichnet.[333] Für unseren Fall bedeutet dies, daß erst die Bestimmung von berufsgruppenfremdem beziehungsweise weniger oder unqualifiziertem Organisationspublikum eine selektive personelle und materielle Zurechnung von Krankenversorgungsprivilegien auf die Kassenmitglieder sowie die strukturelle Verfestigung einer ausgeprägt elitären Mitgliedermentalität ermöglichte.

Zur Form der relativ kleinen, branchen- beziehungsweise berufsgruppenmäßig differenzierten Kassenmitgliedschaft mit hohen Zutrittsbarrieren trug darüber hinaus auch der Gedanke bei, „die Lasten des Krankheitsrisikos bei für alle gleichen Beitragssätzen auf möglichst viele [„gleichartige", d. Verf.] Schultern zu verteilen". Dies erschien aber nur möglich, „wenn das Risiko krank zu werden möglichst gleichmäßig gestreut war."[334] Eine relativ gleichmäßige, überschaubare und damit kalkulierbare Verteilung des Krankheitsrisikos war nun am ehesten immer dann gewährleistet, wenn die Kassenmitglieder gleichen äußeren Bedingungen unterlagen, das heißt die aus ihrer Arbeit und Lebensweise resultierenden Krankheitsgefahren annähernd gleich waren. Der berufsgruppenbezogenen Abschließung der Gesellen eines Gewerks gegenüber dem Rest lag also „eine durch und durch zweckrationale Form sozialer Interaktion"[335] zugrunde.

Frevert berichtet, daß es gerade in den auf Anordnung der Kommunalbehörden gegründeten und verschiedene Berufsgruppen umfassenden allgemeinen Ortskassen aufgrund der gemischten, multiberuflichen Mitgliederstruktur zu häufigen Konflikten kam. Beispielsweise traten die Bielefelder Bäcker- und Maurergesellen 1872 aus der dortigen Ortskasse wieder aus, „da sie 'nicht die Kranken anderer Gewerke unterstützen' wollten" und sich von einer eigenen Unterstützungskasse geringere Mitgliedsbeiträge versprachen, weil „unter ihnen 'nur junge und kräftige Mitglieder vorhanden [...seien, d. Verf.], welche die Kasse wenig oder gar nicht in Anspruch nehmen'„ würden.[336] Was die berufsgruppenübergreifende Organisation der Krankenversorgung also bis weit in das letzte Drittel des 19. Jahrhunderts erschwerte und die berufs- beziehungsweise gewerksmäßige Segregation im Krankenkassenwesen so hartnäckig am Leben erhielt, war vor allem die unterschiedliche Krankheitshäufigkeit in den einzelnen Berufen und Branchen. Gerade Personen aus Berufsgruppen, die bekanntermaßen gesundheitsgefährdende oder unfallträchtige Tätigkeiten ausübten und damit voraussehbar öfter erkranken würden als ihre Kollegen mit „gesünderen" Berufen, bedeuteten eine finanzielle Belastung für

333 Türk 1995a, S. 73

334 Beide Zitate aus Frevert 1981, S. 313

335 Frevert 1984, S. 255

336 Frevert 1981, S. 314

das Versichertenkollektiv, hatten deshalb entweder nach abgestuften Gefahren-klassen höhere Beiträge zu entrichten oder wurden systematisch aus den ge-meinsamen Krankenkassen ausgegrenzt und auf die Gründung eigener Kassen verwiesen, in denen sie für vergleichbare Unterstützungsleistungen aufgrund der geringeren Mitgliederzahl in der Regel noch wesentlich höhere Beiträge aufbringen mußten.

Aus diesem Grunde grenzten sich zum Beispiel auch die Gesellenkassen strikt gegenüber den Fabrikarbeitern ab. Dort wo, wie im Landkreis Minden per behördlicher Anordnung zur Stärkung der finanziellen Leistungskraft der Kassen allgemeine Ortskassen für Gesellen und Fabrikarbeiter gemeinsam gegründet wurden, herrschte zwischen den beiden Versichertengruppen „Mißtrauen und Widerwillen" vor, „weil unter den Fabrikarbeitern verhältnismäßig die meisten Krankheits- und Unterstützungsfälle vorkämen."[337] Kombinierte Kassen für Fabrikarbeiter und Handwerksgesellen blieben deshalb lange Zeit reine „Kunstprodukte kommunaler Verwaltungsbürokratien."[338] Das zentrale Motiv für die Bildung solcher berufsgruppenübergreifender Vergemeinschaftungen war in der Regel die ansonsten zu geringe ökonomische Leistungs- und Überlebensfähigkeit der einzelnen Kassen, was zu keiner effektiven Entlastung der kommunalen Armenfürsorge geführt hätte.

Auch im Falle der allgemeinen wie der betrieblichen Fabrikarbeiterkassen, in denen in der Regel sowohl gelernte als auch ungelernte Arbeiter und Lehrlinge versichert waren, kann davon ausgegangen werden, daß die ähnliche Arbeitssituation in den örtlichen Fabriken neben einem engen sozialen Zusammenhalt auch ein gewisses Standesbewußtsein schufen und beides durch eine gemeinsame Unterstützungskasse noch verstärkt wurde. Dies geschah offenbar selbst dann, wenn die Fabrikherren erheblichen Einfluß auf die Kasse nahmen. Reininghaus berichtet beispielsweise davon, daß 1856 in Witten die einzelnen Belegschaften sich gegen die von den Fabrikherren bereits gebilligte Zusammenlegung sämtlicher betrieblicher Fabrikkassen zu einer allgemeinen Ortskasse zur Wehr setzten, da sie der Auffassung waren, „daß es vortheilhafter sein würde, daß eine Kranken-Casse für jede einzelne Fabrik besonders" bestehe, da die „Controlle über die zu bewilligenden Unterstützungen [...] leichter und gerechter in den einzelnen Fabriken zu führen"[339] sei.

An einigen Orten wendeten die Fabrikarbeiter in den allgemeinen Arbeiterkassen nun dieselben Abgrenzungsmuster gegen Handwerksgesellen an,

---

337 Bericht des Mindener Landratsamtes von 1869, zitiert nach Frevert 1984, S. 258

338 Frevert 1984, S. 258

339 Alle Zitate stammen aus der Eingabe der Wittener Fabrikdeputationen vom 26.02.1956; zitiert nach Reininghaus 1983, S. 278

die diese in den Gesellenkassen gegen die Arbeiter angewandt hatten. So berichtet Reininghaus unter anderem von einer Herausdrängung der Gesellen aus der Lüdenscheider allgemeinen Arbeiterkrankenkasse.[340] Auch die Fabrikarbeiter bildeten also offenbar eine mit der der Gesellen vergleichbare starke berufsständische Identität aus, grenzten sich gegen berufs- bzw. branchenfremde Personengruppen ab und verfestigten die Solidaritätsgrenzen durch „ihre“ eigenen Kassenorganisationen, die sie verbissen gegen Angriffe des Staates, der Fabrikherren oder außenstehender, berufsfremder Arbeitergruppen verteidigten. Im Gegensatz zu den Gesellenkassen, die sogar die eigenen Lehrlinge von einer Kassenmitgliedschaft ausschlossen, da „‘sich die Standesehre der Gesellen gegen die Gemeinschaftlichkeit mit Lehrlingen’ wehre“[341], war der Kreis der in den Fabrikarbeiterkassen eingeschlossenen Personengruppen aufgrund der insgesamt wesentlich inhomogeneren Gruppe der Fabrikarbeiter allerdings größer als in den Gesellenkassen. Dies kam letztlich vor allem ihrer ökonomischen Leistungs- und Überlebensfähigkeit entgegen.

Schließlich seien noch die gewerkschaftsnahen, ebenfalls in der Regel berufsgruppenbezogenen sogenannten „freien“ Hilfskassen erwähnt, die fast ausschließlich gelernte Arbeiter oder Handwerksgesellen aufnahmen und sich gegen die Mitgliedschaft von ungelernten Hilfsarbeitern und Tagelöhnern abschlossen. Auch die Hilfskassen waren also hoch exklusiv und selektiv. Sie wurden primär „von der Elite der gelernten, ökonomisch und sozial besser gestellten Arbeiter“ genutzt.[342] Auch hier wurden wesentliche, an die Traditionen der alten zünftigen Gesellenverbände anknüpfende, berufsständisch-elitäre „Identifikations- und Distanzierungsprozesse“[343] gefördert, entsprechende einheitliche Verhaltensprofile (re-)produziert, organisational verfestigt und so zur sozialen Schließung gegenüber den weniger privilegierten Arbeitergruppen genutzt.

Die verfestigten (formalen) Strukturen und Vergemeinschaftungen der „freien“ Hilfskassen machten gerade diese Kassen zu „schools of experience“ (Thompson) für die politisch und gewerkschaftlich aktive Arbeiterschaft. Die vor allem in den Hilfskassen organisierten anpolitisierten Teile der qualifizierten Lohnarbeiterschaft wurden dort nicht nur zur „Selbstverwaltung“ nach bürgerlichem Muster erzogen, sondern bekamen darüber hinaus auch ein spezifisches exklusiv-elitäres „Selbstbewußtsein“ vermittelt, über das sie sich

340 Reininghaus 1983, S. 278

341 Reininghaus 1983, S. 282

342 Zadek zitiert nach Frevert 1984, S. 319; zur Kritik des Qualifikationsbegriffs vgl. Türk 1995e, S. 242ff.

343 Tennstedt 1981, S. 171; vgl. auch: Stollberg 1983, S. 343

von den weniger privilegierten und qualifizierten Arbeitergruppen (Hilfsarbeiter, Tagelöhner, Heimarbeiter usw.) abgrenzen konnten.

Dies führte nach Tennstedt dazu, daß die Hilfskassenmitglieder die als Zwangskassen errichteten Orts(kranken)kassen lange Zeit verächtlich als minderwertig abstempelten, „'denen angeblich nur Krüppel und Gebrechliche' angehörten."[344]. Auf diese Weise erfolgte eine Stigmatisierung und soziale Ausgrenzung der Ortskrankenkassenmitglieder, welche sich innerhalb der „Kassenhierarchie" nur noch gegen die „unter ihnen stehenden" Mitglieder der Gemeindekrankenkassen abgrenzen konnten. Diese organisational verfestigten Abgrenzungsmuster weichten erst mit dem sozialdemokratischen „Sturm" auf die Ortskrankenkassen und das rasche zahlenmäßige Anwachsen geringer qualifizierter beziehungsweise dequalifizierter Arbeitstätigkeiten langsam auf.

Die zentrale Ursache für die ab den 1890er Jahren propagierte berufsgruppenübergreifende Vergemeinschaftung in Ortskrankenkassen war jedoch nicht die gemeinsame Emanzipation aller Arbeiter oder deren „Erziehung" zur Solidarität, sondern das 1892 mit der gesetzlichen Verpflichtung der „freien" Hilfskassen auf das Sachleistungsprinzip (vgl. Novelle zum Krankenversicherungsgesetz von 1892 in Tab. 6 im Anhang) absehbare Scheitern des Versuchs, die gewerkschaftlichen Hilfskassen als konkurrenzfähige ökonomische und politische Alternativen zum Zwangskassenwesen aufzubauen und langfristig zu erhalten. Mit dem Übergang zu den öffentlich-rechtlichen Ortskrankenkassen wurde hingegen vor allem die Ausweitung des sozialdemokratischen Einflußbereichs über die relativ mitgliederschwachen Hilfskassen hinaus auf das erhebliche, jedoch nur teilweise anpolitisierte Mitgliederpotential der Ortskrankenkassen bezweckt.

Das Prinzip einer qualifikationsunabhängigen, berufsgruppen- und branchenübergreifenden Kassenbildung konnte sich im Untersuchungszeitraum also nicht als allgemeines Kassenprinzip durchsetzen. Insgesamt überwogen vielmehr diejenigen „Tendenzen, die auf die berufliche Segregation der Kassen hinsteuerten."[345] Nach wie vor galt nach Frevert dementsprechend „das Prinzip: je mehr Exklusivität nach außen, desto mehr Integration und Stabilität im Inneren."[346]

---

344 Tennstedt 1981, S. 172
345 Frevert 1981, S. 317
346 Frevert 1984, S. 319

1.2 *Fabrikkassen: Soziale Differenzierung im Betrieb und in Kassen-Klassen*

Die betrieblichen Fabrikkrankenkassen umfaßten zumeist zwangsweise alle in der betreffenden Fabrik beschäftigten Lohnarbeiter und Lehrlinge, was zu einer äußerst heterogenen Mitgliederstruktur führte. Gegenüber allen fabrikfremden Personengruppen grenzten sich die Fabrikkassen allerdings über die Zugangsbarriere „Betriebszugehörigkeit" strikt ab, was in den meisten Kassen dazu führte, daß mit der Kündigung des Arbeitsverhältnisses automatisch auch die Kassenmitgliedschaft samt aller erworbenen Leistungsansprüche endete.[347] Innerhalb der Fabrikkassen wurden die Mitglieder in Analogie zu den in den meisten Fabriken üblichen, zum Teil an formale Qualifikationen gekoppelten Lohnklassen nach ihrem individuellen Lohneinkommen in differenzierte Beitrags- und Leistungsklassen eingeordnet. Dies führte wiederum zur organisationalen Reproduktion der betriebsinternen Arbeiter- und Statushierarchie und einer Verfestigung der (verinnerlichten) qualifikatorischen Trennungsmuster in den Fabrikkassen. Nach Frevert wurden die unterschiedlichen Berechtigungsklassen von den Fabrikarbeiten in der Regel jedoch ebensowenig grundsätzlich in Frage gestellt wie die Lohnskalen. Proteste wurden lediglich dort laut, wo sich einzelne Arbeiter „persönlich falsch eingestuft fühlten."[348]

Bemerkenswert ist, daß obwohl die Fabrikkassen im Unterschied zu den Gesellenkassen in der Regel sowohl gelernte (qualifizierte) als auch un- und angelernte Arbeiter gemeinsam versicherten, durch die heterogene, multiberufliche Zusammensetzung der Mitgliederstruktur keinesfalls auf eine Nivellierung der sozialen und ökonomischen Ungleichheiten innerhalb der Belegschaften hingewirkt wurde. Vielmehr sollten die bestehenden qualifikations- und leistungsmäßigen Differenzierungen in der Fabrikarbeiterschaft gerade „auch in persönlichen Krisensituationen aufrechterhalten werden"[349] und damit grundsätzliche Solidarisierungs- und Politisierungsprozesse der gesamten Belegschaft verhindert werden. Zu diesem Zweck erfolgte die bereits oben erwähnte Staffelung der Kassenbeiträge und -leistungen entsprechend der in der jeweiligen Fabrik üblichen Lohnabstufungen. Für die Höhe des individuellen Krankengeldes (normalerweise der halbe durchschnittliche Tages- bzw. Wochenlohn) wurde somit das regelmäßige Arbeitseinkommen und nicht etwa der individuelle Bedarf des erkrankten Kassenmitglieds zur Subsistenz-

---

347 Asmuth hebt die disziplinierende Wirkung der unmittelbaren Kopplung des Endes des Arbeitsverhältnisses und des Versicherungsschutzes hervor. Vgl. Asmuth 1984, S. 96-97

348 Frevert 1984, S. 280

349 Frevert 1984, S. 280

sicherung seiner Familie ausschlaggebend. Es sei jedoch erwähnt, daß einige Fabrikkassen bei besonderen Notlagen freiwillige, nicht statuarisch geregelte Sonderunterstützungen gewährten, die allerdings in der Regel durch außerordentliche Beiträge der Kassenmitglieder sowie gegebenenfalls durch einen Arbeitgeberzuschuß finanziert wurden. Nichtsdestotrotz dienten die Fabrikkassen primär dazu, die einerseits aus der kapitalistischen Fabrikhierarchie resultierenden, andererseits durch tradierte berufsständische Identitäten überlieferten sozialen Trennungs- und Differenzierungsmuster und Statushierarchien innerhalb den Belegschaften außerhalb der unmittelbaren Produktionssphäre zu reproduzieren, organisational zu verfestigen und zu normalisieren.

Frevert berichtet des weiteren, daß von einzelnen privilegierten Berufsgruppen unter den Fabrikarbeitern sogenannte Zusatzkassen (Krankenunterstützungsvereine) eingerichtet wurden, um das für die Subsistenzsicherung der Arbeiterfamilie im Krankheitsfall nicht ausreichende Krankengeld durch zusätzliche Geldleistungen aufstocken zu können. Diese Kassen verlangten von ihren Mitgliedern hohe Monatsbeiträge und hatten rigide Zugangsbeschränkungen. Es handelte sich also um eine höchst exklusive, berufsgruppenspezifische Vergemeinschaftung der besserverdienenden, qualifizierten Fabrikarbeiter, da nur diese in der Lage waren, sich mit zusätzlichen Beiträgen ein höheres, fast an ihren normalen Verdienst heranreichendes Krankengeld zu beschaffen.[350] „Periphere", das heißt weniger qualifizierte Arbeiter wurden aufgrund ihrer geringen Einkünfte nicht zur Mitgliedschaft zugelassen. Auch hier diente Berufsstand, gekoppelt an ein höheres Lohneinkommen, also primär als Zugangsbarriere.

Im Falle der Fabrikkassen ergab sich damit das Bild einer parallel zur Einkommenshierarchie entwickelten (Kassen-)Statushierarchie bezüglich des Zugangs zu Unterstützungsleistungen. An ihrer Spitze standen die ohnehin privilegierten Facharbeiter mit festem, relativ hohen Lohneinkommen (die sogenannten „Spitzenverdiener") und entsprechend hohen Leistungsansprüchen an die Fabrikkasse sowie der Möglichkeit zur Aufstockung der Unterstützungsleistungen über ihre Zusatzkasse. Am unteren Ende der Statushierarchie bewegten sich hingegen die unqualifizierten, bestenfalls angelernten und schlecht entlohnten Hilfsarbeiter, mit entsprechend niedrigen Leistungsansprüchen an die Fabrikkasse. Diese „peripheren" Arbeiter hatten keine Möglichkeit, das nicht zur Subsistenzsicherung ihrer Familie im Krankheitsfall ausreichende Krankengeld durch eine Zusatzversicherung aufzustocken. Ihre

---

350 Vgl. Frevert 1984, S. 281

Situation blieb damit auch weiterhin prekär, die Einrichtung einer Fabrikkasse änderte hieran grundsätzlich nichts.

Das entscheidende Motiv für die Gründung betrieblichen Fabrikkassen blieb der in den expandierenden Industriezentren lange Zeit vorherrschende Mangel an qualifizierten Fabrikarbeitern und die hohen Fluktuationsraten. Die Kassen waren in diesem Sinne Bestandteil der betrieblichen Personalpolitik, denn sie dienten vor allem dazu, den qualifizierten „Arbeiterstamm sowie die im Laufe der Zeit neu eingestellten und ausgebildeten Facharbeiter an den Betrieb zu binden und gegen Abwerbung von seiten anderer Werke zu schützen."[351] Die Kehrseite dieser Bindung der Arbeiter an die jeweilige Fabrik war jedoch eine Verstärkung der ohnehin schon großen Abhängigkeit der Arbeiter von ihrem Fabrikherrn.

Die Fabrikkasse bedeutete letztlich also „ein zusätzliches Disziplinierungsinstrument in der Hand des Arbeitgebers, der sowohl über Fabrikarzt und Vorstand Einfluß auf die Gewährung von Kassenleistungen nehmen als auch unliebsame Arbeiter entlassen konnte."[352] Vertreter der Unternehmerschaft bezeichneten denn auch folgerichtig die Fabrikkassen als Mittel, um den Emanzipationsbestrebungen der Arbeiter entgegenzuwirken.[353] Die innere Strukturiertheit der Kassenorganisation in Analogie zur Arbeiter- und Lohnhierarchie legt ebenfalls einen solchen Schluß nahe. Gerade die betriebliche Fabrikkasse trug damit zur organisationalen Verstetigung und Normalisierung des Lohnarbeitsverhältnisses und der hieran gekoppelten Verhaltensstandards bei, worin sich ihre extroverse Herrschaftsorientierung ausdrückt. Darüber hinaus ist die strukturelle Verfestigung der durch die kapitalistische Produktionsweise erzeugten Muster sozialer Ungleichheit durch die Kassenorganisation feststellbar. Die ideologische Überlagerung dieser sozialen Ungleichheits- und Trennungsmuster erfolgte hierbei primär über die organisationale Konservierung und Reproduktion tradierter berufsständischer Identitäten und Denkweisen.

---

351 Asmuth 1984, S. 80; vgl. auch Frevert 1981, S. 302

352 Asmuth 1984, S. 80

353 Vgl. exemplarisch Zunkel, in Asmuth 1984, S. 80 (FN 408)

2. Zur exklusiven Bedeutung von Gesundheitszustand und Lebensalter

Alle untersuchten Krankenkassen nahmen in der Regel ausschließlich gesunde und jüngere Arbeiter oder Gesellen auf, da man sich hiervon eine geringere Kostenbelastung mit potentiellen Unterstützungsleistungen versprach. Auf diese Weise fungierten also auch der individuelle Gesundheitszustand und das Lebensalter als Zutrittsbarrieren zu den Kassen, über die versucht wurde, die als „Versicherungsrisiken" eingestuften Kranken und Krankheitsanfälligen von vornherein fernzuhalten.

So waren beispielsweise bis zu Beginn der 1870er Jahre fast alle Kassen dazu übergegangen, die Neuaufnahme von beitrittswilligen Fabrikarbeitern oder Gesellen von der Beibringung eines umfangreichen ärztlichen Gesundheitsattests abhängig zu machen. Auf diese Weise wurde eine weitverbreitete Einstellungspraxis der Fabriken von den Krankenkassen aller Typen übernommen. Hiermit verbunden waren für die aufgenommenen Mitglieder restriktive Leistungsausschlüsse für all diejenigen Erkrankungen, die „schon vor dem Kassenbeitritt angelegt oder sichtbar waren"[354]. Wurden bei der Eingangsuntersuchung durch den Kassenarzt chronische oder unheilbare Krankheiten festgestellt, so führte dies in der Regel zur Verweigerung der Kassenaufnahme. Aber auch die erlangte Kassenmitgliedschaft schützte nicht unbedingt vor einem krankheitsbedingten Ausschluß. Reininghaus berichtet zum Beispiel, daß aufgrund „der Gewißheit, daß 'langwierige Krankheiten, z.T. unheilbares Siechtum ... am meisten die Mittel der Kasse' erschöpfen"[355], dauerhaft (bzw. chronisch) oder unheilbar Kranke mit einer kleinen Abfindung aus den meisten Krankenkassen entlassen wurden.

Darüber hinaus führten viele Krankenkassen per Kassenstatut sogenannte Höchsteintrittsaltersgrenzen ein, die zumeist zwischen dem 40. und 45. Lebensjahr lagen. Sofern ältere Personen vereinzelt trotzdem noch aufgenommen wurden, mußten sie aufgrund der unterstellten größeren Krankheitsanfälligkeit höhere Eintrittsgelder und Beiträge entrichten.[356] Als noch sozial exklusiver als die Zwangskassen erwiesen sich in diesem Punkt die (größtenteils gewerkschaftsnahen) „freien" Hilfskassen. Tennstedt berichtet beispielsweise über die Duisburger Hilfskassen, daß diese fast durchweg nur für Personen von 20 bis 40 Jahren zugänglich waren, welche darüber hinaus ihren

---

354 Frevert 1984, S. 261

355 Reininghaus 1983, S. 287 [Zitat im Zitat: Statuten der Kranken- und Pensions-Kasse für die Fabrikarbeiter in der Stadt Hagen, 1855]

356 Vgl. Reininghaus 1983, S. 287

Militärdienst abgeleistet haben mußten.[357] Auch Stollberg kommt bei seiner Untersuchung der Hilfskassen zu dem Schluß, daß diese primär jüngere, gesunde Facharbeiter versicherten. Demnach wurde nur durch ärztliches Attest nachweisbar gesunden Arbeitern, die älter als 15 und jünger als 40 oder 45 Jahre waren, der Kassenbeitritt gewährt. Daß diese exklusive Praxis bewußt zur Ausbildung einer jungen, qualifizierten und privilegierten Arbeiterelite, der dementsprechende selektive Unterstützungsleistungen zugerechnet werden konnten, und so zur sozialen Abgrenzung vom weniger produktiven, krankheitsgefährdeteren Rest der arbeitenden Klasse praktiziert wurde, legt eine Äußerung auf dem Metallarbeiterkongreß von 1903 nahe, auf dem die ärztliche Eingangsuntersuchung als „ein 'schmales Tor' bezeichnet wurde, das nur wenige passieren könnten."[358]

Gerade für die jungen, hochmobilen und qualifizierten Fabrikarbeiter war das Risiko, krank zu werden, jedoch ohne akute Bedrohung, weshalb sie sich oftmals der zwangsweisen Einbeziehung in Fabrikkassen oder allgemeine Ortskassen und dem damit automatisch erfolgenden Beitragseinzug von ihrem Arbeitslohn widersetzten. Für sie boten sich die „freien" Hilfskassen aus mehreren Gründen als Alternative an. Zum einen befreite die Hilfskassenmitgliedschaft in der Regel von der Versicherungspflicht in einer Zwangskasse, zum anderen standen den etwas höheren Beiträgen aber auch höhere und längere finanzielle Unterstützungsleistungen (durchschnittlich 30 Wochen und mehr) gegenüber, da die Hilfskassen bis 1892 größtenteil Geld- statt Sachleistungen gewährten. Darüber hinaus bildete sich insbesondere unter den Hilfskassenmitgliedern ein für junge, qualifizierte Fabrikarbeiter interessantes berufsständisch-elitäres Verhalten heraus, was viele offensichtlich ansprach. So wird dann auch verständlich, warum von den circa 9000 Mitgliedern der „freien" Nürnberger Metallarbeiter-Kasse in 1883/84 rund 3700 (also 41 Prozent!) unter 30 Jahre alt und nur 200 Personen über 50 Jahre alt waren.[359]

Die älteren Arbeiter und Gesellen wurden hingegen aufgrund ihrer größeren Krankheitsanfälligkeit systematisch aus den Hilfskassen ausgegrenzt und fielen damit den Zwangskassen oder, falls diese sie ebenfalls nicht (mehr) aufnahmen, der Armenfürsorge anheim. Auch bei den Zwangskassen waren ältere und kränkliche Mitglieder nicht gerne gesehen, da sie ein erhebliches Kostenrisiko für die Kassen bedeuteten. Insbesondere die betrieblichen Fabrikkrankenkassen waren darauf bedacht, sich von älteren Mitglieder sowie Mitgliedern mit chronischen Berufskrankheiten möglichst rasch zu trennen.

357 Vgl. Tennstedt 1983b, S. 308
358 Zitiert nach Stollberg 1983, S. 353
359 Vgl. Stollberg 1983, S. 350

Dies kam den meisten Fabrikherren entgegen, die sich bei ihrer ohnehin schon restriktiven Einstellungspraxis nun auf das „Interesse der Krankenkasse“ berufen konnten, deren Finanzmittel es zu schonen galt. Auf diese Weise wurden in vielen Unternehmen medizinische Einstellungsuntersuchungen und Gesundheitsatteste, mit denen die Einstellung älterer, kranker und leistungsgeminderter Arbeiter verhindert werden sollte, zur allgemein anerkannten Unternehmenspraxis erhoben.[360]

Asmuth berichtet darüber hinaus, daß die generelle Tendenz der Fabrikherren, sich älterer oder kränklicher Arbeiter durch Kündigung zu entledigen im Falle des Bestehens einer Fabrikkasse noch zunahm.[361] Dies dürfte zum einen daran gelegen haben, daß der Fabrikherr über die betriebliche Krankenkasse einen umfassenden Einblick in das Krankenverhalten, die Krankheitsentwicklung und die Krankheitshäufigkeit seiner Belegschaft erhalten konnte. Zum anderen wurde die betriebliche Aussonderungspraxis leistungsgeminderter Arbeitskräfte auch von den Krankenkassenverwaltungen und ihren jungen, gesunden Mitgliedern aktiv unterstützt, deren Interesse an geringen Beiträgen und stabilen Leistungen mit der Aufnahme und Mitfinanzierung großer „Versicherungsrisiken“ nicht vereinbar war. Die sozialen Trennungslinien beziehungsweise die Solidaritätsgrenzen verliefen damit mitten durch die Belegschaft hindurch entlang der gemeinsam von Krankenkasse, Fabrikherrn und Kassenarzt vorgenommenen Klassifizierungen: „gesund“ / „jung“ / „leistungsfähig“ versus „alt“ / „krank“ / „leistungsgemindert“. Diese betriebliche Selektionspraxis galt im allgemeinen jedoch ausdrücklich nicht für den Kern leistungsfähiger, qualifizierter Facharbeiter, an denen es aller Orten mangelte, sondern „für geringer qualifizierte, leicht ersetzbare sowie ältere Arbeiter mit verminderter Leistungsfähigkeit und erhöhtem Krankheitsrisiko.“[362]

Damit wird deutlich, daß die betrieblich erzeugten Muster sozialer Ungleichheit und die damit verbundene Segmentierung der Belegschaft auch über die Krankenkassenorganisation strukturell verfestigt und legitimiert wurde. Schließlich erfolgte die Selektion kranker und älterer Arbeiter nicht nur unter Berufung auf die Krankenkassen, sondern auch mit deren ausdrücklicher Billigung. Auch hieran wird der sozial exklusive, disziplinierende und extroverse Herrschaftscharakter der Kassen, darunter vor allem der Fabrikkrankenkassen, deutlich.

---

360 Vgl. Frevert 1984, S. 278
361 Vgl. Asmuth 1984, S. 96
362 Asmuth 1984, S. 96

3. Geschlecht und Familienstand als soziale Zutrittsbarrieren

Bei der Betrachtung der Mitgliederstrukturen aller Krankenkassentypen im Untersuchungszeitraum fiel außerdem auf, daß auch die Kategorien „Geschlecht“ und teilweise „Familienstand“ als Zutrittsbarrieren von verschiedenen Kassen benutzt wurden.

Bei einer dementsprechenden Untersuchung der Mitgliedschaftsmöglichkeiten für Frauen in den Krankenkassen im „langen“ 19. Jahrhundert wurde deutlich, daß die soziale Kategorie „Geschlecht“ in Analogie zur Gesamtgesellschaft auch von den Krankenkassen offensichtlich als Bezugspunkt für die Zuweisung von sozialem Status und gesellschaftlich vermittelten Lebens- und Reproduktionschancen benutzt wurde. Feststellbar war nämlich, daß Frauen von der überwiegenden Mehrzahl der Kassen, und zwar unabhängig vom jeweiligen Kassentyp, systematisch von einer Mitgliedschaft und damit von den kassenmäßigen Versorgungs- und Unterstützungsleistungen im Krankheitsfall ausgegrenzt wurden. Bis 1883 waren Lohnarbeiterinnen wenn überhaupt, dann vorwiegend in Fabrik- oder Ortskassen versichert. Auffällig war hierbei, daß viele Kassen entweder gar keine lohnarbeitenden Frauen aufnahmen oder diese, „weil auch sie 50 % Arbeitgeberanteil 'kosteten', am schnellsten von der Mitgliedschaft ferngehalten“[363] werden konnten. Einige Ortskassen schlossen in ihren Statuten Frauen sogar ausdrücklich und grundsätzlich von einer Mitgliedschaft aus. Anders verhielten sich jedoch beispielsweise schon in den 1850er und 1860er Jahren die allgemeinen Fabrikkassen der Tabakindustrie, „die auf Handlangerdienste von Frauen angewiesen waren. Einerseits verweigerten Zigarrenmacherkassen den weniger qualifizierten Frauen die Mitgliedschaft, andererseits führten andere eine besondere Kategorie für wenig verdienende 'Hülfsarbeiter und Weiber' ein.“[364]

Im allgemeinen setzte die langsame Lockerung der patriarchal-berufsständisch-elitären Schließung der meisten Kassen erst ein, als infolge der anwachsenden Industrialisierung und der damit verbundenen Prozesse der Produktionsmechanisierung und Dequalifizierung der Masse der Arbeiterschaft immer größere Mengen gering oder gar nicht qualifizierter Arbeiter *und* Ar-

---

363 Reininghaus 1983, S. 282. Reininghaus merkt hier auch an, daß bezeichnenderweise fast alle der von ihm untersuchten Kassenstatuten damit begannen, daß „jeder *Arbeiter*“ verpflichtet sei, der Kasse beizutreten. Vgl. ebd. [kursiv im Original]

364 Reininghaus 1983, S. 282

beiterinnen in die Fabriken strömten und für die Beurteilung und Einstellung immer weniger die mitgebrachten handwerklichen Qualifikationen, sondern die allgemeine Leistungsfähigkeit ausschlaggebend wurden. Aufgrund der zunehmenden Entwertung handwerklicher Qualifikationen verloren auch die (verinnerlichten) Unterschiede und sozialen Trennungsmuster langsam an Bedeutung, wobei sich die kassenmäßig reproduzierte Geschlechterdifferenzierung allerdings noch am hartnäckigsten hielt. Insgesamt wuchs jedoch die allgemeine Bereitschaft, unter den „qualifizierten" Kassenmitgliedern auch weniger qualifizierte Arbeiter *und* auch Arbeiterinnen in die Kassen aufzunehmen. Der Öffnungsprozeß der Kassen für weibliche Mitglieder verlief trotzdem sehr langsam. 1882 betrug die Zahl der Fabrikarbeiterinnen nach Stollberg beispielsweise bereits 550000. Arbeiterinnen machten damit schon rund ein Achtel der Industriearbeiterschaft aus und ihre Zahl stieg ständig weiter an. Zählt man die große Zahl der Heimarbeiterinnen, Näherinnen, Schneiderinnen und andere in der sogenannten Hausindustrie arbeitende Frauengruppen hinzu, so dürfte bereits damals die Millionengrenze überschritten worden sein. In den sogenannten Zwangskassen (Orts-, Fabrik- und Gemeindekrankenkassen) machten die Arbeiterinnen in den 1880er Jahren ca. 30 Prozent der Mitglieder aus. Der Frauenanteil in den Hilfskassen lag mit knapp 10 Prozent allerdings deutlich darunter.[365]

Proletarische Ehefrauen, die hingegen keine Lohnarbeit verrichteten, sondern die Kinder zu Hause aufzogen und den Familienhaushalt führten, waren neben ihrer eventuellen Heimarbeit völlig auf das Lohneinkommen und den Kassenstatus des Ehemannes angewiesen, da nur wenige große Fabrikkassen, Ortskassen und einzelne Hilfskassen die Familienangehörigen der Lohnarbeiter mitversicherten und ihre Sachleistungen auf diese ausdehnten.[366] Die meisten Ehefrauen und Kinder blieben so gänzlich von den Unterstützungsleistungen, die ihre versicherten Ehemänner im Krankheitsfall von ihren Kassen erhielten, ausgeschlossen. Im Falle einer Erkrankung hatten sie deshalb vor

---

365 Vgl. Stollberg 1983, S. 352

366 Vgl. Frevert 1984, S. 288; Reininghaus 1983, S. 282; Stollberg 1983, S. 352f.:
Frevert berichtet davon, daß die Kruppsche Gußstahlfabrik in den 1860er Jahren eine sog. „Familienarztkasse" einrichtete, die gegen einen geringen Jahresbeitrag die Ehefrauen, Kinder, Geschwister und Eltern der Beschäftigten versicherte (S. 288).
Nach Reininghaus war es in den 1850er und 60er Jahre eine absolute Ausnahme, daß die Henrichshütte in Hattingen neben den Frauen und Kindern der Fabrikarbeiter sogar das Gesinde der Werksmeister mitversicherte (1983, S. 282).
Stollberg hat ermittelt, daß in den 1880er Jahren von den zentralisierten Hilfskassen nur die Kassen der Tabak- und der Glasarbeiter, der Bürsten- und Pinselmacher, der Zimmerer und der Fabrik- und Handarbeiter Frauen als Mitglieder aufnahmen (1983, S. 352).

allem keinen kostenfreien Zugriff auf eine medizinische Versorgung, so daß sie sich auch weiterhin mit Hausmitteln behelfen mußten und nur im äußersten Notfall den teuren Arzt aufsuchten. Während die Ehemänner also als Mitglieder einer Krankenkasse „die Chancen hatten, sich in das Regelsystem krankheitsdefinierender und -bewältigender Instanzen einzupassen, mußten ihre Frauen einen solchen Schritt möglichst lange hinauszögern und vermeiden"[367], denn zum einen war, wenn sie ihre familiäre Reproduktionsarbeit nicht mehr erbringen konnten, die für die Familie entstehende Lücke kaum von dieser zu schließen, zum anderen gab es für die Frauen keine dem versicherten Ehemann gleichgestellte Krankenversorgung, Krankenpflege oder gar Krankengeld. Dementsprechend hoch war denn auch zumeist die Krankheitsschwelle bei den Arbeiterfrauen angesetzt.

Nach Frevert befanden sich die verheirateten Lohnarbeiter genauso wie ihre ledigen Kollegen, die noch im elterlichen Haushalt lebten, „in einer 'double-bind'-Situation: einerseits wurden sie in der Fabrik mit völlig neuartigen Erwartungen an ihr Gesundheitsverhalten konfrontiert,"[368] erlebten die Vor- und Nachteile medizinischer Versorgung und ärztliche Kontrolle, wurden dazu gebracht, Krankheit als normalen Risikofall zu begreifen, bewußt in ihre Lebensplanung einzukalkulieren und sich durch kollektives Sparen gegen die potentiellen Krankheitsfolgen abzusichern. „Als Belohnung dieser planvollen Vorsorge durften sie eine Gesundheitsstörung als solche bezeichnen, sachliche und finanzielle Unterstützung beanspruchen und 'krank feiern'."[369] Andererseits blieb jedoch ihre Familie in der Regel von der medizinischen Infrastruktur der Krankenkassen ausgeschlossen und in den tradierten Vorstellungen der Selbstmedikation mehr oder weniger fest verankert. Zwar bemühten sich insbesondere die Kassenärzte, auch in die Familien und vor allem auf die Ehefrauen der versicherten Arbeiter belehrend, ermahnend und kontrollierend einzuwirken und „den 'abergläubischen' und 'gesundheitsschädlichen' Krankheitsauffassungen den Boden zu entziehen"[370], aber ihre Bemühungen hatten so lange nur eine relativ geringe Reichweite, wie den Familienmitgliedern der Arbeiter „der unmittelbare Kontakt mit der offiziellen, 'rationalen' Medizin faktisch verwehrt wurde."[371] Da auch das Hilfskassengesetz von 1876 sowie das Krankenversicherungsgesetz von 1883 den Kassen lediglich das Recht einräumten, ihre Unterstützungsleistungen (ärztliche Versorgung, Medika-

367 Frevert 1984, S. 289
368 Frevert 1984, S. 290
369 Frevert 1984, S. 290
370 Frevert 1984, S. 290
371 Frevert 1984, S. 290

mente, aber kein Krankengeld) freiwillig auch auf die Familienangehörigen der Versicherten auszudehnen, die Mehrheit der Kassen dies jedoch aus Kostenerwägungen nicht tat, blieben in dieser Hinsicht einer umfassenden Medikalisierung der Arbeiterfamilie gewisse Grenzen gesetzt.

Stollberg berichtet, daß im Bereich der ab den 1870er Jahren gegründeten gewerkschaftsnahen zentralisierten Hilfskassen die Ehefrauen der Kassenmitglieder zumeist ebenfalls nicht in die Kasse der Ehemänner aufgenommen wurden, dafür aber des öfteren den separaten Sterbekassen für Frauen angehörten, welche markanterweise von den Vorständen der „Männer-Hilfskassen" mitverwaltet wurden. Eine besondere Rolle innerhalb der Zentralkrankenkassen spielte die 1884 gegründete „Central-Kranken- und Begräbniskasse für Frauen und Mädchen in Deutschland". Sie bildete in der Folgezeit das „organisatorische Zentrum für die Gründung von Arbeiterinnenvereinen in deutschen Großstädten"[372]. Im Gegensatz zu den sonstigen Hilfskassen ging in diesem Fall der Impuls zur Gründung gewerkschaftsähnlicher Organisationen also von einer Kasse aus, welche sowohl das Sozialistengesetz als auch diverse Verbote der einzelnen Arbeiterinnenvereine überstand und ihren Mitgliederbestand trotz staatlicher Repressionen bei etwa 10000 Frauen stabil halten konnte. Auch die „Frauen-Kasse" hatte allerdings rigide Aufnahmebedingungen und war dementsprechend genauso sozial exklusiv wie die übrigen „Männer-Hilfskassen". Bemerkenswert ist hierbei, daß die Vorstände der „Frauen-Kasse" bis in die 1890er Jahre „aus rechtlichen Gründen mit Männern besetzt, aber reichlich mit Beisitzerinnen versehen"[373] und wegen ihrer Verwaltungspraxis ebenso verrufen waren wie die übrigen Kassen.[374]

Der Familienstand des Kassenmitgliedes spielte lediglich bei den Gesellenkassen eine wesentliche Rolle, da verheiratete Gesellen lange Zeit nur gegen höhere Beiträge aufgenommen wurden. Verheiratete Handwerksgesellen konnten darüber hinaus aber zumeist wählen, ob sie ihre Krankheit, wie für ledige Gesellen obligatorisch, im Hospital oder aber zu Hause, das heißt durch die Pflege ihrer Ehefrau, auskurieren wollten. Hierbei ging man implizit davon aus, „daß sie die Familienpflege dem Krankenhaus vorziehen würden."[375] Während es bei der Krankenhauspflege nämlich üblich war, den er-

---

372 Stollberg 1983, S. 352

373 Stollberg 1983, S. 352

374 Während der Verhandlung der Klage eines weiblichen Kassenmitglieds gegen die Kasse in 1889 äußerte sich der vorsitzende Richter dergestalt, daß er schlechte Erfahrungen mit den Hilfskassen gemacht habe; „man ziehe die Leute förmlich aus". Vgl. Stollberg 1983, S. 353

375 Frevert 1984, S. 263

krankten Gesellen nur ein geringes „Taschengeld" auszuzahlen, stand dem die Familienpflege in Anspruch nehmenden Gesellen zusätzlich zu den obligatorischen Sachleistungen wie ärztlicher Behandlung und freier Medikamente auch ein Krankengeld in Höhe eines halben durchschnittlichen Wochenlohns zu. Diese Regel änderte an der sozialen Ausgrenzung der Ehefrauen und Kinder von den Unterstützungsleistungen der Kassen jedoch gar nichts, ließ also deren prekäre Situation im Krankheitsfall unverändert.

4. Zur sozialen Exklusivität des lokalen, städtischen Raumes

Die Entwicklung der Krankenkassen hing unmittelbar mit der Industrialisierung Deutschlands zusammen. Da der Industrialisierungsprozeß im Untersuchungszeitraum regional sehr unterschiedlich verlief, konnte auch eine dementsprechend lokal beziehungsweis regional stark differenzierte Entwicklung des Kassenwesens festgestellt werden. Maßgeblich war hierbei, daß mit Ausnahme der betrieblichen Fabrikkassen per lokalem Ortsstatut alle Kassen nur auf kommunaler Ebene errichtet wurden. Die Krankenkassen beschränkten ihren Einzugsbereich somit in der Regel auf die jeweilige Gemeinde oder Stadt und waren deshalb auch prinzipiell nur für spezifische, dort wohnende Personengruppen überhaupt zugänglich.[376] Dies hatte zur Folge, daß alle Personen, die außerhalb des Hoheitsgebietes der jeweiligen Stadt in benachbarten Ortschaften auf dem Lande wohnten, aber entweder direkt in der Stadt als Lohnarbeiter oder Handwerksgesellen beschäftigt waren oder in ihrem Heimatort als formal selbständige Heimarbeiter von den städtischen Fabrikherren auf Stückarbeit beschäftigt wurden, nicht der lokalen Krankenversicherungspflicht unterlagen und demzufolge im Krankheitsfall für sich selbst sorgen mußten.

Reininghaus berichtet in diesem Zusammenhang allerdings, daß die ländlichen unselbständigen Beschäftigen zum einen auch nicht ohne weiteres „für den Gedanken an eine Mitgliedschaft in Kassen gewonnen werden"[377] konnten, da sie als Landbewohner über gewisse agrarische Ressourcen und Sub-

---

376 Verschiedene Statuten, wie die des Hattingen-Wittener Raums, begrenzten z.B. den Einzugsbereich der jeweiligen Kassen auf den Umkreis einer Meile von der Ortsmitte. In Hagen wurden nur solche Personen zur Kasse zugelassen, die nachweisbar in der Gemeinde selbst wohnten. Vgl. Reininghaus 1983, S. 282

377 Reininghaus 1983, S. 281

sistenzmittel verfügten, die ihnen die Selbstversorgung im Erkrankungsfall auch ohne Kassenunterstützung ermöglichte. Zum anderen lehnten die städtischen Krankenkassen aufgrund erheblicher verwaltungstechnischer Schwierigkeiten eine Einbeziehung der Gesellen und Arbeiter des ländlichen Umlandes zumeist schlichtweg ab. So weigerte sich nach Reininghaus beispielsweise „der Mindener Bürgermeister 1854, Gesellen aus der Feldmark in städtische Gesellenladen aufzunehmen, weil erstens ihr Lohn niedriger sei, zweitens die Beiträge nur unter Schwierigkeiten eingezogen werden könnten, drittens den Altgesellen nicht zuzumutbar sei, die 'Landgesellen' zu benachrichtigen."[378] Darüber hinaus konnte keine ärztliche Versorgung auf dem Lande gewährleistet werden. Dementsprechend wurde die Landbevölkerung von der Kassenmitgliedschaft systematisch ausgeschlossen, die Krankenversicherung zur städtischen Angelegenheit erklärt.

Die Folge dieser Praxis, war zunächst eine massive „Zersplitterung des Kassenwesens"[379] in eine Vielzahl lokaler, rechtlich und ökonomisch selbständiger Krankenkassen. Da der Kassenwechsel in der Regel mit dem Verlust sämtlicher Anspruchsrechte, erneuten Wartezeiten und Eintrittsgeldzahlungen verbunden war, schränkte der „Kommunalismus" des Krankenkassenwesens die Mobilität der städtischen Gesellen und Lohnarbeiter erheblich ein und band sie an die jeweilige Kommune und die dortigen Arbeitgeber. Erst mit dem Krankenversicherungsgesetz von 1883 und den damit vorgenommenen Vereinheitlichungen der Kassenstatuten und Unterstützungsleistungen wurde diese Mobilitätsschranke beseitigt.

Gleichzeitig kam es zur gesetzlichen Vereinheitlichung der bislang völlig unterschiedlichen ortsstatuarischen Regelungen bezüglich des Einzugsbereiches der Krankenkassen. Nunmehr war für die Krankenversicherung immer der Ort der Beschäftigung maßgeblich. Damit fielen nun zumindest alle diejenigen Personen unter die Versicherungspflicht, die zwar in Nachbargemeinden wohnten, aber in der jeweiligen Stadt beschäftigt waren. Diese Arbeitergruppe trat hiermit erstmalig „*generell* in den Verantwortungskreis der Städte"[380] ein. Die übrigen Teile der Landbevölkerung wurden erst 1911 (RVO) in die Versicherungspflicht mit einbezogen.

Die weiter oben angesprochenen verwaltungstechnischen Schwierigkeiten konnten nun durch die Bildung spezieller Landkrankenkassen umgangen werden. Damit wurde die soziale Trennung von Stadt- und Landbevölkerung beibehalten und nunmehr auch „von der anderen Seite her" organisational verfestigt. Diese gegenseitige Schließung und gesellschaftliche Trennung

378 Reininghaus 1983, S. 282
379 Peschke 1962, S. 329. An anderer Stelle spricht er auch von „Flickschusterei" (S. 328).
380 Tennstedt 1983b, S. 310 [kursiv im Original]

durch Organisation erfolgte ungeachtet der Tatsache, daß gerade zwischen dem Stadtproletariat und der Landbevölkerung in Anbetracht ihrer gesellschaftlichen Situation keine größeren Differenzen bestanden. Die von liberaler Seite so oft propagierten freien Ein- und Austrittsmöglichkeiten existierten hier gerade nicht.

Abgesehen von den als überlokale Krankenkassen in den 1870er Jahren gegründeten gewerkschaftsnahen zentralisierten Hilfskassen fanden erste Tendenzen zur Zentralisation der einzelnen lokalen Zwangskassen durch Bildung überregionaler Krankenkassenverbände erst sehr spät, nämlich ab den 1890er Jahren statt und zogen sich bis in die erste Dekade des 20. Jahrhunderts hin. Dies lag insbesondere daran, daß die meisten lokalen Krankenkassen bis in die 1890er Jahre das mehr oder weniger uneingeschränkte Nachfrageoligopol für ärztliche Dienstleistungen behaupten konnten. Sie besaßen damit gegenüber den ortsansässigen Ärzten hinsichtlich der Bewerberauswahl für die Besetzung der begrenzten, aber heiß begehrten Kassenarztstellen und hinsichtlich der Frage der Honorierung der ärztlichen Leistungen eine äußerst starke Verhandlungsposition gegenüber den Kassenärzten. Wollte der jeweilige Kassenarzt einen Vertrag mit der Kasse abschließen, so mußte er im allgemeinen das ihm angebotene Honorar und die Verhaltensforderungen der Kasse akzeptieren. Ärztliche Forderungen nach Erhöhung der Vergütung wurden in der Regel durch die Kassen abschlägig beschieden, Verträge mit protestierenden Ärzten teilweise willkürlich gekündigt. Somit blieb dem einzelnen Arzt normalerweise nur die Wahl zwischen Akzeptanz des angebotenen Honorars oder der Kündigung des Vertrags, was ihn jedoch angesichts der relativ großen Menge der um die Privatpatienten konkurrierenden niedergelassenen Ärzte in wirtschaftliche Schwierigkeiten bringen konnte.

Darüber hinaus führten viele Krankenkassen rigide Revisionen der ärztlichen Verschreibungs- und Behandlungspraxis durch, schränkten damit den ärztlichen Handlungsspielraum ein und stellten auf diese Weise faktisch den Anspruch der Ärzteschaft auf das Behandlungsmonopol in Frage. Hieraus resultierte ein nach 1883 an Intensität permanent zunehmender Konflikt zwischen den lokalen Ärztevereinen und den örtlichen Kassen, insbesondere den Allgemeinen Ortskrankenkassen. Das hatte zur Folge, daß sich die ortsansässige Ärzteschaft zunehmend in standespolitischen und wirtschaftlichen Kampforganisationen zusammenschloß und mit der zentralen Forderung nach „freier Arztwahl“ zu Beginn der 1890er Jahre vielerorts zur Abschaffung des Zulassungsmonopols der Krankenkassen und gegen den „Kassendespotismus“ zu Felde zog. Die Auseinandersetzungen gipfelten unter anderem im ersten erfolgreichen „Ärztestreik“, der 1898 in Barmen stattfand und in dem die ortsansässige Ärzteschaft (unter geschickter Einbeziehung der Aufsichtsbehörden für ihre Ziele) gegen die örtliche, zum damaligen Zeitpunkt 20.000 Mitglieder starke Allgemeine Ortskrankenkasse die „freie Arztwahl" durchsetzte. Es muß allerdings festgestellt werden, daß die meisten lokalen „Ärztestreiks" bis zur Jahrhundertwende aufgrund der wirtschaftlichen Stärke der örtlichen Krankenkassen und des lokal begrenzten Charakters der meisten ärztlichen Organisationen sowie der ungünstigen Arbeitsmarktlage der Ärzte für diese verloren gingen (z.B. in Remscheid 1898). Der für die örtlichen Ärzte letztlich erfolgreiche Kampf in Barmen bildete somit eher eine Ausnahme von der Regel.[381]

Das Ergebnis der zunehmenden Konflikte zwischen Ärzteschaft und Krankenkassen war jedenfalls die Ingangsetzung einer „Art organisatorischer Rüstungsspirale"[382] von Organisationsgründungen und -gegengründungen auf Seiten der Krankenkassen sowie auf Seiten der niedergelassenen Ärzteschaft, in deren Verlauf sich die zumeist lokal organisierten Krankenkassen zu regionalen und dann reichsweiten finanz- und mitgliederstarken Dachorganisationen zusammenschlossen, um ihre schwindende Verhandlungsmacht gegenüber den überregional bzw. ebenfalls reichsweit agierenden Ärzteverbänden (vor allem gegenüber dem 1900 in Leipzig gegründeten „Verband der Ärzte Deutschlands", der später in „Hartmannbund" umbenannt wurde) und dem oftmals zugunsten der Ärzte intervenierenden Gesetzgeber zu behaupten. Zu Beginn der 1890er Jahre kam es so beispielsweise zur Gründung der „Freien Vereinigung rheinisch-westfälischer Krankenkassen", der ab 1895 auch die Barmer Allgemeine Ortskrankenkasse angehörte.[383] 1894 kam es zur Gründung des Spitzenverbandes der Ortskrankenkassen mit dem Namen „Centralverband von Ortskrankenkassen im Deutschen Reich". Ab 1911 führte dieser Dachverband die Bezeichnung „Hauptverband deutscher Ortskrankenkassen." 1907 folgten die Betriebskrankenkassen mit der Gründung des „Verbands deutscher Betriebskrankenkassen" mit Sitz in Essen.[384] Wesentlicher Grund der nun bei allen Kassentypen einsetzenden „Tendenz zum Zentralismus"[385]

---

381 Zum Thema „Ärztestreik" vgl. Herold-Schmidt, H.: Ärztliche Interessenvertretung im Kaiserreich 1871-1914, in Jütte, R. (Hrsg.): Geschichte der deutschen Ärzteschaft, Köln 1997, S. 43-96; Huerkamp 1985, S. 285f.; Neuhaus, R.: Arbeitskämpfe, Ärztestreiks, Sozialreformer. Berlin 1986; Stremmel, R.: „Gesundheit – unser einziger Reichtum"? Kommunale Gesundheits- und Umweltpolitik 1800-1945 am Beispiel Solingen, Solingen 1993, S. 74-77

382 Alber, J.: Das Gesundheitswesen der Bundesrepublik Deutschland. Entwickung, Struktur und Funktionsweise, Frankfurt/Main; New York 1992, S. 32

383 Vgl. Freie Presse Nr. 11 vom 13.01.1895, S. 2 und Nr. 14 vom 17.01.1895, S. 2

384 Vgl. Peters, H.: Die Geschichte der sozialen Versicherung, Sankt Augustin 1978, S. 60

385 Achinger 1966, S. 45

war die Möglichkeit der Zusammenlegung der finanziellen Ressourcen und der damit verbundenen Erhöhung der ökonomischen Überlebens- und Leistungsfähigkeit sowie des Aufbaus eines effizienten Verwaltungsapparates. Ab 1900 wurde die Zentralisation des Krankenkassenwesens dann sowohl von der Reichsregierung als auch von den Kassenverwaltungen selbst, zum Teil. auch von der Sozialdemokratie und den Gewerkschaften offen propagiert und „für das hervorragendste Mittel [...gehalten, d. Verf.], um die Leistungsfähigkeit der Kassen zu steigern.“[386]

Die so entstandenen Kassenverbände vereinigten schließlich eine die einzelne Kasse weit übertreffende ökonomische Macht sowie einen umfangreichen Verwaltungsapparat auf sich, was ihre Position in der Auseinandersetzung mit den Ärzteverbänden wesentlich verbesserte. Bei der „Organisation“ der Kassen in überlokalen Verbänden ging es also primär um die Zentralisation von ökonomischen und politischen Ressourcen, die für die Zurichtung Dritter, in unserem Falle der Ärzteverbände, notwendig waren. Dies unterstreicht die betont extroverse Herrschaftsorientierung der Krankenkassenverbände.

5. Fazit

Im letzten Kapitel wurde deutlich, daß alle Krankenkassen – unabhängig von Kassentyp oder politischer Orientierung – im Untersuchungszeitraum „langes“ 19. Jahrhundert sozial hochgradig exklusive Organisationen darstellten, die sich über eine Vielzahl personeller Aus- und Abgrenzungskategorien gerade von den hilfsbedürftigsten Personengruppen innerhalb der kapitalistischen Gesellschaftsformation abschlossen. Aufbauen konnten die neuen organisational vermittelten Muster sozialer Trennung und Differenzierung vor allem auf tradierten Verhaltens-, Identitäts- und Differenzierungsmustern, die in die organisationale Vergemeinschaftung übernommen, dort konserviert, teilweise verformt und reproduziert wurden. Von einem Abbau beruflicher und personeller Differenzen durch die Krankenkassenorganisation kann also keine Rede sein.

Die Untersuchung der organisationalen Vergemeinschaftungsdimension machte darüber hinaus deutlich, daß die Krankenkassen sich primär an das Proletariat als „Klientel“ richteten, daß aber gleichzeitig ein rigoroser perso-

386 Peschke 1962, S. 331

neller Ausschluß all derjenigen Teile der „arbeitenden Klasse“ erfolgte, die dem Leitbild des männlichen, jungen, qualifizierten und leistungsfähigen Facharbeiters nicht entsprachen. „Organisiert“ wurde insofern also nur ein kleiner, privilegierter Teil der Klasse, dessen Mitglieder als „Belohnung“ für ihre „Normerfüllung“ den Zugang zu medizinischer Versorgung und Krankengeld als alternative Formen der Subsistenzsicherung im Krankheitsfall bekamen. Es verwundert deshalb nicht, daß in den Kassen zumeist patriarchale, elitäre Denk- und Verhaltensweisen vorherrschten und sich die Mitglieder aktiv am Prozeß der sozialen Schließung „ihrer“ Kasse beteiligten. Darüber hinaus gelang die Aufrechterhaltung der Zurechnung von Unterstützungsprivilegien an eine relativ kleine „Arbeiterelite“ nur durch den rigorosen personellen Ausschluß aller als „Versicherungsrisiken“ definierten „peripheren“ ArbeiterInnengruppen. Insofern bildeten die Krankenkassen bis 1914 genauso wie die Gewerkschaften „Organisationen bessergestellter Minderheiten“[387].

Indem die Kassen die Mitgliedschaft und den Zugang zu den entsprechenden Unterstützungsleistungen im Krankheitsfall unmittelbar an das Bestehen eines „normalen“ Lohnarbeitsverhältnisses koppelten, trugen sie zur weiteren Etablierung und Normalisierung kapitalistischer Produktionsverhältnisse bei. Durch die organisationale Vergemeinschaftungsdimension wurde also nicht nur ein personeller Ein- und Ausschluß innerhalb des Proletariats konstituiert. Vielmehr fand gleichzeitig über die Kassen der Einschluß in die bestehenden gesellschaftlichen Herrschaftsverhältnisse statt. Gerade die Krankenkassenorganisation ermöglichte so die Reproduktion und strukturelle Verfestigung aller, der kapitalistischen Gesellschaftsformation immanenten Muster sozialer Ungleichheit und gesellschaftlicher Differenzierung.

387 Hobsbawm, E.J.: Die Blütezeit des Kapitals. Eine Kulturgeschichte der Jahre 1848-1875, München 1977, S. 277

VII. Zusammenfassung

Mit der vorliegenden Arbeit wurde versucht, anhand des Türk'schen Ansatzes der „Kritik der Politischen Ökonomie der Organisation" eine Analyse der Entwicklungsgeschichte der Organisationsform „Krankenkasse" in Deutschland im „langen" 19. Jahrhundert durchzuführen. Dabei erwies sich das Türk'sche Analyseschema für die Bearbeitung der eingangs formulierten Leitfragen und Thesen als grundsätzlich methodisch anwendbar und auch theoretisch brauchbar.

Entsprechend der Bezugstheorie wurde zunächst der gesellschaftliche Kontext rekonstruiert, in dem sich die Ausbildung und Etablierung der Krankenkassenorganisation im Untersuchungszeitraum vollzog beziehungsweise durch dessen historisch-spezifische Entwicklung sie erst ermöglicht wurde.

Entscheidend war hierbei der ab Ende des 18. Jahrhunderts einsetzende Prozeß der dekorporierenden Auftrennung von Staat und Gesellschaft, verbunden mit der Freisetzung der Subjekte aus der bis dahin in sich geschlossenen (ständischen) Gesellschafts- und Lebensordnung sowie dem Zerfall der traditonellen (multifunktionalen) Unterstützungseinrichtungen. Charakteristisch für den Untersuchungszeitraum waren die Etablierung der kapitalistischen Produktionsweise und der Aufstieg des sogenannten „neuen Bürgertums" (d.h. der Bourgeoisie), welches sich über einen (diskriminatorischen) moralisch-rationalen Gesundheitsdiskurs in Abgrenzung von Adel und Proletariat in der Gesellschaft selbst verortete. Kernpunkte waren die Individualisierung der Verantwortung für den Erhalt der eigenen Gesundheit, die als Kapital begriffen wurde, sowie die soziale Ausgrenzung von Kranken. Gesundheit wurde zum Codewort für eine auf größtmöglicher Effizienz, Disziplin und Rationalität bedachte bürgerliche Lebenspraxis. Gleichzeitig wurde Krankheit erstmals auch als wichtige Ursache sozialer Destabilisierung und als politischer Unruhefaktor begriffen. Die Etablierung der kapitalistischen Produktionsweise brachte nämlich nicht nur die Bourgeoisie hervor, sondern verursachte auch eine zunehmende Proletarisierung und Verarmung großer Bevölkerungsteile. Für diese bedeuteten die Befreiung von den ständischen

Fesseln und „geborenen“ Zwangsmitgliedschaften sowie der Zerfall der traditionellen Unterstützungseinrichtungen, daß Krankheit im Sinne von Arbeitsunfähigkeit eine permanente existentielle Bedrohung darstellte. Krankheit wurde zum Massenphänomen der instabilen, krisengeschüttelten modernen Klassengesellschaft. In diesem komplexen historischen Milieu vollzog sich der durchaus widersprüchliche und konflikthafte Prozeß der Konstituierung der Krankenkassenorganisation, die schließlich als effizientester Modus der (herrschaftsförmigen) Bearbeitung von „Krankheit“ und „Erziehung“ der produktiven Teile des Proletariats sozial-qualitativ dominant wurde.

Da nach Türk zur Beschreibung von „Organisation“ drei Organisationsdimensionen empirisch feststellbar sein müßten, durch deren spezifische (zum Teil auch widersprüchliche) Kombination das soziale Muster „Organisation“ sozial produziert wird, wurde im weiteren versucht, die für die konkrete Organisationsform „Krankenkasse“ konstitutiven Dimensionen entsprechend herauszuarbeiten. Trotz einer Vielzahl von unterschiedlichen Kassentypen wurde hierbei deutlich, daß alle Kassen denselben Organisationsprinzipien unterlagen, welche durch die Gebilde-, Ordnungs- und Vergemeinschaftungsdimension hinreichend beschrieben werden konnten.

In der *Gebildedimension* wurden die Krankenkassen als juristische Personen, vor allem in der Rechtsfigur der Körperschaft des öffentlichen Rechts konstituiert. Die rechtliche Konstruktion von Krankenkassen als quasi-selbständige korporative Akteure und damit die Zuschreibung des Status’ von handlungsfähigen Subjekten ermöglichte die Zurechnung und Akkumulation von Mitgliederbeiträgen sowie von Handlungs- und Definitionsmacht für „Gesundheit“ und „Krankheit“. Der Modus der Organisation ermöglichte dabei die Auftrennung und Ausblendung aller über die Bearbeitung von „Krankheit“ hinausgehenden gesellschaftlichen Kontexte. Kennzeichnend für die Krankenkassenorganisation war somit gerade die Beschränkung und monofunktionale Professionalisierung auf die ausschließliche Verwaltung und Bearbeitung des sozialen Problems „Krankheit“.

Dabei wurde deutlich, daß die modernen Krankenkassen als quasi-intermediäre Instanzen Staat und Gesellschaft miteinander verkoppelten, daß bei ihrer Ausbildung und Regulierung dem modernen Staat aber eine entscheidende Rolle zukam. Da der überwiegende Teil der arbeitenden Klasse nicht zur freiwilligen Organisierung in Krankenkassen zu bewegen war und die kollektive Krankenversicherung lange Zeit gar nicht als „organisationsfähiges Interesse“ begriff, forcierte erst die ab Mitte des 19. Jahrhunderts staatlicherseits betriebene Zwangsversicherung immer größerer Teile der Gesellen und

Fabrikarbeiter das personelle Wachstum der Kassen. Die Tatsache der organisationalen Einbindung immer weiterer Bevölkerungsteile (als Mitglieder oder Publikum) erzeugte nun wiederum über die alltägliche Kassenpraxis bei den Einbezogenen einen faktischen Konsens. Dies verdeutlicht den dialektischen Prozeß von Zwang und Konsens, in dem sich die Krankenkassen konstituierten.

Darüber hinaus stand der Prozeß der staatlich beschleunigten, massenhaften Verbreitung des Kassenwesens in direktem Zusammenhang mit der fortschreitenden Durchsetzung der kapitalistischen Produktionsweise. Er stellte somit den nicht unumstrittenen Versuch dar, die soziale Frage zu handhaben und die revolutionsgefährdete soziale Ordnung zu sichern. Im 19. Jahrhundert standen die Krankenkassen auf diese Weise im Mittelpunkt einer Sozialpolitik, deren Ziele in der sozialen Trennung zwischen Armen und Arbeitern, der dauerhaften Stabilisierung des Lohnarbeitsverhältnisses sowie der Assimilation der Lohnarbeiter an die herrschende polit-ökonomische Struktur und die entsprechenden Verhaltensimperative bestanden.

Wesentlich war hierfür auch die *Ordnungsdimension*, in der sich die Krankenkassen durch funktionale Klassifikationen und Selektionen der Kassenmitglieder konstituierten. Zu den konstitutiven Ordnungselementen zählten vor allem das Prinzip der Versicherung auf Gegenseitigkeit sowie das Prinzip der Selbstverwaltung der Kassen.

Die Versicherungstechnologie ermöglichte es, das existentielle Problem „Krankheit" als von den sozio-ökonomischen Kontexten abgekoppeltes, individuelles soziales Risiko für die Kassen im Sinne einer konsequenten Einzelfallsubsumtion bearbeitbar zu machen, die Versicherten in Risikoklassen einzuteilen und an diese Klassifkationen gleichzeitig die Zuweisung von Leistungsanrechten, Beitrags- und Verhaltenspflichten zu koppeln.

Die staatlich beaufsichtigte und reglementierte Selbstverwaltung der Kassen nach ökonomischen Gesichtspunkten eröffnete einem Teil der organisierten Subjekte die Chance eines bis dahin nicht gekannten sozialen Aufstiegs und Status'. Beide Ordnungselemente führten in der Konsequenz bei den Kassenmitgliedern zur Übernahme bürgerlicher Verhaltens- und Normalitätsstandards, zur Selbstkontrolle und Verinnerlichung der Organisationsprinzipien. Neben Militär, Fabrik und Schule entwickelten sich die Krankenkassen auf diese Weise zu einer der wichtigsten „Sozialisations-Agenturen"[388] im fortgeschrittenen 19. Jahrhundert.

---

388 Brückner, P.: Zur Sozialpsychologie des Kapitalismus, Frankfurt/Main 1972, S. 16

Ihr „Erfolg“ basierte allerdings neben der staatlich verordneten Zwangsmitgliedschaft auf einer Allianz mit den akademisch ausgebildeten Ärzten, die zum einen den Kassenmitgliedern und ihren Familien den bürgerlich-medizinischen Gesundheitsdiskurs nahebrachten, zum anderen in den Kassen eine willkommene Möglichkeit sahen, ihren sozialen Status, ihren Einfluß sowie ihre Verdienstchancen zu erweitern.

Diejenigen Unternehmer schließlich, die sich ab 1849 mit gesetzlich vorgeschriebenen Beiträgen an den Krankenkassen ihrer Beschäftigten beteiligen mußten, versuchten entweder ihre Zuschußpflicht durch gezielte Einstellung von Mitgliedern zuschußfreier Hilfskassen zu umgehen, oder aber errichteten eigene Fabrikkassen, die sie primär als betriebspolitische Kontroll- und Disziplinierungsinstrumente nutzten.

Bei Untersuchung der *Vergemeinschaftungsdimension* wurde deutlich, daß es sich bei Krankenkassen um sozial hochgradig exklusive, an das Bestehen eines Normal-Lohnarbeitsverhältnisses gekoppelte Vergemeinschaftungen handelte, die sich über eine Vielzahl personeller Aus- und Abgrenzungsmuster gerade von den hilfsbedürftigsten Personengruppen (Arme, Arbeitslose, chronisch und unheilbar Kranke usw.) abschlossen, diese marginalisierten und so zum einen die der kapitalistischen Gesellschaftsformation immanenten Muster sozialer Ungleichheit und gesellschaftlicher Differenzierung entlang der Klassengrenzen (re-)produzierten, zum anderen aber noch zusätzlich über Kategorien wie Geschlecht und Lokalität neue soziale Ausgrenzungen und Differenzierungen „innerhalb der Klasse“ produzierten. Hierbei wurden traditionale Verhaltens-, Identitäts- und Differenzierungsmuster vormoderner Selbsthilfeeinrichtungen der Handwerksgesellen und Bergarbeiter in die modernen Krankenkassen übernommen, dort zum Teil konserviert, verformt und in Form patriarchaler, berufsständisch-elitärer Denk- und Verhaltensmuster durch die Mitglieder aktiv reproduziert.

Als Ergebnis der Arbeit läßt sich an dieser Stelle zunächst festhalten, daß es möglich war, den dreidimensionalen, zum Teil widersprüchlichen sozialen Konstruktionsprozeß der Krankenkassen historisch-empirisch zu rekonstruieren. Damit war es möglich, die Krankenkassenorganisation als historisch-kulturell spezifisches Phänomen zu begreifen, das eine eigene Organisationsgeschichte besitzt und sich von älteren, eher assoziativen bzw. korporativen Formen gegenseitiger Hilfe oder sozialer Unterstützung in vormodernen Gesellschaftsformationen unterscheidet.

Des weiteren konnte auch die eingangs aufgestellte Leitthese bestätigt werden, nach der die modernen Krankenkassen über die Funktion der unmittelbaren Subsistenzsicherung hinaus zu einer Stabilisierung des Lohnarbeitsverhältnisses beitrugen und darüber hinaus Sozialisationsinstanzen darstellten, die maßgeblichen Anteil an der Formung des modernen Lohnarbeiters zu einer „organisationalen Persönlichkeit“ hatten. Die Krankenkassenorganisation erzwang nämlich ganz offensichtlich von ihren Mitgliedern ein individuelles, an den Maximen des kapitalistischen Produktionsprozesses ausgerichtetes, zweckrationales und gesundheitsbewußtes Handeln. „Gesundheit“ wurde zum Kampfbegriff des „neuen Bürgertums“, der mit zunehmender Etablierung der kapitalistischen Produktionsweise auf den physischen Habitus und somit auf eine weitreichende Umprägung der Verhaltensmuster und Mentalitäten der Lohnarbeiter zielte. Damit wurden die Kassen zu Transmissionsriemen bürgerlich-kapitalistischer Normalitäts-, Rationalitäts-, Disziplin-, Wert- und Gesundheitsvorstellungen in die arbeitende Klasse. Als Mitglieder einer Krankenkasse lernten die grundsätzlich assimilationswilligen Lohnarbeiter eine rationale, expertenorientierte Form der Krankheitsbewältigung und -vorsorge kennen und gewöhnten sich langsam daran, ihre Gesundheit als Kapital zu betrachten, das man pflegen und erhalten mußte, um so den größtmöglichen Gewinn zu erzielen.

Die auf die Kassenmitglieder und ihre Familien gerichtete Zwangssozialisation und Zwangsmedikalisierung unterstrich hierbei die extroverse Herrschaftsorientierung der Krankenkassenorganisation. Dabei unterschieden sich die sogenannten Zwangskassen nicht wesentlich von den selbstorganisierten „freien“ Hilfskassen der Arbeiterbewegung, denn auch hier wurden disziplinierte und langfristig kalkulierende Mitglieder ebenso hoch geschätzt wir zum Beispiel in den Fabrikkrankenkassen. Trotzdem konnte bei der Masse der Lohnarbeiter Gesundheit, obwohl eigentlich ein primäres Lebensbedürfnis, erst mit der Verbesserung des individuellen Reallohneinkommens zu einem „organisationsfähigen Interesse“ werden, für das sie dann auch mehr oder weniger freiwillig bereit waren, finanzielle Beiträge an ihre Kassen abzuführen. Offensichtlich galt Krankheit solange nicht als „organisationsfähiges Interesse“, wie einerseits noch die individuelle Zurechnung von Krankheit als Schicksalsschlag überwog und andererseits die alltäglichen Existenzbedürfnisse noch nicht ausreichend gesichert waren. Damit wird auch klar, weshalb Krankenkassen immer nur für den produktiven Teil des Proletariats, das heißt den Teil, der in einem (relativ) festen Lohnarbeitsverhältnis stand, von Bedeutung war.

Feststellbar war außerdem, daß zunächst lediglich bei denjenigen Lohnarbeitergruppen ein mit der Zeit stärker werdendes „organisationsfähiges Interesse“ an der Versicherung ihrer Arbeitsfähigkeit feststellbar war, die bereits an eine vorindustrielle Tradition formaler Sicherungssysteme anknüpfen konnten. Mit zunehmender zwangsweiser personeller Ausweitung der Kassenmitgliedschaft wurde der Prozeß der Entstehung eines „organisationsfähigen Interesses“ an der Bearbeitung des existenzbedrohenden Problems der krankheitsbedingten Arbeitsunfähigkeit mit der Einführung der reichsweiten Krankenversicherungspflicht 1883 beschleunigt.

Die massenweise Ausbreitung der Krankenversicherungskassen im letzten Drittel des 19. Jahrhunderts hatte für die versicherungspflichtigen Lohnarbeiter zutiefst ambivalente Auswirkungen. Gerade die Organisation in Krankenkassen dämmte die relative und absolute Verelendung breiter Lohnarbeitermassen infolge von Krankheit ein und stabilisierte damit in gewissem Sinne die proletarischen Lebenslagen, ohne sie jedoch grundlegend zu verbessern. Die sozialen Sicherungsleistungen der Krankenkassen versetzten den Lohnarbeiter also überhaupt erst in die Lage, seinen ansonsten krisenhaften Alltag etwas kontinuierlicher zu meistern. Auf diese Weise förderte gerade das moderne Kassenwesen die soziale Integration und konsensuelle Einbindung des produktiven (und damit privilegierten) Teils des Proletariats in die bürgerlich-kapitalistische Gesellschaft. Da gleichzeitig durch staatliche Repressionen jede gesellschaftliche Etablierung alternativer Ko-Operationsformen zur Subsistenzsicherung schon im Ansatz weitgehend verhindert wurde, gab es für die Masse der Lohnarbeiter, die sich lange einer Zwangsorganisierung widersetzt hatte, kaum eine erkennbare Alternative zur Krankenkassenorganisation als Form der Bearbeitung des sozialen Problems „Krankheit“.

Hier wird nun das eigentliche Dilemma deutlich. Die zunehmende personelle Ausbreitung der Krankenkassen führte nämlich zwangsläufig auch zu einer zunehmenden Verinnerlichung der Kassenprinzipien im orientierten Handeln der wachsenden Masse der Mitglieder. Durch diese konsensuelle Integration wurde wiederum die Neubildung alternativer Formen kollektiver Selbsthilfe weitgehend verunmöglicht. Auf diese Weise konnte die Krankenkassenorganisation letztlich zum gesellchaftlich hegemonialen Modus der herrschaftsförmigen Bearbeitung des sozialen Problems „Krankheit“ werden.

Angesichts dieser Ergebnisse erscheint die heutige, in weiten Teilen unübersichtliche öffentliche Diskussion über eine „Reform“ beziehungsweise „Deregulierung“ des Gesundheitswesens und insbesondere der gesetzlichen Krankenversicherung in einem anderen Licht. Meines Erachtens dürfte es gerade bei den momentan vorherrschenden Diskussionen über eine „Reform“ der gesetzlichen Krankenversicherung weder um eine Infragestellung der für das Gesundheitswesen bisher dominanten ökonomischen und medizinischen Diskurse, noch um eine Auf- oder Ablösung der Krankenkassenorganisation als bislang effizientestem Regulationsmodus herrschaftsförmiger Bearbeitung von „Krankheit“ samt der „bewährten“ Versicherungstechnologie als entsprechendem Ordnungsprinzip gehen.

Vielmehr dürfte es sich bei der derzeitigen „Reform“ wohl eher um eine herrschaftsförmige Neu- beziehungsweise Umkonfigurierung des historischen Arrangements der drei Organisationsdimensionen von „Krankenkasse“ handeln. Damit würde es meines Erachtens primär um die Herausbildung beziehungsweise Neuordnung eines dem (neoliberalen) Akkumulationsregime entsprechenden gesundheitspolitischen „Organisationsregimes“ gehen. Die grundsätzliche organisationale Einbindung von LohnarbeiterInnen zur Bearbeitung von krankheitsbedingter Arbeitsunfähigkeit über die Technologie der Krankenversicherung – ob nun mit der Rechtsform einer öffentlich-rechtlichen Krankenkasse oder mit den Rechtsformen der privatrechtlichen Krankenversicherung (in Form einer Aktiengesellschaft oder des Versicherungsvereins auf Gegenseitigkeit) – und die selektive organisationale Zuweisung von sozialem Status und materiellen Leistungen sowie die Reproduktion der entsprechenden Muster sozialer Ungleichheit und Differenzierung bestünden demzufolge auch in Zukunft weiter fort.

Die Krankenversicherung bliebe somit eines der dominanten Felder, in denen der Kampf um (differenzierte) Lebenschancen zwischen den organisierten Interessengruppen beziehungsweise den entsprechenden kollektiven Akteuren ausgetragen würde.[389] Um eine solche These untermauern zu können, bedürfte es jedoch zum einen der konkreten Untersuchung der historisch-empirisch nachweisbaren typischen Diskurse und Diskursformationen. Zum anderen wäre dann ein Vergleich mit den sich gegebenenfalls derzeit verändernden Diskursen möglich, was wiederum Rückschlüsse auf Neu- beziehungsweise Umkonfigurierungen innerhalb des entsprechenden „Organisationsregimes“ zuließe. Darüber hinaus wäre ein Vergleich der Entwicklung auf europäischer Ebene sinnvoll, um so Unterschiede und Gemeinsamkeiten der entsprechenden (bis jetzt noch nationalen) „Organisationsregime“ aufdecken zu können. Dies wären dann allerdings gleich mehrere neue Projekte.

Bemerkenswert an der derzeitigen „Reformdiskussion“ erscheint mir vor dem Hintergrund dieser Arbeit aber grundsätzlich, daß auch von kapitalismuskritischer Seite der Modus der Organisation als spezifische herrschaftliche Formierung menschlicher Kooperation kaum in Frage gestellt, sondern zumeist als neutrale und mehr oder weniger ubiquitäre Form der Koordination von Kooperation begriffen wird.

389 Alber begreift die Geschichte der durch die Krankenversicherung strukturierten Sozialbeziehungen als einen „Kampf um Lebenschancen organisierter Interessengruppen bzw. kollektiver Akteure“. Alber 1992, S. 29

Dies hat jedoch zur Folge, daß sich die „Reformdiskussionen" innerhalb der hegemonialen Diskurse bewegen und sich damit die Frage, nach grundlegenden Strukturveränderungen oder gar nach alternativen Formen der sozialen Sicherung oder Unterstützung im Krankheitsfall erst gar nicht stellt. Beispielsweise werden weder die Versicherungstechnologie noch der ökonomische und medizinische Diskurs in der Regel auch nur ansatzweise auf ihre Herrschaftsfunktion hinterfragt. Unter einem solchen Gesichtspunkt müßte die Frage, was konkret als vom derzeitigen Gesundheits- beziehungsweise Krankenkassensystem für unbedingt erhaltens- und verteidigungswert erachtet und was verändert werden müßte gegebenenfalls anders akzentuiert werden, als dies bis jetzt bei Akzeptanz aller grundlegenden organisationalen Strukturierungsmerkmale der Fall war.

Allerdings stellt sich in jeder „Reformdiskussion" permanent das Problem, daß es in einer entwickelten „Organisationsgesellschaft" schier unmöglich erscheint, sich ausgerechnet vom Modus der Organisation abzukoppeln, das heißt beispielsweise konkret aus der Krankenkassenorganisation „auszusteigen", um eine Alternative zur Organisationsform der Krankenkasse und damit zur herrschaftsförmigen Praxis der Bearbeitung von „Krankheit" aufbauen zu wollen. Ein solches Vorhaben würde wohl derzeit bei weiten Teilen der Bevölkerung auf Unverständnis stoßen, verleihen die bestehenden Organisationsstrukturen doch ein hohes Maß an subjektiver Sicherheit und Selbstdefinition, die dann einer radikalen Infragestellung ausgesetzt, das heißt eine tiefe Verunsicherung hervorrufen würden. Trotzdem wäre es aber gut, wenn in eine Diskussion um die „Reform" des Gesundheitswesens im allgemeinen wie auch der Krankenversicherungs- beziehungsweise Krankenkassenorganisation im besonderen über die notwendigen Tagesforderungen hinaus auch eine die herrschaftstheoretischen Erkenntnisse über „Organisation" berücksichtigende emanzipatorische Perspektive entwickelt werden könnte.

Hierbei wäre meines Erachtens jedoch die Gefahr zu beachten, daß eine rein subsumtionstheoretische Sichtweise von Organisation als spezifischem Modus von Herrschaft im Kapitalismus gegebenenfalls dazu geeignet ist, den Weg zu kollektivem, widerständigem Handeln, das auf Überwindung des Kapitalismus und seiner Herrschaftsformen gerichtet ist, eher zu blockieren als aufzuzeigen, da zumindest derzeit kaum eine ernstzunehmende Alternative zur Organisation von der Mehrheit der organisational Eingebundenen auch nur für denkbar gehalten wird. Genau dies könnte dann aber leicht zur Blokkierung anstatt zur Ermunterung von widerständigem Handeln der Subjekte führen.

Darüber hinaus ergibt sich meines Erachtens die Gefahr, daß bei einer mechanistischen Anwendung der Türk'schen Sichtweise von Organisation als dominanter, historisch-spezifischer Verkörperung von Herrschaft in der kapitalistischen Gesellschaftsformation sehr schnell der Begriff der Organisation inhaltlich überfrachtet und damit sowohl der grundlegende Antagonismus zwischen Kapital und Arbeit vernachlässigt, als auch die basale Tatsache vergessen werden könnte, daß die Durchsetzung eines bestimmten Herrschaftsprojekts immer an Klassenkämpfe, das heißt die handelnden Akteure selbst, gekoppelt ist.

Karikatur 4: Weisgärber: Der Vertrauensarzt. Aus: Simplicissimus 1956

VIII. Anhang

Tabelle 1: Quantitative Ausweitung des Krankenkassenwesens 1854-1919

Jahr	Kassen	Mitglieder	Mitglieder je Kasse	Bevölkerung	Mitglieder in % der Bevölkerung
1854	2.576	254.420	99	32.721.300	0,8
1860	2.998	328.511	110	34.670.300	1,0
1865	3.386	496.367	147	36.091.150	1,4
1868	4.698	688.012	146	37.512.000	1,8
1872	4.690	724.888	155	41.010.150	1,8
	[1] (6.008)	[1] (915.878)	[1] (152)		[1] (2,2)
1876	5.239	869.204	166	42.727.360	2,0
1880	4.901	839.602	171	45.234.061	1,9
1885	18.971	4.670.959	246	46.855.704	10,0
1890	20.766	7.018.483	338	49.428.470	14,2
1895	21.557	8.005.797	371	52.279.901	15,3
1900	22.697	10.159.155	448	56.367.178	18,0
1905	22.868	11.903.794	521	60.641.500	19,6
1910	23.009	13.954.973	607	64.925.993	21,5
1914	21.492	15.610.000	726	66.837.000	23,4
1919	9.203	16.131.540	1.753	61.866.667	26,1

Anmerkungen:

- Die obigen Werte sind z.T. geschätzt und beziehen sich bis 1871 primär auf den Deutschen Bund, danach auf das Deutsche Reich, wobei der Schwerpunkt der Kassen in Preußen liegt.
- [1] Die Klammerwerte ergeben sich nach Fischer 1933, S. 401 (Kassen in Preußen, Bayern, Württemberg, Baden, Hessen + Kassen der deutschen Gewerkvereine). Aufgrund der erheblichen Abweichungen sind sie separat aufgeführt.
- In *Tabelle 1* sind die Knappschaftskassen nicht erfaßt worden. Die Angaben über diesen Kassentyp und die entsprechenden Mitgliederzahlen variierten je nach Quelle derart stark, daß eine Errechnung ver-

läßlicher Zahlen über den gesamten Untersuchungszeitraum nicht möglich war.

- Die Knappschaftskassen wurden deshalb ausgekoppelt und gesondert in *Tabelle 1a* dargestellt, mit der sich neben der Sonderstellung der Knappschaftskassen auch eine gewisse Grundtendenz in der organisationalen Entwicklung dieses Kassentyps nachvollziehen läßt.

Tabelle 1a: Entwicklung der Knappschaftskassen in Preußen 1852-1919

Jahr	**Kassen**	**Reichsweit**	**> 1.000 Mitglieder**	**Σ der Mitglieder** (ständige u. unständ.)	**in % d. Berg- u. Salinenarbeiter**
1852	53	÷	÷	56.462	83,0
1868	78	÷	÷	107.112	÷
1873	89	÷	36	242.721	÷
1878	84	÷	15	252.388	÷
1885	ca. 80	÷	÷	376.786	÷
1890	75	166	÷	ca. 460.000	÷
1900	ca. 70	ca. 120	÷	638.392	÷
1913	65	111	÷	989.196	÷
1919	ca. 55	< 100	÷	1.109.084	÷

Quellen für die *Tabellen 1 und 1a*:
Fischer 1933, S. 400f.; Fischer/Krengel/Wietog 1982, S. 21ff.; Frerich/Frey 1996, S. 35, 57, 121, 207; Frevert 1984, S.271; Fricke 1976a, S. 133; 1976b, S. 134; 1976c, S. 148; Hohorst/Kocka/Ritter 1978, S. 22ff., S. 154; Huerkamp 1985, S. 198; Kleeis 1981, S. 87; Kuczynski 1996, S. 178f.; Peschke 1962, S. 122; Peters 1978, S. 46; Schirbel 1929, 187f.; Tennstedt 1976, S. 403; 1977a, S. 18ff., 35, 116; 1981, S. 23; Wehler 1995, S. 9, 494; eigene Berechnungen.

Abbildung 1: Entwicklung der Zahl der Kassenmitglieder im Vergleich zur Bevölkerungsentwicklung 1854-1919

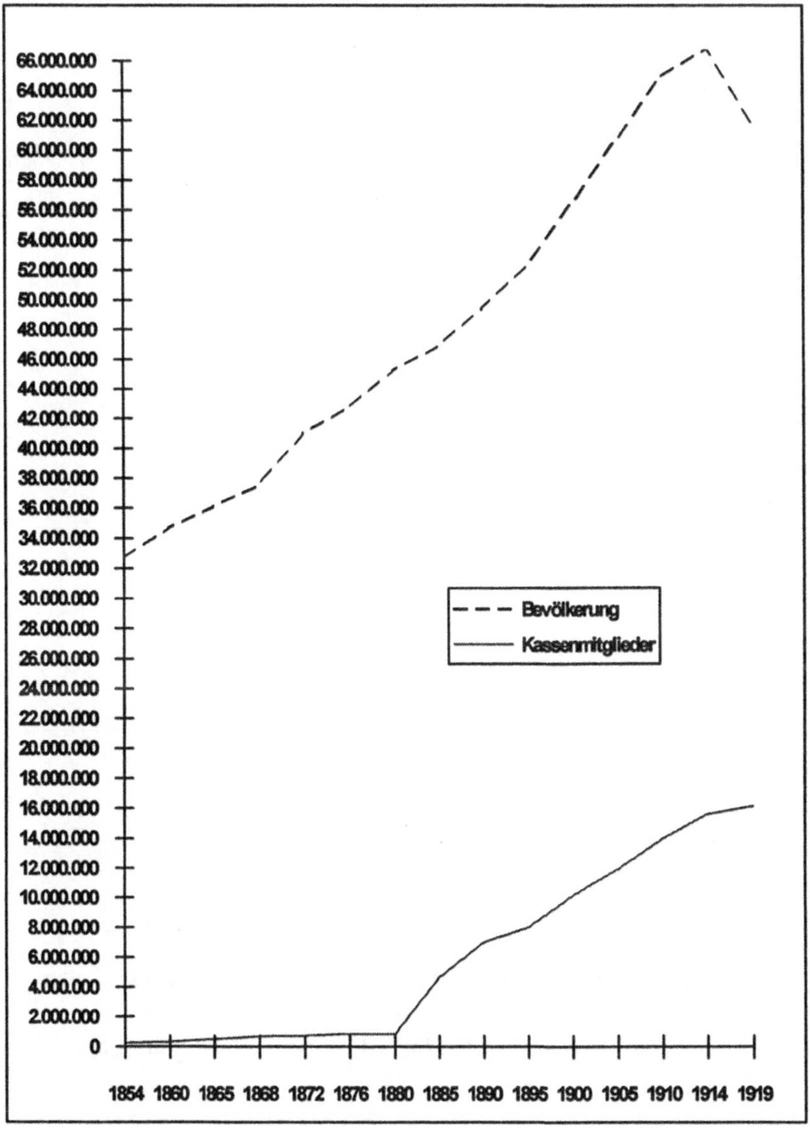

Quelle: *Tabelle 1*

Abbildung 2: Entwicklung der Zahl der Kassenmitglieder im Vergleich zur Mitgliederentwicklung der Gewerkschaften 1885-1920

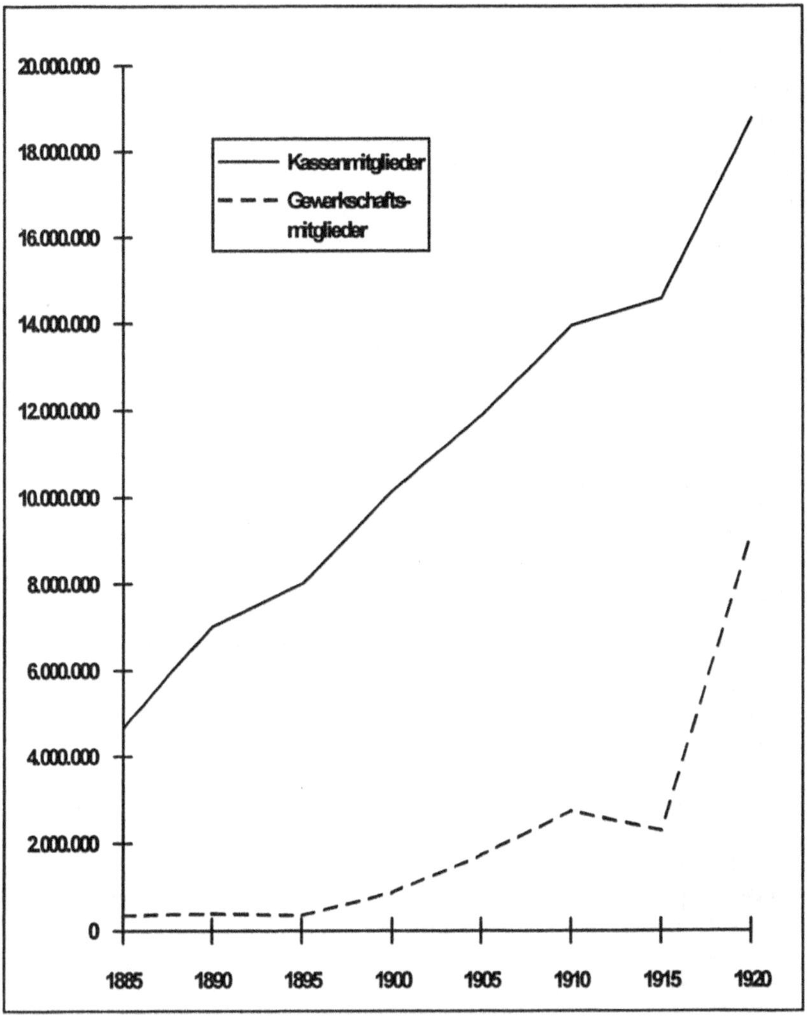

Quellen: *Tabelle 1*; Tennstedt 1977a, S. 116; eigene Berechnungen

Tabelle 2: Grundzahlen zur Krankenversicherung 1885-1910

A. Versicherte und Versicherungsträger

	1885	1890	1895	1900	1905	1910
Σ Versicherte	4.670.959	7.018.483	8.005.797	10.159.155	11.903.794	13.954.973
davon Mitgl. (in %):						
Ortskrankenk.	32,9	39,1	43,1	44,0	47,4	49,1
Betriebskrankenk.	27,0	23,8	23,9	24,6	23,8	23,5
Gemeindek.k.	12,6	15,7	16,1	14,2	12,8	12,0
Hilfskassen	18,7	13,6	9,2	8,8	7,5	6,9
Knappschaftsk.	8,1	6,2	6,0	6,3	6,0	6,3
Innungskrankenk.	0,5	1,1	1,4	1,9	2,3	2,1
Baukrankenk.	0,3	0,4	0,3	0,2	0,2	0,1
Zahl der Kassen	18.971	20.766	21.557	22.697	22.868	23.009

B. Entschädigungsfälle

Erkrankungsfälle	1.956.635	2.627.124	2.943.159	4.023.421	4.848.610	5.705.429
Σ Krankheitstage (Mio.)	27,864	42,003	50,302	70,147	94,715	113,460
– pro Krankheit	14,20	16,00	17,10	17,40	19,50	20,00
– pro Mitglied	5,96	5,98	6,28	6,90	7,96	8,13

C. Einnahmen, Beiträge und Ausgaben

Σ Einnahmen (in Mio. Mark)	65,408	104,838	134,704	193,130	288,123	441,371
Beitrag pro Mitgl. (in Mark)	9,66	10,13	11,17	12,41	15,77	19,18
Σ Ausgaben (in Mio. Mark)	57,788	98,061	122,599	185,123	271,296	379,410
davon in % für						
Ärztl. Behandlung	18,9	19,6	21,4	20,9	21,8	22,9
Arznei-/Heilmittel	15,3	17,0	17,2	16,4	14,4	14,7
Krankengelder	50,3	47,7	44,0	45,2	45,8	43,2
Wöchnerinnen	1,3	1,1	1,6	1,5	1,8	1,8
Krankenhaus	9,7	10,8	12,3	12,7	13,5	15,1
Sterbegeld	4,5	3,8	3,5	3,3	2,7	2,3
Krankheitskosten pro Mitglied (M.)	11,27	12,95	14,24	16,95	21,25	25,23
Vermögen (in Mio. Mark)	31,782	83,710	115,538	176,594	226,106	318,573

Quellen: Frerich/Frey 1996, S. 102, 106; Hentschel 1983, S. 23, 266; Tennstedt 1977a, S. 35ff.; eigene Berechnungen.

Tabelle 3: Entwicklung der gewerblichen Unterstützungskassen in Preußen 1860-1874

	Gesellen- / Gehilfenkassen			Fabrik- (arbeiter)kassen			Ortskassen			Summe	
Jahr	**Zahl**	**Mitgl.**	**.je K.**	**Zahl**	**Mitgl.**	**.je K.**	**Zahl**	**Mitgl.**	**je K.**	**Zahl**	**Mitgl.**
1860	2.219	157.664	71	779	170.847	219	0	0	0	2.998	328.511
1864	2.273	191.193	84	966	248.712	258	69	17.730	257	3.308	457.635
1865	2.336	215.189	92	1.050	281.178	268	72	22.129	307	3.458	518.496
1866	2.331	196.330	84	1.086	274.710	253	86	22.674	264	3.503	493.714
1867	2.343	209.539	89	1.157	311.891	270	85	24.749	291	3.585	546.179
1868	3.110	314.215	101	1.452	337.902	233	136	35.895	264	4.698	688.012
1870	2.957	234.771	79	1.533	358.232	234	165	39.209	238	4.655	632.212
1872	2.819	245.172	87	1.672	431.079	258	199	48.637	244	4.690	724.888
1874	2.710	275.145	102	1.931	455.583	236	236	64.555	274	4.877	795.283

Anmerkung:

- Unter den Begriff „Ortskassen" werden hier diejenigen Kassen subsumiert, die auf Ortsebene für Handwerksgesellen, Gehilfen und Fabrikarbeiter gemeinsam errichtet wurden.

Quellen: Fischer/Krengel/Wietog 1982, S. 208; eigene Berechnungen

Tabelle 4: Kassen in den Regierungsbezirken Arnsberg / Minden 1855-68

		Gesellenkassen			Fabrikkassen			Ortskassen			Summe	
Kreis/Stadt	**Jahr**	**Σ**	**Mitgl.**	**.je K.**	**Σ**	**Mitgl.**	**.je K.**	**Σ**	**Mitgl.**	**je K.**	**Σ**	**Mitgl.**
Reg.-Bez.	*1855*	*44*	*3.264*	*74*	*74*	*11.431*	*154*	*33*	*6.748*	*205*	*151*	*21.443*
Arnsberg	*1868*	*59*	*6.343*	*108*	*154*	*30.992*	*201*	*40*	*11.740*	*294*	*253*	*49.075*
Altena	1855	3	226	75	11	862	78	5	1.498	300	19	2.586
	1868	4	478	120	21	1.744	83	9	2.544	283	34	4.766
Arnsberg	1855	1	106	106	6	1.164	194	0	0	0	7	1.270
	1868	3	318	106	11	1.321	120	0	0	0	14	1.639
Bochum	1855	5	510	102	8	760	95	4	581	145	17	1.851
	1868	7	687	98	20	6.985	349	4	649	162	31	8.321
Brilon	1855	1	40	40	1	140	140	0	0	0	2	180
	1868	1	25	25	1	160	160	0	0	0	2	185
Dortmund	1855	1	90	90	4	3.643	911	2	1.210	605	7	4.943
	1868	2	389	195	16	9.006	563	2	2.450	1225	20	11.800
Hagen	1855	8	748	94	10	1.096	110	5	768	154	23	2.612
	1868	14	2.193	157	38	6.132	161	10	2.427	243	52	10.752
Hamm	1855	3	301	100	1	57	57	1	75	75	5	433
	1868	3	450	150	7	1.396	199	1	80	80	11	1.926
Iserlohn	1855	6	234	39	28	3.113	111	5	939	188	39	4.286
	1868	8	687	86	26	3.021	116	6	1.684	281	40	5.392
Lippstadt	1855	3	229	76	1	168	168	2	473	237	6	870
	1868	3	238	79	3	255	85	1	90	90	7	583
Meschede	1855	1	79	79	0	0	0	0	0	0	1	79
	1868	1	50	50	0	0	0	2	159	80	3	209
Olpe	1855	0	0	0	0	0	0	0	0	0	0	0
	1868	0	0	0	1	50	50	3	514	171	4	564
Siegen	1855	2	236	118	1	20	20	8	1.204	151	11	1.460
	1868	3	404	135	4	454	114	2	1.089	545	9	1.947
Soest	1855	10	465	47	2	138	69	0	0	0	12	603
	1868	10	424	42	4	338	85	0	0	0	14	762
Wittgen-	1855	0	0	0	2	370	185	0	0	0	2	270
stein	1868	0	0	0	1	130	130	1	99	99	2	229
Reg.- Bez.	*1855*	*33*	*1.359*	*41*	*1*	*100*	*100*	*5*	*286*	*57*	*39*	*1.745*
Minden	*1868*	*48*	*3.322*	*69*	*34*	*4.412*	*130*	*22*	*2.327*	*106*	*104*	*10.061*
Bielefeld	1855	10	350	35	0	0	0	2	120	60	12	470
	1868	11	1.160	105	10	2.995	300	2	138	69	23	4.239
Büren	1855	0	0	0	0	0	0	0	0	0	0	0
	1868	0	0	0	3	76	25	0	0	0	3	76
Halle	1855	1	48	48	0	0	0	0	0	0	1	48
	1868	4	134	34	2	237	119	1	76	76	7	447
Herford	1855	3	95	32	0	0	0	2	91	46	5	186
	1868		447	75	4	283	71	8	1.052	132	18	1.782
Höxter	1855	3	206	69	0	0	0	0	0	0	3	206
	1868	3	418	139	0	0	0	3	149	50	6	567
Lübbecke	1855	4	53	13	0	0	0	0	0	0	4	53
	1868	2	80	40	0	0	0	2	148	74	4	228
Minden	1855	10	569	57	1	100	100	0	0	0	11	669
	1868	12	646	54	8	522	62	4	463	116	24	1.631
Paderborn	1855	1	12	12	0	0	0	0	0	0	1	12
	1868	7	203	29	4	109	27	0	0	0	11	312
Warburg	1855	1	30	30	0	0	0	0	0	0	1	30
	1868	1	75	75	2	190	95	0	0	0	3	265
Wieden-	1855	0	0	0	0	0	0	1	75	75	1	75
brück	1868	2	213	107	0	0	0	2	301	151	4	514

Quellen: Reininghaus 1983, S. 295f.; eigene Berechnungen.

Tabelle 5: Kassenentwicklung in Düsseldorf 1856 bis 1885

A. Kassenentwicklung bis zur Einführung der gesetzlichen Krankenversicherung

	* Gesellen- und Gehilfenkassen			Fabrik-(arbeiter)kassen			* Ortskassen			Summe	
Jahr	Zahl	Mitgl.	je K.	Zahl	Mitgl.	je K.	Zahl	Mitgl.	je K.	Zahl	Mitgl.
1856	2	222	111	0	0	0	2	1.117	559	4	1.339
1861	2	209	105	1	70	70	3	1.645	548	6	1.924
1865	2	185	93	5	966	193	3	1.647	549	10	2.798
1870	2	140	70	12	1.790	149	5	1.941	388	19	3.871
1875	2	300	150	19	3.082	162	5	2.770	554	26	6.152
1880	2	225	113	19	3.628	191	5	3.695	735	26	7.530
1884	2	295	148	23	5.829	253	5	6.544	1.309	30	12.668

B. Arbeiterkrankenkassen unter der gesetzlichen Krankenversicherung 1885

	Ortskrankenkassen			Betriebs-krankenkassen			Eingeschriebene Hilfskassen			Summe	
Jahr	Zahl	Mitgl.	je K.	Zahl	Mitgl.	je K.	Zahl	Mitgl.	je K.	Zahl	Mitgl.
1877							1	18	18		
1884							1	19	19		
1885	5	8.076	1.615	38	8.067	212	3	478	159	46	16.621

Anmerkungen:

- Die in A. mit * gekennzeichneten Spalten werden bei Asmuth unter dem Oberbegriff „Ortskassen“ zusammengefaßt. Da in *Tabelle 3* und *Tabelle 4* sinnvollerweise zwischen Gesellen- und Ortskassen differenziert wird, wurde in *Tabelle 5* zur besseren Vergleichbarkeit dieselbe Unterscheidung vorgenommen und die speziellen Gesellenkassen aus den Ortskassen herausgerechnet. Nicht herausgerechnet wurde die ab 1866 bestehende Allgemeine Handwerksgesellenkasse, da diese eindeutigen Ortskassencharakter besaß.
- Leider fanden sich nur für 1858 und 1861 Zahlen über die Düsseldorfer Arbeitnehmer. Diese wurden in *Tabelle 5a* zusammengestellt.

Quellen: Asmuth 1984, S. 175ff.; eigene Berechnungen.

Tabelle. 5a: Gesellen, Gehilfen, Lehrlinge und Fabrikarbeiter in Düsseldorf und ihr Anteil an den kassenpflichtigen Arbeitnehmern in den Jahren 1858 und 1861

	1858			1861		
Arbeitnehmer	Σ	**Davon versicherungspflichtig** absolut	%	Σ	**Davon versicherungspflichtig** absolut	%
Gesellen, Gehilfen, Lehrlinge	2.175	410	18,85	2.192	442	20,16
Fabrikarbeiter	1.947	1.537	78,94	3.170	2.147	67,72
Summe	**4.122**	**1.947**	**47,23**	**5.362**	**2.589**	**48,28**
Webergehilfen	21					
Gehilfen im Transportgewerbe	323					
Faktoren, Commis, Buchhalter, Handelsgehilfen	508					
Handarbeiter	2.807					
Gewerbliche Dienstboten	1.974					
Persönliche Dienstboten	581					
Landwirtschaftl. Gesinde	1.213					
Landwirtschaftl. Tagelöhner	1.002					
Arbeitnehmer insgesamt	**12.551**	**1.947**	**15,51**	÷	÷	÷

Quellen: Asmuth 1984, S. 175ff.; eigene Berechnungen.

Tabelle 6: Historische Übersicht über die wichtigsten Gesetze und Verordnungen zum Krankenkassenwesen in Preußen bzw. dem Deutschen Reich von 1794 bis 1911

Jahr	Gesetz / Verordnung	Regelungen bzgl. der Krankenkassen
1794	**Preußisches Allgemeines Landrecht (ALR)**	a. Regelung des Kassenwesens der *Handwerksgesellen* (§§ 396-400): – Einschränkung des Versammlungs- und Vereinsrechts, – Erlaubnis, unter Aufsicht der Gewerksältesten Unterstützungskassen zu errichten. b. Regelung der Witwen-, Sterbe- und Aussteuerkassenwesens (§§ 651-657). c. Neue Kassen bedürfen der landesherrlichen Genehmigung.
1845	**Allgemeine Preußische Gewerbeordnung (GewO)**	a. Erlaubnis für *Gesellen u. Gehilfen* zur Beibehaltung bestehender und Bildung neuer Kassen (§ 144). b. Erlaubnis für *Fabrikarbeiter*, unter behördlicher Aufsicht Unterstützungskassen zu errichten (§ 145). c. Gemeinden können per Ortsstatut die *Beitrittspflicht* für Gesellen und Gehilfen zu den Kassen festsetzen (§ 169) ⇨ erste *Zwangskassen*.
1849	**Verordnung betr. die Errichtung von Gewerberäthen u. verschiedene Abänderungen der allgemeinen Gewerbeordnung (Königreich Preußen)**	a. *Beitrittszwang der Arbeitnehmer*: Ermächtigung der Kommunen, Gesellen, Gehilfen *und* Fabrikarbeiter zum Beitritt zu Gewerblichen Unterstützungskassen zu verpflichten (§ 58). b. *Beitragspflicht der Arbeitgeber*: Per Ortsstatut können die AG zu Beiträgen bis zur Hälfte der AN-Beiträge verpflichtet werden (§§ 57, 58). c. Die AG haben die AN-Beiträge „unter Vorbehalt der *Anrechnung auf die nächste Lohnzahlung*" vorzuschießen (§§ 57, 58). d. Ermächtigung der Kassen, ausstehende Beiträge auf dem *Verwaltungsweg* einzutreiben (§ 59). ⇨ Dispositiver Charakter der VO. Ausführung liegt im Ermessen der Kommunen. – Widerstand der AG gegen Ortsstatute und behördliche Festsetzung eines AG-Beitrages. – 1853 existierten nur 226 Ortsstatute in Preußen, davon 58 mit festgeschriebener Beitragspflicht der AG.
1853	**Gesetz über den Geschäftsverkehr von Versicherungsanstalten (Königreich Preußen)**	a. Genehmigungspflicht für alle Versicherungen. – Die Erteilung einer Genehmigung zur Versicherungsgründung ist abhängig von der „Unbescholtenheit und Zuverlässigkeit des Unternehmers" (§ 1) – Strafbarkeit der Kassengründung ohne Genehmigung (§ 340 Nr. 6 StGB). b. Arbeiterunterstützungskassen müssen die nachträgliche Genehmigung einholen, die jedoch von der Umwandlung der Unterstützungskasse in eine Zwangskasse unter behördlicher Aufsicht abhängig gemacht wird. c. Das Gesetz wurde auch von den Behörden in direktem Zusammenhang mit den Kassengesetzgebung gesehen, was sich daran ablesen läßt, daß es in der statistischen Übersicht über die gewerblichen Hilfskassen unter der Überschrift „Gesetzliche Bestimmungen über die Unterstützungskassen für gewerbliche Arbeitnehmer" aufgeführt wird.

1854	**Gesetz betreffend die Gewerblichen Unterstützungskassen (UKG) (Königreich Preußen)**	a. Ermächtigung der Regierung selbst Ortsstatute zu errichten, d.h. auch gegen Kommunalbehörde u. Gemeinderat Beitrittszwang der AN und Beitragspflicht der AG zu verfügen (§ 3). b. Kassenpflicht für die Lohn erhaltenden *Lehrlinge* (§ 1). c. Status *juristischer Personen* für alle Kassen (§ 4). ⇨ Notwendige Durchführungsverordnung für das Gesetz von 1849. ⇨ Möglichkeit, i.V.m. dem Gesetz von 1853 endgültig gegen die bestehenden Arbeiterunterstützungskassen vorzugehen.
1869	**Gewerbeordnung des Norddeutschen Bundes (GewO)**	a. *Beibehaltung des Kassenzwangs* bei *freier Wahl der Kasse*. Die ortsstatuar. Verpflichtung der Gesellen, Gehilfen, Lehrlinge und Fabrikarbeiter einer Zwangskasse beizutreten, wird für die aufgehoben, die die Mitgliedschaft in einer freien Hilfskasse nachweisen können (§ 141). ⇨ Verabschiedung umstritten: „Es ging nicht mehr um die Beitragspflicht des Unternehmers und kaum noch um die soziale Entscheidungsfreiheit des Arbeiters, sondern um die politische Frage, ob sich die Kassen unter der Kontrolle des Unternehmers und des Staates als Teil der betrieblichen Sozialfürsorge bzw. der örtlichen Armenpflege oder in freier Selbstverwaltung der Mitglieder als Zweig der Arbeiterbewegung weiterentwickeln sollten“ (Volkmann). ⇨ § 141: Ermöglichung von *Gewerkschaftskassen* und anderen *freien Hilfskassen*. ⇨ Auslegungsstreit: Behörden gingen davon aus, daß nur die Mitgliedschaft in einer genehmigten Kasse vom Beitritt zur Zwangskasse befreien konnte. Einige Gerichte waren anderer Auffassung. Somit wurden auch Mitglieder freier, ohne Genehmigung errichteter Kassen von der Verpflichtung, einer Zwangskasse anzugehören, befreit. Der oberste Gerichtshof schloß sich den Behörden an.
1874	**Erlaß betreffend das Verhältnis der freien Hilfskassen zu den s.g. Zwangskassen (Deutsches Reich)**	Bis zur endgültigen gesetzlichen Neuregelung des Hilfskassenwesens soll nicht gegen bestehende freie Kassen und die unter den ungeklärten Verhältnissen beigetretenen Mitglieder rigide zugunsten der Zwangskassen entschieden werden. In allen anderen Fällen sollen die Bestimmungen konsequent angewandt werden.
1876	**Gesetz über die eingeschriebenen Hilfskassen (HKG)** (07.04.1876) **(Deutsches Reich)** **Novelle zur Abänderung des Titels VIII der Gewerbeordnung** (08.04.1876) **(Deutsches Reich)**	Reichseinheitliche Regelung des Kassenwesens. a. Kassen mit freiwilliger oder zwangsweiser Mitgliedschaft können bei Erfüllung der gesetzlichen Voraussetzungen per Zulassung durch eine höhere Verwaltungsbehörde den Status der „*eingeschriebenen Hilfskasse*“ erlangen. Damit erwerben die Hilfskassen die Rechte einer *juristischen Person* mit Haftungsbeschränkung auf das Kassenvermögen. Regelung des Verhältnisses der freien Kassen zu den Zwangskassen. Ziele: – Einheitliche Grundlage für die Entwicklung und Wirksamkeit der freien Kassen, – Überwindung der Stagnation des Zwangskassenwesens. b. Abänderung des Titels VIII GewO: *Kassenzwang bei freier Kassenwahl*. Aber: Nur die Gesellen, Gehilfen u. Fabrikarbeiter werden vom Beitragspflicht in einer durch Ortsstatut errichteten Zwangskasse befreit, die ihre Mitgliedschaft bei einer eingeschriebenen Hilfskasse nachweisen können (§ 141). c. Möglichkeit zur Anordnung eines örtlicher Beitrittszwang für Gesellen, Gehilfen und Fabrikarbeiter vom vollendeten 16. Lebens-

		jahr an. d. Möglichkeit zur Verpflichtung der Arbeitgeber, ihre Arbeiter anzumelden sowie Vorschüsse und Beiträge zu leisten. e. Zwangskassen bleiben bis „auf weitere Bestimmungen der Centralbehörden" in ihrer bisherigen Form erhalten. Bis dahin besteht „die Pflicht zum Beitritt, sowie zur Zahlung von Beiträgen und Zuschüssen für Arbeiter und Arbeitgeber" (Art. 2, Titel VIII GewO). Bis spätestens 1884 sollen Zulassung der Zwangskassen als eingeschriebene Hilfskassen und Anpassung der Statuten erfolgen. f. *Normativbestimmungen* für alle eingeschriebene Hilfskassen: Festsetzung des Regelungsinhalts der Kassenstatuten, Zulassung und Rechtsfähigkeit der Kassen, Bedingungen für Beitritt und Ausschluß von Mitgliedern, Ober-/Untergrenzen für Beiträge und Leistungen, Organisation d. Kassenverwaltung (v.a. Arbeitgeberanteil in Kassenvorstand u. Generalversammlungen). ⇨ 1880 lediglich 298 Ortsstatute im ganzen Reich (davon 278 in Preußen).
1881	**Novelle zur Reichsgewerbeordnung**	Gleichstellung der eingeschriebenen Hilfskassen mit den *Innungskrankenkassen*, sofern sie entsprechende Leistungen wie diese gewährten.
1883	**Gesetz betreffend die Krankenversicherung der Arbeiter (KVG) (Deutsches Reich)**	a. *Versicherungspflicht kraft Gesetz* für alle in Bergwerken, Fabriken, Hüttenwerken, bei Eisenbahnen, in der Binnenschifffahrt, auf Werften, im Handwerk und in sonstigen stehenden Gewerbebetrieben beschäftigten Arbeiter sowie Betriebsbeamte, deren Tagesverdientst 6 2/3 Mark nicht überstieg. b. Möglichkeit d. *Ausdehnung der Versicherungspflicht auf weitere Personengruppen* durch statuarische Anordnung der Gemeinde. c. Kassenzugehörigkeit aufgrund des Arbeitsplatzes (*Zuweisungsverfahren*) d. Zwei Pflichtversicherungs-Kassentypen: – *Berufskrankenkassen* (Zwangskassen): Orts-, Betriebs-, Bau-, Innungskrankenkassen, Knappschaftskassen, Gemeinde-Krankenversicherung – *Freiwillige Krankenkassen* (Hilfskassen): Ersatzkassen (behandelt als private Versicherungsanstalten) e. Mitgliedschaft aufgrund des *Jahreseinkommens*: Versicherungspflichtgrenze: 2.000 M. Jahreseinkommen, Versicherungsberechtigung: ≤ 3.000 M. Jahreseinkommen (freiwillige Versicherung). f. *Finanzierung* der Krankenversicherung – Bei den Berufskrankenkassen durch die Beiträge, die zu 2/3 von den Versicherten, zu 1/3 vom Arbeitgeber zu tragen sind. – Bei den Hilfskassen durch die Beiträge der Versicherten. – Obligatorischer Reservefond in Höhe der Einnahmen eines Jahres. ⇨ *Kostendeckungsprinzip.* g. *Leistungsanspruch* ergibt sich aus den versicherungspflichtigen Beschäftigungsverhältnis. Begrenzter Anspruch für erwerbslose Kassenmitglieder: freie ärztliche Behandlung, freie Arzneimittelversorgung, Krankengeld bei Arbeitsunfähigkeit ab dem vierten Krankheitstag (mind. 50 % des Arbeitsentgelts), Kostenübernahme bei stationärer Krankenhausbehandlung, Angehörigenunterstützung für Ehepartner (½ Krankengeld), Sterbegeld, Wöchnerinnenunterstützung (mind. 4 Wo.) für selbst versicherte Wöchnerinnen. ⇨ *Sachleistungsprinzip.*

1885	**Ausdehnungsgesetz (Deutsches Reich)**	Ausdehnung des Versicherungszwangs auf *Beschäftigte des Transport- und Verladegewerbes* sowie der *Reichs- und Staatsbetriebe.*
1886	**Gesetz betr. die Unfall- u. Krankenversicherung der in land- und forstwirtschaftlichen Betrieben beschäftigten Personen**	a. Krankenversicherungszwang für Land- und Forstarbeiter nur wenn und soweit ein Landesgesetz oder Ortsstatut dies anordnen. b. Umfangreiche Befreiungsmöglichkeiten.
1892	**Novelle zum Krankenversicherungsgesetz (Deutsches Reich)**	a. Ausdehnung der Versicherungspflicht auf *Handlungsgehilfen*, denen der Beschäftigungsvertrag keine Gehaltsfortzahlung nach § 69 HGB zusicherte. b. Verpflichtung der *freien Hilfskassen* zur Gewährung der *Sachleistungen in natura*, anstatt der bis dahin üblichen Abgeltung durch Barbeträge. Verbot der Kompensation durch höhere Krankenkassenbeiträge. c. Krankenkassen erhalten das *Recht zur satzungsgemäßen Festlegung des Artzsystems* (Bestimmung von Zahl und Personen der Kassenärzte). d. Möglichkeit der Leistungsausweitung auf *Familienangehörige.*
1900	**Abänderungsgesetz (Deutsches Reich)**	Ermächtigung des Bundesrats, Bestimmungen über die Versicherungspflicht der *selbständigen Hausindustriellen* zu erlassen (bisher waren nur Kommunen hierzu berechtigt).
1903	**Novelle zum Krankenversicherungsgesetz (Deutsches Reich)**	a. Erweiterung der Kassenleistungen: Heraufsetzung der Unterstützungsdauer von 13 auf 26 Wochen, Anhebung der Wöchnerinnenunterstützung von 4 auf 6 Wochen, Krankengeld auch bei Geschlechtskrankheiten, usw. b. Verstärkung der Befugnisse der Aufsichtsbehörden. c. Erschwerte Voraussetzungen für die Befreiung von der Versicherungspflicht. d. Ausdehnung der Versicherungspflicht auf *Handlungsgehilfen und -lehrlinge* mit einem Jahreseinkommen von ≤ 2.000 Mark.
1911	**Reichsversicherungsordnung (RVO)**	a. *Ausdehnung der Versicherungspflicht* auf land- u. forstwirtschaftliche Arbeiter, Dienstboten, Arbeiter im Wandergewerbe, unständige Arbeiter, Hausgewerbetreibende, Apothekengehilfen u. -lehrlinge, Bühnen- u. Orchestermitglieder, Lehrer und Erzieher. b. Grundsätzliche *Versicherungspflicht für Lehrlinge.* c. Versicherungspflicht aufgrund der *sozialen Stellung* als Arbeitnehmer: Versicherungspflichtgrenze: 2.500 Mark, Versicherungsberechtigung: Jahreseinkommen ≤ 4.000 Mark. d. Veränderung der *Organisation* des Krankenkassenwesens: – Abschaffung von: Gemeindekrankkassen, Baukrankenkassen, – Neuerrichtung von: Landkrankenkassen. – Einführung von *Mindestkassengrößen*: Ortskrankenkasse: ≥ 250 Mitglieder, Betriebskrankenkassen: ≥ 150 Mitglieder. – Beschränkung des Wirkungsfeldes der *eingeschriebenen Hilfskassen*: Unterstellung als *Krankenversicherungsvereine auf Gegenseitigkeit* dem Aufsichtsrecht über die privaten Versicherungsunternehmen von 1901.

		– Voraussetzung für die Zulassung als *Ersatzkasse*: Mind. 1.000 Kassenmitglieder, – Entrichtung des Arbeitgeberbeitrags für Versicherungspflichtige in Ersatzkassen an die regulären Pflichtkassen. e. *Stärkung des Arbeitgebereinflusses* in den Gremien. f. Aufhebung des HKG von 1876: An die Stelle der Hilfskassen, in denen Arbeiter versichert waren, treten die Ersatzkassen als Versicherungsträger der *Angestellten*.

Quellen: Asmuth 1984, S. 15ff.; Frerich/Frey 1996, S. 17f., 93f., 96ff., 102f., 112f.; Herder-Dornreich 1994, S. 71ff.; Peschke 1962; Reininghaus 1983, S. 272ff.; Schirbel 1929, S. 424; Stollberg 1983, S.340ff.

Abbildung 3: Organisationsschema einer gewerkschaftsnahen zentralisierten Hilfskasse (ca. 1892)

Quelle: Stollberg 1983, S. 367

„Der Zustand Ihres Mannes ist nicht ohne Bedenken, er muß sofort ins Bett, und ich werde zweimal täglich nachschauen."
„Na, dann ist es ja ein Glück, daß wir in der Krankenkasse sind."
„Was, Krankenkasse? Warum sagen Sie das nicht gleich? Ihr Mann soll ein paarmal heißen Kamillentee nehmen, und die Sache ist behoben."

Karikatur 5: Schulz, W.: Zweierlei. Aus: Simplicissimus Nr. 25 / 1903

IX. Abkürzungsverzeichnis

AG	Arbeitgeber
ALR	Preußisches Allgemeines Landrecht (1794)
AN	Arbeitnehmer
Betriebs-KK	Betriebskrankenkasse
GewO	(Allgemeine Preußische) Gewerbeordnung (1845); ab 1869: Gewerbeordnung des Norddeutschen Bundes
GKV	Gesetzliche Krankenversicherung
HKG	Gesetz über die eingeschriebenen Hilfskassen (1876), kurz: Hilfskassengesetz
KK	Krankenkasse
IKK	Innungskrankenkasse
KVG	Gesetz betreffend die Krankenversicherung der Arbeiter (1883), kurz: Krankenversicherungsgesetz
MEW	Marx-Engels-Werke, hrsg. vom Institut für Marxismus-Leninismus bei ZK der SED
RGewO	Reichsgewerbeordnung (ab 1871)
RVO	Reichsversicherungsordnung (1911)
SAPD	Sozialistische Arbeiterpartei Deutschlands (Name der Sozialdemokratie von 1875-1890)
See-KK	Seekrankenkasse
SDAP	Sozialdemokratische Arbeiterpartei (gegr. 1869)
SPD	Sozialdemokratische Partei Deutschlands (Name der Sozialdemokratie ab 1890)
StGB	Strafgesetzbuch (des Deutschen Reichs)
UKG	Gesetz betreffend die Gewerblichen Unterstützungskassen (1854)
u.Z.	unsere(r) Zeitrechnung
VO	Verordnung
v.u.Z.	vor unserer Zeitrechnung

X. Literaturverzeichnis

Achinger, H.: Soziale Sicherheit. Eine historisch-soziologische Untersuchung neuer Hilfsmethoden, Stuttgart 1953

Achinger, H.: Soziologie und Sozialreform, in: Soziologie und moderne Gesellschaft. Verhandlungen des 14. Deutschen Soziologentages vom 20. bis 24. Mai 1959 in Berlin. Stuttgart 1966, S. 39-52

Alber, J.: Das Gesundheitswesen der Bundesrepublik Deutschland. Entwicklung, Struktur und Funktionsweise, Frankfurt/Main; New York 1992

Andreas, H.: Problemgeschichte der Gesundheitsökonomie in der Bundesrepublik Deutschland. Die ökonomische Steuerung von Angebot und Nachfrage im Gesundheitswesen von der Kostenexplosion bis zum Gesundheitsstrukturgesetz, Köln 1984

Apfel, Sanitätsrat Dr.: Zur Geschichte der Barmer Aerzteschaft und des Barmer Aerztevereins (1864-1924), ohne Jahresangabe, S. 18 [Stadtarchiv Wuppertal 3992]

Asmuth, M.: Gewerbliche Unterstützungskassen in Düsseldorf. Die Entwicklung der Krankenversicherung der Arbeitnehmer 1841 bis 1884/85, Diss., Köln 1984

Augustin, G.: Die Arztfrage in der deutschen und ausländischen Krankenversicherung. Diss., Berlin 1931

Baier, H.: Herrschaft und Sozialstaat, in: Ferber, Chr. v./Kaufmann, F.-X. (Hrsg.): Soziologie und Sozialpolitik, SB der Kölner Zeitschrift für Soziologie und Sozialpsychologie, Opladen 1977, S. 128-142

Baron, R.: Weder Zuckerbrot noch Peitsche. Historische Konstitutionsbedingungen des Sozialstaats in Deutschland. In: Gesellschaft. Beiträge zur Marxschen Theorie, Bd. 12, Frankfurt/Main 1979, S. 13-55

Bellermann, M.: Expansion und Stagnation. Zu Begriff und Entwicklung der Sozialversicherung in der Bundesrepublik, in: Gesellschaft. Beiträge zur Marxschen Theorie, Bd. 12, Frankfurt/Main 1979, S. 56-100

Benöhr, H.-P.: Soziale Frage, Sozialversicherung und Sozialdemokratische Reichstagsfraktion (1881-1889), in: Zeitschrift der Savigny-Stiftung für Rechtsgeschichte, Germanist. Abteilung, 98, 1981, S. 95-156

Benöhr, H.-P.: Verfassungsfragen der Sozialversicherung nach den Reichstagsverhandlungen von 1881 bis 1889, in: Zeitschrift der Savigny-Stiftung für Rechtsgeschichte, Germanist. Abteilung, 97, 1980, S. 94-163

Berger, P.L./Luckmann, T.: Die gesellschaftliche Konstruktion der Wirklichkeit. Eine Theorie der Wissenssoziologie. Frankfurt/Main 1996

Bieback, K.-J.: Die öffentliche Körperschaft, Berlin 1976

Bödiker, T.: Reichs-Versicherungsamt, in: Zeitschrift für Sozialreform, Heft 9/1984, S. 527-539

Bogs, W.: Krankenversicherung (II), in: Handwörterbuch der Sozialwissenschaften (HDSW), 6. Band, Göttingen; Stuttgart; Tübingen 1959, S. 276-296

Bohm, St./Jacobs, K./Reschke, P.: Notwendigkeit und Möglichkeiten eines Umbaus der Finanzierung in der gesetzlichen Krankenversicherung, Düsseldorf 1996

Breuer, S.: Sozialdisziplinierung. Probleme und Problemverlagerungen eines Konzepts bei Max Weber, Gerhard Oestreich und Michel Foucault, in: Sachße, C./Tennstedt, F. (Hrsg.): Soziale Sicherheit und soziale Disziplinierung, Frankfurt/Main 1986, S. 45-69

Bruch, M.: Betriebliche Organisationsform und gesellschaftliche Regulierung, in: Ortmann, G./Sydow, J./Türk, K. (Hrsg.): Theorien der Organisation. Die Rückkehr der Gesellschaft, Opladen 1997, S. 180-210

Bruckmeier, K.: Kritik der Organisationsgesellschaft, Münster 1988

Brückner, P.: Zur Sozialpsychologie des Kapitalismus, Frankfurt/Main 1972

Buhr, M./Klaus, G. (Hrsg.): Philosophisches Wörterbuch, 2 Bde., Leipzig 1971

Coleman, J.S.: Macht und Gesellschaftsstruktur, Tübingen 1979

Coleman, J.S.: Die asymmetrische Gesellschaft. Vom Aufwachsen mit unpersönlichen Systemen. Weinheim 1986

Coleman, J.S.: Grundlagen der Sozialtheorie, Bd. 1, München 1995

Coleman, J.S.: Grundlagen der Sozialtheorie, Bd. 2, München 1995

Conze, W.: Das Spannungsfeld von Staat und Gesellschaft im Vormärz, in: Conze, W. (Hrsg.): Staat und Gesellschaft im deutschen Vormärz 1815-1848, Stuttgart 1962, S. 207-269

Conze, W.: Vom „Pöbel“ zum „Proletariat“. Sozialgeschichtliche Voraussetzungen für den Sozialismus in Deutschland, in: Vierteljahrschrift für Sozial- und Wirtschaftsgeschichte, 41. Bd., 1954, S. 333-364

Defert, D.: „Popular life“ and insurance technology, in: Burchell, G./Gordon, C./Miller, P. (Hrsg.): The Foucault Effect. Studies in Governmentality, Hemel Hempsted 1991, S. 211-233

Demel, W.: Vom aufgeklärten Reformstaat zum bürokratischen Staatsabsolutismus, Enzyklopädie Deutscher Geschichte, Band 23, München 1993
Eisenberg, C.: Deutsche und englische Gewerkschaften. Entstehung und Entwicklung bis 1878 im Vergleich, Göttingen 1986
Eisenhardt, U.: Deutsche Rechtsgeschichte, München 1984
Endrös, A.: Entstehung und Entwicklung des Begriffs „Körperschaft des öffentlichen Rechts“, Wien/Köln/Graz 1985
Engels, F./Marx, K.: Die heilige Familie oder Kritik der kritischen Kritik, in: MEW 2, Berlin 1959, S. 3-223
Engels, F.: Herrn Eugen Dührings Umwälzung der Wissenschaft (Anti-Dühring), in: MEW 20, Berlin 1962, S. 1-303
Engels, F.: Der Ursprung der Familie, des Privateigentums und des Staates, in: MEW 21, Berlin 1962, S. 25-173
Ewald, F.: Insurance and risk, in: Burchell, G./Gordon, C./ Miller, P. (Hrsg.): The Foucault Effect. Studies in Governmentality, Hemel Hempsted 1991, S. 197-210
Ewald, F.: Der Vorsorgestaat, Frankfurt/Main 1993
Farny, D.: Versicherungsbetriebslehre, Karlsruhe 1989
Feige, L.: Sozialpolitische Analyse der Organisation von Interessen in der Gesetzlichen Krankenversicherung. Von den Anfängen der sozialen Sicherung bis zur Notgesetzgebung 1932 in Deutschland, Diss., Köln 1980
Fischer, A.: Geschichte des Deutschen Gesundheitswesens, 2 Bände, Berlin 1933
Fischer, W./Krengel, J./Wietog, J.: Sozialgeschichtliches Arbeitsbuch, Band I, Materialien zur Statistik des Deutschen Bundes 1815-1870, München 1982
Foucault, M.: Mikrophysik der Macht. Michel Foucault über Strafjustiz, Psychiatrie und Medizin. Berlin 1976
Foucault, M.: Überwachen und Strafen. Die Geburt des Gefängnisses. Frankfurt/Main 1994
Foucault, M.: Die Geburt der Klinik. Eine Archäologie des ärztlichen Blicks. Frankfurt/Main 1996
Frerich, J./Frey, M.: Handbuch der Geschichte der Sozialpolitik in Deutschland, Bd. 1: Von der vorindustriellen Zeit bis zum Ende des Dritten Reiches. München; Wien 1996
Frevert, U.: Arbeiterkrankheit und Arbeiterkrankenkassen im Industrialisierungsprozeß Preußens (1840-1870), in: Conze, W./Engelhardt, U. (Hrsg): Arbeiterexistenz im 19. Jahrhundert, Stuttgart 1981, S. 293-319
Frevert, U.: Krankheit als politisches Problem 1770-1880, Göttingen 1984

Frevert, U.: Professional Medicine and the Working Classes in Imperial Germany, in: Journal of Contemporary History, Bd. 20, 1985, S. 637-658

Fricke, D. (Hrsg.): Dokumente zur deutschen Geschichte 1897/98-1904, Berlin 1976a

Fricke, D. (Hrsg.): Dokumente zur deutschen Geschichte 1905-1909, Berlin 1976b

Fricke, D. (Hrsg.): Dokumente zur deutschen Geschichte 1910-1914, Berlin 1976c

Fröhlich, S.: Die Soziale Sicherung bei Zünften und Gesellenverbänden. Berlin 1976

Gall, L.: Von der ständischen zur bürgerlichen Gesellschaft, Enzyklopädie Deutscher Geschichte, Band 25, München 1993

Göckenjan, G.: Nicht länger Lohnsklaven und Pfennigkulis? Zur Entwicklung der Monopolstellung der niedergelassenen Ärzte, S. 16, in: Deppe, H.-U. et al. (Hrsg.): Medizin und Gesellschaft. Jahrbuch 1, Frankfurt/Main; New York 1987, S. 9-36

Göckenjan, G.: Kurieren und Staat machen. Gesundheit und Medizin in der bürgerlichen Welt, Frankfurt/Main 1985

Göckenjan, G.: Medizin und Ärzte als Faktor der Disziplinierung der Unterschichten: Der Kassenarzt, in: Sachße, C./Tennstedt, F. (Hrsg.): Soziale Sicherheit und soziale Disziplinierung, Frankfurt/Main 1986, S. 286-303

Grosse, W.: Versicherungsgeschichte (I), in: Handwörterbuch der Sozialwissenschaften (HDSW), 11. Band, Göttingen; Stuttgart; Tübingen 1961, S. 213-217

Grünberg, H.: Organisation statt Gesellschaft? Über den Stellenwert formal organisierter Sozialordnung in der Gesellschaftstheorie Niklas Luhmanns, in: Gesellschaft. Beiträge zur Marxschen Theorie, Bd. 3, Frankfurt/Main 1975, S. 198-235

Habermas, J.: Strukturwandel der Öffentlichkeit. Untersuchung zu einer Kategorie der bürgerlichen Gesellschaft, in: Wehler, H.-U. (Hrsg.): Moderne deutsche Sozialgeschichte, Köln 1976, S. 197-221

Hangartner, J.-M.: Versicherungsgeschichte (II), in: Handwörterbuch der Sozialwissenschaften (HDSW), 11. Band, Göttingen; Stuttgart; Tübingen 1961, S. 217-222

Hansen, E./Heisig, M./Leibfried, S./Tennstedt, F.: Seit über einem Jahrhundert...: Verschüttete Alternativen in der Sozialpolitik, Köln 1981

Hauff, J./Heller, A./Hüppauf, B./Köhn, L./Philippi, K.-P.: Methodendiskussion. Arbeitsbuch zur Literaturwissenschaft, Band 2, Frankfurt/Main 1972

Hegel, G.W.F.: Grundlinien der Philosophie des Rechts oder Naturrecht und Staatswissenschaft im Grundrisse, Berlin 1981
Hentschel, V.: Das System der sozialen Sicherung in historischer Sicht 1880 bis 1975, in: Archiv für Sozialgeschichte, XVIII. Band, Bonn 1978, S. 307-352
Hentschel, V.: Geschichte der deutschen Sozialpolitik 1880-1980. Soziale Sicherung und kollektives Arbeitsrecht, Frankfurt/Main 1983
Herder-Dornreich, P./Schuller, A. (Hrsg.): Die Anspruchsspirale. Schicksal oder Systemdefekt? Stuttgart; Berlin; Köln; Mainz 1983
Herder-Dornreich, P.: Ökonomische Theorie des Gesundheitswesens, Baden-Baden 1994
Herold, H.: Voraussetzungen und Ursprünge der Sozialversicherung, in: Schweizerische Zeitschrift für Sozialversicherung, 9, Bern 1965, S. 98-126
Herold-Schmidt, H.: Ärztliche Interessenvertretung im Kaiserreich 1871-1914, in: Jütte, R. (Hrsg.): Geschichte der deutschen Ärzteschaft, Köln 1997, S. 43-96
Hirsch, J.: Kapitalismus ohne Alternative? Hamburg 1990
Hirsch, J.: Regulation, Staat und Hegemonie, in: Demirovic, A./Krebs, H.-P./ Sablowski, T. (Hrsg.): Hegemonie und Staat, Münster 1992, S. 203-231
Hirsch, J.: Der nationale Wettbewerbsstaat, Berlin 1995
Hobsbawm, E.J.: Die Blütezeit des Kapitals. Eine Kulturgeschichte der Jahre 1848-1875, München 1977
Hohorst, G./Kocka, J./Ritter, G.A.: Sozialgeschichtliches Arbeitsbuch, Band II, Materialien zur Statistik des Kaiserreichs 1870-1914, München 1978
Huerkamp, C.: Der Aufstieg der Ärzte im 19. Jahrhundert, Göttingen 1985
Illich, I.: Die Nemesis der Medizin. Die Kritik der Medikalisierung des Lebens, München 1995
Institut für Marxismus-Leninismus bei Zentralkomitee der SED (Hrsg.): Geschichte der Deutschen Arbeiterbewegung, Band 1, Berlin 1966
Isenberg, Th./Malzahn, J. (Hrsg.): Wieviel Gesundheit können Sie sich noch leisten? Frankfurt/Main 1995
Kebir, S.: Gramsci's Zivilgesellschaft, Hamburg 1991
Kleeis, F.: Die Geschichte der sozialen Versicherung in Deutschland, Berlin 1928. Nachdruck, herausgegeben von Dieter Dowe mit einer Einleitung von Florian Tennstedt, Berlin; Bonn 1981
Kocka, J.: Stand – Klasse – Organisation. Strukturen sozialer Ungleichheit in Deutschland vom späten 18. bis zum frühen 20. Jahrhundert im Aufriß, in: Wehler, H.-U. (Hrsg.): Klassen in der europäischen Sozialgeschichte, Göttingen 1979, S.137-165

Kocka, J.: Arbeitsverhältnisse und Arbeiterexistenzen, Bonn 1990

Köttgen, A.: Selbstverwaltung, in: Handwörterbuch der Sozialwissenschaften (HDSW), 9. Band, Göttingen; Stuttgart; Tübingen 1956, S. 220-225

Kofler, L.: Zur Geschichte der bürgerlichen Gesellschaft, 2 Bde., Berlin 1992

Krätke, M.: Steuergewalt, Versicherungszwang und ökonomisches Gesetz, in: PROKLA, Heft 82/1991, S. 112-143

Krasney, O.-E.: Zum Krankheitsbegriff in der Entwicklung der gesetzlichen Krankenversicherung, in: Zeitschrift für Sozialreform, 1976, S. 411-428

Krieken, R. van: Die Organisation der Seele. Elias und Foucault über Disziplin und das Selbst, in: PROKLA, Heft 85, 1991, S. 602-619

Kuczynski, J.: Geschichte des Alltags des deutschen Volkes, Band 4, Köln 1996

Labisch, A.: Doctors, Workers and the Scientific Cosmology of the Industrial World: The Social Construction of „Health" and the „Homo Hygienicus", in: Journal of Contemporary History, Bd. 20, 1985, S. 599-615

Labisch, A.: „Hygiene ist Moral – Moral ist Hygiene" – Soziale Disziplinierung durch Ärzte und Medizin, in: Sachße, C./Tennstedt, F. (Hrsg.): Soziale Sicherheit und Soziale Disziplinierung, Frankfurt/Main 1986, S. 265-285

Labisch, A.: Gesundheitskonzepte und Medizin im Prozeß der Zivilisation, in: Labisch, A./Spree, R. (Hrsg.): Medizinische Deutungsmacht im sozialen Wandel des 19. und frühen 20. Jahrhunderts, Bonn 1989, S. 15-36

Labisch, A.: Homo Hygienicus. Gesundheit und Medizin in der Neuzeit. Frankfurt/Main; New York 1992a

Labisch, A.: Gesundheit und Medizin in der Neuzeit – zum Wesen ärztlichen Handelns in der Moderne –, in: Zeitschrift für Sozialreform Heft 7/1992b, S. 373-386

Lehnhardt, G./Offe, C.: Staatstheorie und Sozialpolitik, in: Ferber, C. v./Kaufmann, F.-X. (Hrsg.): Soziologie und Sozialpolitik, Opladen 1977, S. 98-127

Leibfried, S./Tennstedt, F. (Hrsg.): Politik der Armut und Die Spaltung des Sozialstaats, Frankfurt/Main 1985

Leisner, W.: Umbau des Sozialstaates. Besinnung auf die Grundlagen der Sozialversicherung, Beilage 6 zu Betriebsberater, Heft 13/1996

Lemke, T.: Eine Kritik der politischen Vernunft. Foucaults Analyse der modernen Gouvernementalität, Berlin; Hamburg 1997

Lichtblau, K.: Theorie der bürgerlichen Gesellschaft, Gießen 1978

Link, J.: Versuch über den Normalismus. Wie Normalität produziert wird. Opladen 1997

Luhmann, N.: Formen des Helfens im Wandel gesellschaftlicher Bedingungen, in: Otto, H.-U./Schneider, S. (Hrsg.): Gesellschaftliche Perspektiven der Sozialarbeit, 1. Halbband, Neuwied; Berlin 1973, S. 21-43

Lyskowski, I. von: Die collegia tenuiorum der Römer, Diss., Berlin 1988

Machtan, L.: Zur Entstehungs- und Wirkungsgeschichte sozialstaatlicher Intervention (im späten 19. und frühen 20. Jahrhundert). Einige Neuerscheinungen auf dem Gebiet der historischen Sozialpolitikforschung. In: Haupt, H.-G. u.a.: Proletarische Lebenslagen und Sozialpolitik. Studien zur Sozialgeschichte des 19. und 20. Jahrhunderts, Bremen 1985, S. 361-380

Machtan, L./Berlepsch, H.-J.: Vorsorge oder Ausgleich – oder beides? Prinzipienfragen staatlicher Sozialpolitik im Deutschen Kaiserreich, Teil 1, in: Zeitschrift für Sozialreform, Heft 5/1986, S. 257-275

Machtan, L./Berlepsch, H.-J.: Vorsorge oder Ausgleich – oder beides? Prinzipienfragen staatlicher Sozialpolitik im Deutschen Kaiserreich, Teil 2, in: Zeitschrift für Sozialreform, Heft 6/1986, S. 343-358

Marx, K.: Aus der Kritik der Hegelschen Rechtsphilosophie, in: MEW 1, Berlin 1961, S. 201-336, 378-391

Marx, K./Engels, F.: Die deutsche Ideologie, MEW 3, Berlin 1959

Marx, K.: Das Elend der Philosophie, in: MEW 4, Berlin 1959, S. 63-182

Marx, K./Engels, F.: Manifest der Kommunistischen Partei, in: MEW 4, Berlin 1959, S. 459-493

Marx, K./Engels, F.: Forderungen der Kommunistischen Partei in Deutschland, in: MEW 5, Berlin 1959, S. 3-5

Marx, K.: Der achtzehnte Brumaire des Louis Bonaparte, in: MEW 8, Berlin 1960, S. 111-207

Marx, K.: Unruhen in Konstantinopel – Tischrücken in Deutschland – Das Budget, S. 70. In: MEW 9, Berlin 1960, S. 67-74

Marx, K.: Das Kapital. Kritik der Politischen Ökonomie. Bd. 1, MEW 23, Berlin 1987

Marx, K.: Theorien über den Mehrwert, MEW 26.2, Berlin 1967

Marx, K.: Grundrisse der Kritik der politischen Ökonomie, Berlin 1953

Marzahn, Chr./Ritz, H.-G. (Hg.): Zähmen und Bewahren. Die Anfänge bürgerlicher Sozialpolitik, Bielefeld 1984

Mehring, F.: Geschichte der deutschen Sozialdemokratie, Band 2, Berlin 1960

Neuenhaus, P.: Max Weber und Michel Foucault. Über Macht und Herrschaft in der Moderne, Pfaffenweiler 1993

Neuhaus, R.: Arbeitskämpfe, Ärztestreiks, Sozialreformer. Berlin 1986

o.A.: Immer neue Reformen im sozialen Kassenwesen. Der Sozialstaat kämpft gegen seine Rechtslage, in: Gegenstandpunkt, Heft 4/1996, S. 3-10
Offe, C.: Politische Herrschaft und Klassenstrukturen. Zur Analyse spätkapitalistischer Gesellschaftssysteme, in: Kress, G./Senghaas, D. (Hrsg.): Politikwissenschaft, Frankfurt/Main 1973, S. 135-164
Ortmann, G./Sydow, J./Türk, K. (Hrsg.): Theorien der Organisation. Die Rückkehr der Gesellschaft, Opladen 1997
Pankoke, E.: Soziale Bewegung – Sociale Frage – Sociale Politik. Grundfragen der deutschen „Socialwissenschaft" im 19. Jahrhundert, Stuttgart 1970
Parkin, F.: Strategien sozialer Schließung und Klassenbildung, in: Kreckel, R. (Hrsg.): Soziale Ungleichheiten. Soziale Welt, Sonderband 2, Göttingen 1983, S. 121-135
Pelzer, K.H.: Die Entstehung der obligatorischen Krankenversicherung in Deutschland, in: Bulletin der internationalen Vereinigung für soziale Sicherung, VIII. Jg., Nr. 516, Wien 1955, S. 151-165
Perrow, Ch.: Eine Gesellschaft von Organisationen, in: Journal für Sozialforschung, Heft 1/1989, S. 3-19
Perrow, Ch.: A society of organizations, in: Theory and Society, Vol. 20, Heft 6/1991, S. 725-762
Peschke, P.: Geschichte der deutschen Sozialversicherung. Der Kampf der unterdrückten Klassen um soziale Sicherung, Berlin 1962
Peters, H.: Die Geschichte der sozialen Versicherung, Sankt Augustin 1978
Peters, H.: 100 Jahre Krankenversicherung – Aufbau und beständige Veränderung –, in: Zeitschrift für Sozialreform, Heft 5/6 1983, S257-270
Pfeffer, M.: Solidargemeinschaften schon im Altertum, in: Sozialer Fortschritt, Heft 5/6 1968, S. 127-128
Pöls, W. (Hrsg.): Deutsche Sozialgeschichte. Dokumente und Skizzen, Band I: 1815-1870, München 1973
Pohlmann, F.: Individualität, Geld und Rationalität. Georg Simmel zwischen Karl Marx und Max Weber, Stuttgart 1987
Polanyi, K.: The Great Transformation. Politische und ökonomische Ursprünge von Gesellschaft und Wirtschaftssystem, Frankfurt/Main 1995
Priester, K.: Studien zur Staatstheorie des italienischen Marxismus: Gramsci und Della Volpe, Frankfurt/Main; New York 1981
Reininghaus, W.: Das erste staatlich beaufsichtigte System von Krankenkassen: Preußen 1845-1869. Das Beispiel der Regierungsbezirke Arnsberg und Minden, in: Zeitschrift für Sozialreform, Heft 5/6 1983, S. 271-296

Riedmüller, B./Rodenstein, M. (Hrsg.): Wie sicher ist die soziale Sicherung? Frankfurt/Main 1989
Ritter, G./Kocka, J. (Hrsg.): Deutsche Sozialgeschichte, Band II: 1870-1914, München 1974
Ritter, G.: Sozialversicherung in Deutschland und England. Entstehung und Grundzüge im Vergleich. München 1983
Ritter, G.: Arbeiter, Arbeiterbewegung und soziale Ideen in Deutschland, München 1996
Rodenstein, M.: Arbeiterselbsthilfe, Arbeiterselbstverwaltung und staatliche Krankenversicherungspolitik in Deutschland, in: Guldimann, T. u.a.: Sozialpolitik als sozialeKontrolle, Frankfurt/Main 1978, S. 113-180
Rödel, U./Guldimann, T.: Sozialpolitik als soziale Kontrolle, in: Guldimann, T. u.a.: Sozialpolitik als soziale Kontrolle, Frankfurt/Main 1978, S. 11-55
Sachße, C./Tennstedt, F.: Sicherheit und Disziplin: eine Skizze zur Einführung, in: Sachße, C./Tennstedt, F. (Hrsg.): Soziale Sicherheit und Soziale Disziplinierung, Frankfurt/Main 1986, S. 11-44
Saul, K.: Wirtschafts- und sozialpolitische Grundlagen. Industrialisierung, Systemstabilisierung und Sozialversicherung. Zur Entstehung, politischen Funktion und sozialen Realität der Sozialversicherung des kaiserlichen Deutschland. In: Zeitschrift für die gesamte Versicherungswissenschaft, Heft 2/3 1980, S. 177-198
Savelsberg, G.: Sozialversicherung (II), in: Handwörterbuch der Sozialwissenschaften (HDSW), 9. Band, Göttingen; Stuttgart; Tübingen 1956, S. 604-616
Schirbel, E.: Geschichte der sozialen Krankenversorgung vom Altertum bis zur Gegenwart, Bd. 1, Berlin-Charlottenburg 1930
Schleifstein, J.: Einführung in das Studium von Marx, Engels und Lenin, Essen 1995
Schmidt, R.: Krankenversicherung (I), in: Handwörterbuch der Sozialwissenschaften (HDSW), 6. Band, Göttingen; Stuttgart; Tübingen 1959, S. 276-283
Schönhoven, K.: Selbsthilfe als Form der Solidarität. Das gewerkschaftliche Unterstützungswesen im Deutschen Kaiserreich bis 1914, in: Archiv für Sozialgeschichte, XX. Band, Bonn 1980, S. 147-193
Schwarz, R.: Aspekte einer neuen Machttheorie. Michel Foucault, Mainz 1992
Simmel, G.: Soziologie. Untersuchung über die Formen der Vergesellschaftung, Berlin 1968
Sohn-Rethel, A.: Die ökonomische Doppelnatur des Spätkapitalismus, Darmstadt; Neuwied 1972

Statistisches Bundesamt (Hrsg.): Statistisches Jahrbuch für die Bundesrepublik Deutschland 1996, Wiesbaden 1996

Stollberg, G.: Die gewerkschaftsnahen zentralisierten Hilfskassen im Deutschen Kaiserreich, in: Zeitschrift für Sozialreform, Heft 5/6 1983, S. 339-369

Stolleis, M.: Hundert Jahre Gesetzliche Krankenversicherung, in: Zeitschrift für Sozialreform, Heft 9/10 1983, S. 612-623

Stolz, H.-J./Türk, K.: Organisation als Verkörperung von Herrschaft, in: Bergische Universität-Gesamthochschule Wuppertal, Fachbereich 1 – Gesellschaftswissenschaften, Professur für Organisationssoziologie, Diskussionspapiere zur Organisationstheorie, Wuppertal 1993, S. 51-77

Stremmel, R.: „Gesundheit – unser einziger Reichtum"? Kommunale Gesundheits- und Umweltpolitik 1800-1945 am Beispiel Solingen. Solingen 1993

Schulte, B.: Politik der Armut. Internationale Perspektiven, in: Leibfried, St./Tennstedt, F.: (Hrsg.): Politik der Armut und die Spaltung des Sozialstaats, Frankfurt/Main 1985, S. 383-426

Tenfelde, K.: Strukturelle Bedingungen für Solidarität. Erfahrungen der deutschen Arbeiterbewegung im 19. Jahrhundert, in: Gewerkschaftliche Monatshefte, Heft 4/1977, S. 245-258

Tenfelde, K.: Sozialgeschichte der Bergarbeiter an der Ruhr im 19. Jahrhundert, Bonn 1981

Tennstedt, F.: Sozialgeschichte der Sozialversicherung, in: Blohmke, M. u.a. (Hrsg): Handbuch der Sozialmedizin, 3. Bd., Stuttgart 1976, S. 385-492

Tennstedt, F.: Soziale Selbstverwaltung. Geschichte der Selbstverwaltung in der Krankenversicherung. Band 2, Bonn 1977a

Tennstedt, F.: Sozialwissenschaftliche Forschung in der Sozialversicherung, in: Ferber, C.v./Kaufmann, F.-X. (Hrsg.): Soziologie und Sozialpolitik, Opladen 1977b, S. 483-523

Tennstedt, F.: Sozialgeschichte der Sozialpolitik in Deutschland, Göttingen 1981

Tennstedt, F.: Vom Proleten zum Industriearbeiter. Arbeiterbewegung und Sozialpolitik in Deutschland 1800 bis 1914. Köln 1983a

Tennstedt, F.: Die Errichtung von Krankenkassen in deutschen Städten nach dem Gesetz betr. die Krankenversicherung der Arbeiter vom 15. Juni 1883. Ein Beitrag zur Frühgeschichte der gesetzlichen Krankenversicherung in Deutschland, in: Zeitschrift für Sozialreform, Heft 5/6 1983b, S. 297-338

Türk, K.: Einführung in die Soziologie der Wirtschaft, Stuttgart 1987

Türk, K.: Neuere Organisationssoziologie. Ein Studienskript. Hagen 1990

Türk, K.: Politische Ökonomie der Organisation, in: Kieser, A. (Hrsg.): Organisationstheorien, Stuttgart; Berlin; Köln 1993, S. 297-331
Türk, K.: Zur Kritik der politischen Ökonomie der Organisation, in: Türk, K.: „Die Organisation der Welt“: Herrschaft durch Organisation in der modernen Gesellschaft, Opladen 1995a, S. 37-92
Türk, K.: Organisation und Ko-Operation, in: Türk, K.: „Die Organisation der Welt“: Herrschaft durch Organisation in der modernen Gesellschaft, Opladen 1995b, S. 93-111
Türk, K.: MERCURIUS oder Eine Allegorie des Handels als eine Allegorie der Organisation, in: Türk, K.: „Die Organisation der Welt“: Herrschaft durch Organisation in der modernen Gesellschaft, Opladen 1995c, S. 113-154
Türk, K.: Organisation und gesellschaftliche Differenzierung, in: Türk, K.: „Die Organisation der Welt“: Herrschaft durch Organisation in der modernen Welt, Opladen 1995d, S. 155-216
Türk, K.: Organisationssoziologische Perspektiven des Bildungssystems, in: Türk, K.: „Die Organisation der Welt“: Herrschaft durch Organisation in der modernen Welt, Opladen 1995e, S. 217-247
Ullmann, H.-P.: Industrielle Interessen und die Entstehung der Deutschen Sozialversicherung 1880-1889, in: Historische Zeitschrift, Bd. 229, 1979, S. 574-610
Ullrich, C.G.: Solidarität und Sicherheit. Zur sozialen Akzeptanz der Gesetzlichen Krankenversicherung, in: Zeitschrift für Soziologie, Heft 3/1996, S. 171-189
Voss, R.: Sozialversicherung als Luxus? In: Marxistische Blätter, Heft 2/1995, S. 63-66
Voss, R.: Woran krankt die Sozialversicherung? In: Marxistische Blätter, Heft 4/1997, S. 66-74
Wallerstein, I.: Das moderne Weltsystem – Die Anfänge kapitalistischer Landwirtschaft und die europäische Weltökonomie im 16. Jahrhundert. Frankfurt/Main 1986
Wallerstein, I.: Der historische Kapitalismus, Berlin; Hamburg 1989
Wallerstein, I.: Die Sozialwissenschaft „kaputt-denken“, Weinheim 1995
Weber, M.: Wirtschaft und Gesellschaft, Tübingen 1980
Weddigen, W.: Sozialversicherung (I), in: Handwörterbuch der Sozialwissenschaften (HDSW), 9. Band, Göttingen; Stuttgart; Tübingen 1956, S. 594-604
Wehler, H.-U. (Hrsg.): Moderne deutsche Sozialgeschichte, Köln 1976
Wehler, H.-U.: Deutsche Gesellschaftsgeschichte, 1. Band, München 1987a
Wehler, H.-U.: Deutsche Gesellschaftsgeschichte, 2. Band, München 1987b

Wehler, H.-U.: Deutsche Gesellschaftsgeschichte, 3. Band, München 1995
Wismar, M.: Gesundheitswesen im Übergang zum Postfordismus, Frankfurt/Main 1996

GPSR Compliance

The European Union's (EU) General Product Safety Regulation (GPSR) is a set of rules that requires consumer products to be safe and our obligations to ensure this.

If you have any concerns about our products, you can contact us on ProductSafety@springernature.com

In case Publisher is established outside the EU, the EU authorized representative is:

Springer Nature Customer Service Center GmbH
Europaplatz 3
69115 Heidelberg, Germany

Batch number: 10809466

Printed by Printforce, the Netherlands